唐毅◎著

调解复兴

深圳六约：一个村社的中国式调解

南方日报出版社
NANFANG DAILY PRESS
中国·广州

图书在版编目（CIP）数据

调解复兴：深圳六约：一个村社的中国式调解 / 唐毅著. —广州：南方日报出版社，2012.09
ISBN 978-7-5491-0327-0

Ⅰ.①调… Ⅱ.①唐… Ⅲ.①民事纠纷－调解(诉讼法)－研究－中国 Ⅳ.①D925.114.4

中国版本图书馆 CIP 数据核字(2011)第 253621 号

调解复兴——深圳六约：一个村社的中国式调解　　唐毅　著
TIAOJIE FUXING

出版发行：南方日报出版社
地　　址：广州市广州大道中 289 号
电　　话：（020）83000502
经　　销：全国新华书店
印　　刷：广州市怡升印刷有限公司
开　　本：787mm×1092mm　1/16
印　　张：14.5
字　　数：200 千字
版　　次：2012 年 1 月第 1 版
印　　次：2012 年 9 月第 2 次印刷
定　　价：26.00 元

投稿热线：（020）83000503　读者热线：（020）83000502

网址：http://nf.nfdaily.cn/press/

序一

陈伟雄

深圳是我省也是我国改革开放“先走一步”的地区，在创造经济社会发展奇迹的同时，司法行政工作也得到了长足的发展，首创了将律师顾问处改设律师事务所、由执业律师担任律师协会会长等一系列经验。随着经济体制、社会结构的重大变革，利益格局的深刻调整，社会矛盾纠纷日趋多样化、复杂化，社会管理中的不少新情况、新问题也在深圳较早出现，使得传统意义上的人民调解工作面临着新的发展机遇和挑战。人民调解的范围逐渐从传统的婚姻家庭、邻里关系、小额债务、轻微侵权等常见、多发的矛盾纠纷，向征地拆迁、医疗卫生、道路交通、劳动争议、物业管理、环境保护等社会热点、难点纠纷扩展。

为适应这种不断变化发展的新形势、新任务，及时化解群众的矛盾纠纷，深圳市龙岗区司法局积极改革和完善人民调解制度，探索出了一些典型的新经验、新模式。龙岗区横岗街道六约社区人民调解委员会结合社区经济社会发展实际，自发实践、积极探索、敢于创新，建立起多层次、系统化的人民调解组织网络，打造出了一支群众信赖的高素质专职人民调解员队伍，形成了多部门协作的大调解机制，创造了我省人民调解工作的又一新鲜经验——“六约模式”。

“六约模式”是六约社区人民群众在解决各种矛盾、实现自我管理的过程中创造性智慧的结晶。它本身是一个动态发展的模式，内涵不断扩展丰富，如由一开始的兼职调解员到设立专职调解员，再到“专职为主，以专带兼”的调解员队伍；由单一的人民调解机制，到“三位一体”、“四位一体”、“五位一体”，再到调解、治安、外经、信访、工会、妇联等职能部门合力的“六位一体”的大调解机制，体现了历史造就和与时俱进的统一，成为人民调解工作的典范。“六约模式”成功的原动力在于：基层司法行政工作人员和人民调解员在基层治理和社会稳定方面的积极探索和自我完善。值得我们学习和借鉴的不仅仅是人民调解工作的一个新模式，还有六约人在人民调解工作中自发实践、勇于探索、锐意创新的精神。

2011年是“十二五”时期的开局之年，也是《人民调解法》正式实施的第一年。维护社会和谐稳定成为当前人民调解工作的重中之重，全省各地司法行政机关和人民调解组织应广泛深入地学习宣传《人民调解法》，全面贯彻落实《人民调解法》的各项要求，借鉴“六约”经验，积极探索与本地经济社会发展相适应的人民调解工作模式，健全人民调解组织网络，壮大专职人民调解员队伍，落实好人民调解各项保障政策，完善人民调解与司法调解、行政调解相互衔接及与镇街综治信访维稳中心、信访等部门相结合的大调解机制，努力实现“小事不出村，大事不出镇，矛盾不上交”。

《调解复兴》一书运用了大量真实的事例，生动地展示了“六约模式”在实践中诞生，在锤炼中成长，在指导中成熟，在转型中发展的历程，通过对“六约模式”的萌芽、成长、成熟和转型发展的各个阶段的历史社会背景和矛盾纠纷主要类型进行深入分析，详细论证了“六约模式”的创新性、科学性和指导性，值得广大基层司法行政工作人员和人民调解员阅读和借鉴。希望广大基层司法行政工作人员和人民调解员认真学习“六约模式”，切实体会六约人自发实践、勇于探索、锐意创新的精神，在人民调解工作中，依法化解基层矛盾，结合“六约模式”，因地制宜，争当人民调解能手，将管用、实用、好用的“六约模式”辐射、推广至全省，为维护我省社会和谐稳定，促进经济发展，实现“平安广东”、“幸福广东”作出新的更大的贡献。

2011年11月

（作序者为广东省司法厅厅长）

序二

范以锦

我在乡村长大，小的时候看到哪家邻里吵架、打架，很快就会有“调解员”去调解，那是乡村中有一定声望的人义务担任的。年龄稍大一点的人都知道，早在20世纪五六十年代，调解工作就已在中国萌芽成长。到了1963年，浙江农村基层创造出人民调解工作的“枫桥经验”，在全国推广后成为了人民调解工作领域中的范本。但时过境迁，中国改革开放后，受社会结构变化、人口迁移等因素的影响，人民调解工作遭遇了“熟人社会”解体、“陌生化社会”形成的时代难题。随着社会转型期到来，各类社会矛盾错综复杂，人民调解工作更是遭遇了难题与困境。先行发展的珠三角等地区的村镇、社区，正是典型的“陌生化社会”。针对这种困境，深圳六约通过不断实践探索，形成专职调解员等系列做法和制度设计，并发展为“六约模式”。这一新鲜经验，成为“城市化浪潮”中先行发展地区化解矛盾纠纷的人民调解工作的有效方式。

这种模式引发了各有关方面关注，经验总结自然不少，但像唐毅这样深入研究，并进行严密的逻辑和理论论证的并不多。一方面，本书对于改革开放以来的中国，在沿海地区尤其是珠三角地区伴随着经济发展大潮中人口结构变化产生的社会现象——“陌生人的社会”，完成了一次村社样本的田野考察。另一方面，对于改革开放逾30年以来人民调解等社会管理领域中的基层首创出来的广东经验，进行了有意义的梳理、反思和理论提升。书中先介绍了典型村落“六约”的情况以及区域经济激变和民工潮中“六约”的变迁，然后介绍了传统村庄消解后的新情况、新问题和调解工作的新方式、新机制的改革探索，再对新调解方式的萌芽阶段到其成长阶段进行了叙述和评议，乃至对“六约模式”成熟阶段、转型发展阶段进行了深入的观察，并有系统地进行总结。《调解复兴》通过总结，展示了“六约模式”的价值：六约社区人民调解工作的探索与创新是传统村落向现代社区逐步转型的缩影，对珠三角地区甚至是新一轮“城镇化”背景下的全国同类地区都有社会管理的样本意义。

唐毅是个“80后”，能够写出这样的书，与他的记者经历有关。他2005年大学毕业至今，一直从事媒体记者工作。2006年6月开始，他在南方日报社珠三角新闻中心工作，先后担任深圳新闻部深度报道记者、驻深圳龙岗区记者。从深度记者调任驻区记者之后，他的文章以区域政经观察类为主，报道的视角和领域开始转为省报视野下对一个区级政府的关注、观察和评介。在关注城市与社会管理的同时，他对于传统村庄向现代社区的演变轨迹抱有浓厚兴趣，因此选择了人民调解“六约模式”的诞生地——六约社区作为观察对象。他先从新闻报道入手，再进行资料搜集，日积月累，终于完成了书稿的写作。

采写的环境、职业的良好条件，自然对本书的成稿起到重要的作用，但也与作者长期以来的执着追求和在新闻采写实践中练就的基本功密不可分。记者视角是本书的特色之一——它既非学术著作，又与一般性新闻报道有所不同。从某种意义上言，本书的写作是唐毅六年多记者职业生涯的一次回望与总结。唐毅还年轻，他还会有多次的回望与总结，期待他每次的回望与总结都是不一样的，正像从“枫桥经验”到“六约模式”的提升，创新之路总是往前走的。

2011年11月28日

（作序者为广东省新闻工作者协会主席，暨南大学新闻与传播学院院长、教授、博士生导师，南方日报社前社长）

目录

叁　高歌猛进

成熟阶段（2005年7月至2008年1月）/ 073

肆　时代之思

转型发展阶段（2008年年初至今）/ 109

总论：一颗棋子的光芒

在南中国，如果你所乘坐的航班正在珠三角上空飞行，这时天气晴好、能见度高，若你透过两侧舷窗往下俯瞰，那么你就能看到江河湖海，还有江河湖海之间纵横交错、星罗棋布的珠三角村庄与镇街。

这些就是刚刚过去的30年间，备受世界瞩目的珠三角最基础的单元和细胞。

从高空上观察，无论是珠三角那些大型甚至是特大型的城市，还是这些行政构成的细微末梢——村镇，都难免显得小了许多。但我并不打算从高空俯瞰，我要来到广东深圳龙岗的一个小村庄里，观察它在最近20年间的改变，和被改变的或隐或显的生态，并且试图探究它背后的原因。

六约，这个我们笔下的小村庄，可能就是你透过舷窗偶尔一瞥、随即一晃而过的小星点，在村镇密布宛如棋局的珠三角大地上，它不过是一颗小小的棋子。可是这颗棋子，却约摸在20年前，通过自发实践，闪耀出奇特的光芒。

这20年间，在民间自发实践的基础上，司法行政机关介入并使之完善提升，六约这颗棋子逐渐耀眼，经过10多年的探索与发展，一种名为“六约模式”的东西，逐渐在珠三角整个棋盘中生发开去。随即，它引起了北京的关注，国家司法部的一行人士到村头调研，先是惊讶，然后叹服，最终给这个村庄予以褒奖——授予“全国标兵人民调解委员会”称号。

事实上，这个小村庄看似简单平凡，似乎在那繁密的棋盘中毫不出奇，但也正是因平凡而具有的代表性，让它具备了太多的标本意义。

六约，正代表着数十年来中国改革开放后的珠三角地区（中国沿海地区）众多村镇的真实形态。它在这20年间的变化，也正是众多类似于六约的先行发展的村社的共同遭遇。然而，基于自身发展的突围尤其是在基层村社治理、矛盾纠纷的平息上，六约在不得已而为之的前提下，开始了一条探索之路。

1. 典型客家村落六约

横岗六约，这是一个典型的客家大村。

其名“六约”，“约”在客家话中是“联合”的意思，而“六约”，则是指六个小村庄联合在一起。从文字上而言，六约天然地由聚合而来，而如何调理这些小村，如何找到差异间的调和之道，似乎正是六约先民们一直寻求解决的问题。

当然，在岭之南的广东，按照普遍而通俗的说法，其生活的人群民系主要分为三种：广府、潮汕、客家。后于广府、潮汕人安家落户的客家人，本身就更为和善友爱。其生活习性和内在的精神特质，大多表现为勤俭本分、读书思辨、接近儒家教养。

民风性情使然，本来矛盾纠纷不多的六约，最初即便产生矛盾，至多也是小村之间、家族之间、家庭成员内部之间，调解矛盾倚靠的当然是宗族社会里的权威们。

可这种状况受到历史剧变的冲击似乎是不可避免的事。如果说新中国诞生给予这个南方小村以巨大变化的话，那么改革开放则将其带入了前所未有的经济大潮中。

205国道，这条中国为数不多的几条著名的纵向国道之一，北起山海关，南至深圳，长近万里，在改革开放过往数十年间承载着南来北往难以计数的物资、人流，它在深圳的这段，被当地居民称为“深惠路”。

在深圳，205国道由龙岗区布吉联检站向东至深圳市与惠州市边界，沿线经龙岗区布吉、横岗、龙岗、坪地等主要工业镇街，曾经是深圳东部通往惠州、汕头的主要通道。对于深圳市龙岗区而言，深惠路在很长时间内是该区的最大交通动脉。

绵延数千里的205国道，走到龙岗区横岗境内，在其一侧，正是我们称为“六约”的村子。按照众口相传的说法，当年地缘相邻、风俗相同的六个小山村随着岁月变迁而融为一体。在深圳特区过往的30年里，六约与珠三角地区形形色色的村庄一道，创造了一个个经济发展的神话。

六约村所在的横岗镇，在20世纪80年代末90年代初，从全国迅猛发展的镇域经济中脱颖而出，一度开全国风气之先河。从1988年开始，横岗镇在全国率先全面推行了农村股份合作制。到1990年年底止，全镇9个行政村和52个自然村全部实行了股份合作制。这一创举受到中央有关部门的重视和社会广泛关注，还得到了《人民日报》、《经济日报》这些当年甚为权威的媒体的报道和介绍，并在全国产生了较大影响，这被誉为“横岗模式”。1990年，横岗镇以其经济、文化建设成就，被评为全国首届“中国乡镇之星”。

而六约村，正是为横岗赢得荣誉的村庄之一。

活跃在六约村的每一条道路上的，当然再也不止于那些曾经从中原迁居而来的客家宗族，还有来自四面八方、全国各地的打工者们，这些“新客家”人，浓墨重彩地改变了一个村庄的整个形态，从上至下，从外至内，从村庄形态到世道人心。

2. 珠三角迅猛的打工潮

年复一年
梦回故乡
天边的你在身旁
随那热泪在风中流淌
流得那岁月短又长
年复一年
梦回故乡
天边的你在心上
把那沧桑珍藏在行囊
独自在路上
忘掉忧伤
抓一把泥土在手上
塑成你往日的模样
一遍一遍回头望
你已不在老地方
不管你会怎么想
我会等你在老地方
…………

这首名为《等你在老地方》的陈年老歌，如今鲜为人知，但曾经一度脍炙人口。

1991年，在电视机并未普及的时候，一部名为《外来妹》的10集电视连续剧在中央电视台一经播出，却轰动全国。

这部引人注目的电视剧，同样出现在六约村的电视机荧屏上。

《外来妹》主要描述的是6个从穷山沟赵家坳到广东打工的女性的命运，她们就是上述的“新客家”群体之一。电视剧内容中主要涉及三处具备鲜明符号价值的地域文化：内地、广东沿海、香港。人们在片中可以看到：外面的生活时而精彩时而无奈，出来的打工妹有人成长有人堕落，人生的路途既有平坦也有曲折……

这样的一幕幕，正是20世纪90年代珠江三角洲的真实景象。“起得比鸡还早，睡得比猫还晚，干得比驴还累，吃得比猪还差。”如今网络论坛的这句流行语，也可以作为20世纪90年代初某些民工个体的生活写照。

在20世纪80年代，著名社会学家费孝通提出了“离土不离乡”政策；到了20世纪90年代，在一波又一波的“民工潮”中，既谋生存又谋发展的农民工踏上了“离土又离乡”的候鸟式迁徙之途。

1992年，邓小平同志视察南方时提出要“允许一部分人、一部分地区先富起来”，随后中国开始走上社会主义市场经济道路，外资的大举涌入，催生企业工厂，“民工潮”也随之涌现，一时“天地间荡起滚滚春潮，征途上扬起浩浩风帆”，珠江三角洲步入迅猛发展的时代。

在珠三角城市群前所未有的发展大潮中，农民工群体也遭遇到一个前所未有的新时代。在众多的影像记录中，提着大包小包匆忙赶车的人们，那些浑浊的眼神，并不整洁的衣衫以及从中散发出的汗水味，那一年之初从五湖四海涌来、在一年之末又骤然散去的“民工潮”，成为了一个时代的标签。

“改革开放以来的建设成就，可以归功于两股主要力量：其一是邓小平，其二就是农民工。总设计师作出了划时代的决策，但绵绵不绝为之挥汗如雨的，则是数以亿计的农民工。”华中师范大学中国农村问题研究中心主任徐勇曾如此评价说。

正是这庞大的打工群体，在不到30年的时间里，以巨大的个体数量支撑起了一个奇迹——“人类历史上规模最大的人口迁徙潮”（胡鞍钢语）。这场源于普通个体追求更好生存与生活的举动，不经意间深刻改变了中国大地尤其是珠三角等先行发展地区的面貌，同时也成为中国经济持续增长的强大推动力。

如同《外来妹》中的人物角色一样，南下深圳的众多打工者们，在镇街、村社里也留下了深刻的履迹与记忆，其命运亦在时间之河里起伏不定。毫无疑问，在我们所说的横岗六约村，从那时起，外来打工者群体的生活与工作，也书写着一个个不同的人生故事。

“农民工一到六约村，数量便不少。虽然当时每个厂的规模并不是很大，大约就是100多人，但是就几个工厂的人数就让六约村的人口庞大起来了，并且马上就超过了我们本地人口1000多人的数量。”六约社区居委会副主任、人民调解委员会主任李胜强回忆道。

我们走访时了解到，在六约村，第一波农民工以广东籍为主，如潮州、梅县等地的外出打工农民。随着经济的进一步发展，全国各省的农民工开始进入六约村。从某种意义上言，正是他们，逐渐改变着六约村。

迁徙流转的民工潮，迅猛突进的工业化，风起云涌的城市化，这一切都投射在六约村，使之成为中国市场经济大图景下的缩影。

3. 探索中的人民调解

在大量农民工进城助推城市经济迅速起飞的同时，基于复杂、流动、不稳定的人际交往和关系，社会各种层面的矛盾纠纷不可避免地开始显现。

对于这种描述，为数甚多的专家学者，用理论化的笔触进行了分析。徐勇教授在其著作《流动中的乡村治理：对农民流动的政治社会学分析》中认为：“在作为流出地的乡村，无论是礼治秩序，还是行政秩序及其秩序的安全性表征，都是建立在农民不流动和农民附着于土地基础上的。大规模的农民流动则会改变原有的权威和规则，改变着人的行为理念和规范，从而造成秩序的震荡。”

农民的大规模进城与流动，一方面他们告别了曾经乡村的“熟人社会”，另一方面，他们完全进入了一个由来自天南海北的陌生人组成的全新社会。尽管也有来自同一地方的老乡或同学，但是就整体而言，他们每天所遇到的是一重又一重的陌生人面孔。

缺乏“熟人社会”的种种束缚，新的有规则的秩序远未真正建立，来自五湖四海的打工者们，与珠三角本地居民、港澳台地区的资方以及整个社会，开始发生千丝万缕、错综复杂的关系。这些关系并不那么稳定和谐……

在深圳建立特区后的20世纪80年代之初，面积12.5平方公里、居民只有1100多人的六约村，各种矛盾纠纷不多，而且基本上发生在个人、家庭与邻里之间。对于家庭或邻里发生的争执，传统的乡规民约及家族长者起着举足轻重的作用，往往村里的长辈一出面调解，矛盾纠纷很快就得到了平息；即使不同族姓的村民之间发生了民事纠纷，当时的村委会也基本上可以顺利调解处理。

20世纪80年代末期，原来以农耕为主的六约有了近百家工厂企业，外来务工者数量一下子远远超过了本地户籍人口。外来务工者大量涌入后，六约“在经济获得迅速发展的同时，社会格局也发生了很大变化，各种民间矛盾纠纷呈几何级数增长，而且向个人与企业、集体之间的矛盾转变，纠纷类型复杂化，矛盾主体多元化，涉及经济利益的劳资纠纷尤为突出”。

当时的村委干部几乎成了天天忙于“救火”的“消防员”，“刚刚接待完这家工厂的工人上访，又急着赶到另一家企业处理停工事件”。尽管他们忙得焦头烂额，越级上访等群体性事件还是时有发生。

“这样被动应付下去，村干部吃不消，六约也形成不了良好的投资环境。”六约社区党总支书记、六约股份合作公司董事长陈醒光，当时还是村里的生产委员。如今，他回忆说：“当时村里的干部多次商量对策，后来大家从司法行政部门领导的谈话中受到启发，决定试试看能否从传统的民间调解中找到出路。”

翻阅陈旧的资料，在1990年6月11日六约村填报的《基层司法调解人员呈报表》上，我们可以清晰地看到这一寻找出路的过程：

1990年，六约村人民调解委员会正式设立，共有成员8名，其中2名专职调解员的工资待遇以及调委会的办公场地均由村委会出资解决。同时，在各村民小组和40人以上的工厂企业分别设立了成员均为兼任的调解小组，组长由村民小组组长和企业负责人兼任；在40人以下的企业选定一名兼职调解员。

而到了1991年，六约村人民调委会的专职调解员又添一名，调解主任由当时的治保主任兼任。村里专门设立的外来办也开始成为调解纠纷的主要力量。

处理日益增多的矛盾纠纷，成为村庄治理者的重要工作。由此开始，人民调解工作由设立兼职成员向专职工作人员转变后，又建立了调解、治安联防、信访“三位一体”的全新调解机制，而后又把工会和妇联的职能与人民调解工作相结合，形成调解、治安联防、信访、工会、妇联“五位一体”的调解机制。

“小事不出组，大事不出社区，矛盾不上交”，这是横岗六约人民调解工作的响亮口号。也正是如此，这个客家村庄经过20年的变迁，通过健全网络、建立机制，将各种矛盾化解在基层、消除在萌芽状态，筑起维护社会和谐稳定的“第一道防线”，创造出人民调解工作的“六约模式”。

从1990年前后，六约设立专职人民调解员的无意之举，已经使得人民调解的新鲜经验开始逐渐步入历史与时代的台前。

4. 路上的六约、珠三角和中国

这只是在中国进一步改革开放进程中的20年里，一个村庄的故事。

它的探索与时代同步，它注定也将与时代的车轮一道，滚滚向前。

在如今的深惠路畔，经过深圳城市化浪潮强有力的行政推动，六约已由当初的村庄变身为社区。新近资料显示，现在的六约社区，下辖7个居民小组，总人口约为10万人，其中常住户籍人口约为1800人。2009年，社区实现集体经济总收入约17014万元，集体人均纯收入约37500元。社区内约有各类企业377家。

2010年1月17日，对于六约社区而言，这是一个欢天喜地的大好日子。

这一天，被认为是“横岗街道经济实力最强”的六约社区，建成了龙岗区最大的居民统建新村——六约新村。在落成典礼上，市区领导们亲临现场，和上万名社区居民以及各方来宾围桌共聚于1500桌的客家“大盘宴”，民族歌手祖海与香港明星陈慧娴也到场献歌。

这的确是一个让这个客家村庄着实荣光的日子。由星级酒店请来的名厨掌灶，那广场上一桌桌热闹的欢宴，仿佛让人梦回客家先祖数百年前中原大户、名门望族的遥远时代。

新村的建成，也是基于困难命题下的破茧而出。

当日的新闻通稿这样陈述道：“近年来，六约社区老屋村周边厂房林立，‘三来一补’、三资和私营企业共有近400家，外来建设者多达9万余人，企业与人口的逐渐增多打破了原有的村居格局，各种基础设施建设对土地的需求量逐年上升。原有老屋村住房大多兴建于上世纪八九十年代以前，布局落后，空间狭窄，治安、安全形势趋于严峻，无法适应经济社会的快速发展。为了加快城市化发展步伐，六约社区广泛征求居民意见，大力实施城市化生态住宅建设项目以改善居民人居环境，同时尝试通过居民统建上楼工程的建设，以利于节省有限的土地资源，由此规划建设了‘六约统建新村’项目。”

横岗六约新村建立的背后，凸显的则是土地资源极其匮乏、难以为继的艰难事实。不仅仅是六约这样的村社，在如今的深圳绝大多数社区，许多年前依靠土地资源发财致富甚至一夜暴富的神话，已经是遥不可及的旧梦。因此，在种种现实的掣肘之下，寻找新的发展路径，成为新的基层带头人在新时代里的使命。六约这座村庄，新村的建设便是新的战略实践之一。

这20年间，在中国城市化的滚滚浪潮中，当初的传统客家村落正逐步演变为一个汇聚天南海北各地人群的工业村。在这样一个村落，容纳了不断变化着的社会不同时期的各种形态，这是改革开放先行地区的浓缩写照。

从“六约模式”的诞生，到逐步成长，到走向成熟，再到近年开始的转型发展，这一系列历程，对应着的正是中国（珠三角地区）社会发展不同阶段的具体情况和特定形态：

“六约模式”的诞生，正是民工潮风起云涌之时；

“六约模式”的逐步成长，则经历了社会秩序感由弱渐强、社会管理由乱而治的历程；

“六约模式”的成熟，是国家和各级政府高度重视和谐社会建设的阶段；

“六约模式”的转型发展，开始于国家新的《劳动合同法》实施后、社会经济发展方式进入新的历史阶段。

风起南方，引领中国。村庄六约在这20年间探索的经验，一度为珠三角地区甚至全国同类地区学习和推广，创造了人民调解工作领域中自“枫桥经验”之后的又一新鲜经验。2005年，国家司法部授予六约调委会“全国标兵人民调解委员会”光荣称号。

从某种意义上说，村庄六约正是为中国和谐社会建设探路。在经济迅猛发展、城市化建设快速推进，社会矛盾、群体性事件不断上升的社会转型期，在构建和谐社会的时代主流中，“六约模式”作为人民调解的一种成功模式，有效地将矛盾化解在基层，这对于深圳、广东甚至全国来说，无疑都可以提供有益的借鉴。

对于六约而言，如何在新的社会发展阶段进一步发挥人民调解工作的职能和作用，将迎来新一轮的思考与实践。

对于珠三角地区乃至中国而言，站在审视龙岗区横岗六约人民调解模式的角度，一轮由民间自发萌发、自觉探索的调解之路，仿佛昭示着中国在城市社会急剧转型期里调解复兴的可能性。

时过境迁，这是珠三角大地上一颗普通棋子的光芒。

尽管时过20年，我们认为，六约依然在路上。

壹

潮动南方

萌芽 / 诞生阶段（1990年前后至2004年）

第1章　民工潮动客家村

1.1　珠三角里的民工潮

他寻求什么，在遥远的异地？

他抛下什么，在可爱的故乡？

…………

这是俄国诗人莱蒙托夫的诗作《帆》，19世纪上半叶的诗作，恰预示着20世纪最后20年间的中国。

这些如帆影般漂泊的农民工，剔除了帆影的浪漫与传奇，却增添了当时看来无止无尽的漂泊和动荡。

去远方，你为了什么，你带走了什么，你又留下了什么?

自20世纪80年代开始，席卷全国先发展地区尤其是中国南方珠江三角洲地区，并为此后发展带来深远影响的，正是由中国内地奔涌而来的民工潮。

所谓“民工潮”，多与中国文化传统上最重要的节日——“春节”如影随形，因此“民工潮”便集中体现于“春运潮”。

大约每年农历正月前后，浩浩荡荡的农民工大军北上、南下、东奔、西跑，共和国的铁路、公路、水路等各大交通体系中车流如水、人潮似海，交织成一股逾月不退的“春运潮”。

众所周知，中国的改革最初是从农村开始的。农村进行改革后迅速爆发出积极的力量，并在数年时间内大体解决了粮食问题。随后不久，随着中国乡镇企业的蓬勃发展，镇域经济在长三角、珠三角等区域开始壮大，这吸引了区域附近或者周边的闲置劳动力，第一批“民工潮”开始萌动。从六约的情形来看，首批农民工也来自深圳的周边地区。

如果说80年代的这一波只是局部性的吸纳，那么90年代初开始的“民工潮”，则是全国性的大规模涌动。

乡镇企业的发展经过短暂美好的光景后，受到国家相关紧缩政策的影响，在90年代初一度出现不大景气的发展局面。如此一来，一方面最先受到冲击的农民工需要寻求更多的就业机会。另一方面，邓小平南方谈话给中国东南部尤其是珠三角地区带来了巨大动力，在1992年突然有4000万农民工进城打工，这标志着第二次“民工潮”正式进入历史视野之中。

下班的打工族汇成汹涌的人潮。在六约社区生活的人口中，他们占据了绝大多数。

20世纪90年代中后期，伴随香港、澳门回归，拥有难得的地缘优势、已经初具发展规模的珠三角地区，再次迎来港澳台地区制造业的大规模转移。富有吸引力的优惠政策、廉价的劳动力、相对优质的基础设施和巨大的消费潜力，使中国沿海地区尤其是珠三角成为国际制造业转移的重要承接地。

这便带来了更近一波的“民工潮”。同前一波相比较，它的规模和人数有过之而无不及。

对于如何评价这一中国改革开放以来的重要社会现象，在不同的领域、不同的视野中有着太多的阐述。从浅表层面而言，大规模的农民工跨省流动是一个重大的社会话题，劳动力的自发调节和平衡，一方面在相当程度上加速了珠三角地区包括村社层面的经济建设和区域发展，另一方面也让作为欠发达地区的内地村镇不得不加快脱贫步伐。

有评论人士认为，“民工潮”是中国近现代社会发展史上的一个重大事件，它伴随着工业化和城市化的产生，突破了数十年牢不可破的城乡二元分割，对整个社会结构产生革命性的影响。它涉及我国现代化的路径选择，在一定意义上决定着中国未来的发展。

位于改革开放窗口的深圳市，横岗镇六约村虽然身处深圳二线关外，但依然无时无刻不接受着改革大潮的冲刷。

到了20世纪80年代末，原来以农耕生产为主的六约，有了近百家工厂企业，来自天南地北的务工者，其数量从一开始便远远超过了本地户籍人口。这个客家村落迎来了前所未有的景象。

在这个曾经以乡亲同族为绝大多数的客家村落，几乎每个角落都开始出现外地人的身影和声音：他们的工作，他们的生活，开始出现在六约的每一尺、每一寸土地上。

于是，这个时期里，村庄六约开始出现新的社会关系：

数量庞大的异乡人，正以一种新的角色进入这个村庄的历史之中。一方面，这些异乡人的衣食住行，需要这个村庄提供各式各样的补给，由此促进了小生意者和初级商业的兴起。比如，对于那些客家原住民最为要紧的房屋，现正在出租给外来人口，而这同时也悄然改变着原住民依靠田地劳作的生存状态。他们开始了这样一种生活：依靠租金收入，即使不需要工作，也可以维持着较好的生活。

另一方面，这么多繁杂的陌生人及他们组成的社会，似乎正给这个村庄增添了众多不可预知的因素。他们似乎成为一种新的力量，在村庄里不断地闪动。

1.2 荧屏上的新兴群体

让我们还是从一部电视剧中，去寻找这个时期那些仿佛熟悉实则陌生的片段吧。

《外来妹》，这部严谨认真的作品，可以看作是映照特定时期的一个切片。这部反映打工者的影视作品，被不少人称为“中国第一部打工电视剧”，1991年一经播出即轰动全国。

该剧主要描述六个从穷山沟赵家坳到广东打工的女性的命运。剧中的女主人公赵小云从一个普通的打工妹成长为一个乡镇企业的负责人，实现了自己人生的飞跃。有人称这部电视剧创下了几个第一：第一部反映广东地区外来打工者生活的电视剧，第一部反映劳资关系的电视剧，也是第一部聘请香港演员加盟的电视剧。该剧还曾荣获第十二届电视剧飞天奖及第十届中国电视金鹰奖。

这部电视剧，其成功原因之一是由于触及了改革开放后的社会现实——打工生活。打工，俨然成为那个时代最为鲜明的特征。如今，打工的形式与内涵已经发生诸多改变，但是那些饱含时代情绪和集体记忆的影像片段，时常为人们所记起。

电视剧中的种种场景，又何尝不是村庄六约的真实写照？一方面是背井离乡的外来打工者，一方面是机器轰鸣的现代制造业工厂；一方面是厂房车间内从不停歇的流水线，一方面是形形色色的工业区生活。这从20世纪80年代后开始的景象，一直持续到近年才有局部的变化。

另一部在深圳取材的20集纪实片《姐妹》，反映了世纪之交时的打工者的生活状态，故事的主角依然是打工妹。

这是一个让人难忘的故事：2000年，一家叫柏丽的发廊在深圳莲塘国威路开业，经营者是来自浙江农村的打工妹章桦。这个时候，因生意失败而陷入困顿的北京人李京红进入了她们的生活。李想拍一部有关章桦和她的发廊的纪录片。他开始终日在柏丽发廊拿着摄像机记录发廊姐妹的生活。

发廊开业不久就陷入了窘迫的境地。发廊的几位姐妹也开始向李敞开心扉，在镜头前展示她们善良脆弱的内心世界。她们的坎坷经历，正是此后纪录片中记下的悲情故事。

拍了4年的纪录片《姐妹》，终于在2004年年初于全国各地的电视台相继播出。原生态、强烈的纪实风格和真实性，让观众备感新鲜。

无一例外地，这两部反映不同时期打工者生活的影视作品，共同反映了一个激变年代年代的故事，但采取的则是平民化的视角，记录的也是普通人的生活。让普通人成为时代生活、影视作品中的主角，这在如今看来似乎是那么的理所当然，但是回溯至10年甚至20年前的话，则有着非同寻常的意义。

对这两部作品的探讨，实则是评论六约村的种种生活。在那些搬上电视荧幕的作品中，那许许多多生动的工作、生活场景，无一例外地在六约这样的工业村里上演着。

1.3　激变中的区域经济

在深圳市龙岗区政府的网站上，一份名为“从传统农业到现代农业”的工作材料，从某一侧面显示了一个区级政府的发展状态和现实。

“龙岗区是1993年成立的深圳市市属区，全区总面积844.07平方公里，占深圳市总面积的43.2％。建区以后，随着城市化进程的发展，由建区之初下辖10个镇变为2007年下辖平湖、布吉、坂田、南湾、横岗、龙城、龙岗、坪地、坪山、坑梓、葵涌、大鹏、南澳等13个街道。龙岗区毗邻港澳地区和深圳经济特区，海岸线长133.3公里，属低山丘陵滨海区，南亚热带海洋性季风型气候，具有较好的农业生产自然条件。

“由于工业的大规模发展和城市的迅速扩张，大量的农业用地被占用，龙岗区农业土地资源逐年减少的趋势不可逆转，严重制约了以土地为基础的传统农业的发展空间。因此，对于我区农业，发展高效益、集约型、生态型的现代都市农业是必然选择。

“现代都市农业具有‘生产、生活、生态’功能，体现了第一、二、三产业的融合发展，是现代农业发展的高级阶段。都市农业是都市经济的重要组成部分，它作为与都市经济发展和人民生活息息相关的基础产业，具有保障生活、发展经济、稳定社会、平衡生态、旅游休闲、出口创汇、致富农户和辐射示范等作用。都市农业集农业生产、生态建设于一体，承载生物技术、工程技术、信息技术，是市场化、集约化、科技化、产业化和信息化的农业。

“龙岗区在都市农业建设中，农业生产布局与生态保护、文化教育、休闲娱乐、旅游观光等结合起来，相互促进，相互发展，不断构筑生态绿色网络系统来优化都市环境，并以此延长农业产业链条，提高农业文化含量和附加值，逐步向有龙岗特色的现代化都市农业发展。

“从1993年到2002年，由于对传统农业的重视，农业总产值一直保持一定速度的增长。2002年以后，随着我区城市和工业化进程的加快，各类工业企业的崛起，人们对农业这个基础产业的观念逐渐淡薄，原来对农业的一些扶持政策也逐渐淡化，尤其是第二、三产业发展较快的街道、社区，‘重工轻农’的指导思想更为突出，所以近几年出现农业产值逐年下降的局面。”文件起草人对龙岗区农业总产值及增加值的基本情况进行了汇报。

表1　龙岗区农业总产值一览表

年份	农业总产值（万元）	比上年增长（%）
1993	64212	-
1994	74802	4.5
1995	83661	0.2
1996	90094	6.1
1997	98373	6.7
1998	111488	7.2
1999	117594	4.3
2000	117460	4.2
2001	127003	4.5
2002	123986	4.7

（续上表）

2003	124800	−1.5
2004	110836	−14.1
2005	93734	−14.6
2006	59716	−8.1
2007	53427	−9.2

龙岗区农业生产增加值占地区生产总值的比例由1993年的8.08％逐渐降到2002年的1.23％，2003年以后，每年所占比例不到1％，2007年只占0.2％，对龙岗区GDP的贡献率几乎为零。

这是珠三角一个区域里的真实情状：激变中的区域经济，农业的逐渐式微，取而代之的是高扬的现代工业。

1.4　六约在发生着什么

在民工潮一波波地席卷中国东南部尤其是珠三角地区时，那些星罗棋布的村镇，当时也许并未完全意料到，一个新的时代正在到来。

六约村就是这众多村庄中的一个。

毫无疑问，在六约村过去的数十年间，外来打工者，从刚刚开始的零零星星到后面的数以万计地涌入，的确改变着这个村庄的方方面面。

如今，难以找寻到当年在六约务工者的详细数据。那些当年年轻的人们正在老去，他们中的绝大多数已经回到当年出发的地方，他们的子女——新生代农民工正成为这个时代的制造业大军。

那么，这些时日里，六约究竟有何变化？这个村庄在民工潮席卷到来时，发生了什么？

在2002年年底编纂的《六约村史》中，这两个表格大体反映了这个村庄的发展轨迹：

●农业方面：

表2　六约村1979年至2000年农业概况表

年度	水稻		花生		蔬菜		水果	
	种植面积（亩）	年产量（吨）	种植面积（亩）	年产量（吨）	种植面积（亩）	年产量（吨）	种植面积（亩）	年产量（吨）
1979年	3382	562	435	24	—	—	18	2
1980年	2726	430	410	20	—	—	18	3
1981年	2312	394	351	22	60	112	82	3
1982年	2320	424	410	23	160	300	50	4
1983年	2344	434	198	11	650	1222	38	4
1984年	1896	360	325	19	980	1840	85	6
1985年	687	122	286	14	1010	1888	130	7
1986年	628	123.1	355	17	1013	1894	644	9
1987年	356	41.4	350	15.5	1126	2100	1650	9
1988年	215	32.1	150	6.2	1069	2009	1567	10
1990年	58	9.3	80	4	844	1595	1584	13
1991年	—	—	—	—	823	1547	1087	8
1992年	—	—	—	—	800	1380	778	6
1993年	—	—	—	—	446	845	660	6
1994年	—	—	—	—	376	705	660	6
1995年	—	—	—	—	376	710	660	5
1996年	—	—	—	—	226	429	660	5
1997年	—	—	—	—	226	440	860	5
1998年	—	—	—	—	226	1470	1010	6
1999年	—	—	—	—	226	2227	1010	13
2000年	—	—	—	—	226	1620	1010	7

从以上表格不难发现，从1980年到21世纪初期，沿海地区的农业是逐步式微的过程：水稻、花生等传统农作物的种植面积从大到小，最终全部归零；蔬菜、水果的种植面积和产量却相对应地逐渐增长和波动。这是一个典型的传统农村地区逐步城市化的样貌。

●主要经济指标：

表3　六约村1979年至2001年主要经济情况

年度	二级总收入（万元）	二级纯收入（万元）	人均所得（元）
1979年	33	26	175
1980年	38	30	238
1981年	43	34	255
1982年	59	39	262
1983年	93	62	380
1984年	130	84	468
1985年	198	128	893
1986年	230	163	1220
1987年	388	258	1464
1988年	645	353	2655
1989年	1592	618	3243
1990年	2766	838	2831
1991年	3364	1069	3726
1992年	4061	1359	3726
1993年	5443	2373	4560
1994年	6218	3109	11029
1995年	6838	3139	12684
1996年	6780	2480	17752
1997年	7060	2540	17800
1998年	7749	2743	21800
1999年	8782	3402	23674
2000年	9670	3742	26998
2001年	10750	4318	30000

改革开放前夕的六约“地贫人穷”，一般村民家庭仅可勉强生存，甚至有时“一日三餐难以果腹”。不难看出，1979年的六约村人均所得为175元。而至2001年，村集体总收入已超亿元，比1979年增长了325倍；人均所得3万元，也比1979年增长了172倍。

六约正是从农业转轨至工业发展而来的。1981年3月，六约村引进了第一家“三来一补”企业——剑桥丝花厂，拉开了工业发展的序幕。

自此之后，经过20余年的发展，其工业生产已经包括电子、电器元件、塑料、塑胶制品、五金加工、玩具、工艺制品、化工、制衣、模具、钟表、机械制造、食品加工等数十个行业，各行业的技术设备也不断完善升级，电气化、自动化生产已

新兴的村社经济模式，让曾经的农田矗立起大量的工业厂房。

成为工业生产的主流。

2002年5月，六约村的统计数据显示，全村共有“三来一补”企业117家，三资企业20家，私营企业161家，自有厂房总面积126万平方米，宿舍总面积28万平方米。这一时期的六约村，工业成为经济支柱，全村总收入和纯收入的八成以上来源于工业收益。

改革开放以后，六约村利用邻近香港地区、靠近深圳市区、深惠公路便利的交通条件等政策和地理优势，发展“三来一补”企业，引进香港地区和国外资金及技术设备，开启工业化之路。如珠三角众多村镇一样，六约村经济发展之所以迅猛增长，汹涌而至的民工潮的作用不可低估。来自五湖四海的务工人员，一方面以相对低廉的劳动力促使经济倍增，另一方面也给社会管理逐步带来难题。

六约村的一份材料中也如此写道：“外来务工者大量涌入后，六约在经济获得迅速发展的同时，社会格局也发生了很大变化，各种民间矛盾纠纷呈几何级数增长，而且向个人与企业、集体之间的矛盾转变，纠纷类型复杂化，矛盾主体多元化，涉及经济利益的劳资纠纷尤为突出。”

这为村社里即将到来的社会管理大考埋下了深深的伏笔。一个不再单纯的时代即将到来。

在2002年10月的最后一天，六约社区党支部书记陈醒光，在编纂的《六约村史》序言中对过去20年如此总结道："改革开放二十年来，六约村依靠政策和地理优势从穷乡僻壤过渡到文明乡村，两个文明建设健康协调发展，演绎出富裕与文明同行的主题。随着改革开放的不断深入，农村城市化进程不断推进，六约人已彻底告别了传统的乡村生活，村民的生活方式、行为习惯和思想意识有了质的改变和飞跃。"

时至2003年，六约社区在一本招商宣传册上，对于自身这样推介："在这里，你会找到中国农村城市化、工业化、现代化进程的足迹；在这里，你会领略到当代新型农民改天换地的豪迈；在这里，你会感受到文明与富裕同行的和谐之音"。

的确，过往的这个时期，在如同六约一般的众多村庄里，留下了深深的烙印。但无论如何，也正是他们——民工潮中的每一个人，以沉静而强大的力量，逐渐改变着客家村庄，迎来了一个纷繁复杂的时代。

第2章　劳资纠纷消解传统村庄

2.1　村委干部成了“消防员”

“当时的村委干部几乎成了忙于‘救火’的‘消防员’，刚刚接待完这家工厂的工人投诉，又急着赶到另一家企业处理停工事件。尽管忙得焦头烂额，越级上访等群体性的事件还是时有发生。”言及曾经的场景，六约社区已经退休的调解组组长陈仕荣如此告诉记者。

陈仕荣言说的背后，正是与民工潮相伴相生的矛盾纠纷。村委干部成为“救火消防员”，这正反映了矛盾纠纷已经严重影响了基层治理工作的现实。

六约社区负责人告诉记者，深圳建立特区之初，面积12.5平方公里、居民只有1100多人的六约村矛盾纠纷并不多，而且基本上发生在个人、家庭与邻里之间。家庭或邻里发生了争执，村里的长辈一出面调解，往往很快就得到平息。不同族姓的村民之间发生了民事纠纷，当时的村委会也基本上可以顺利调解处理。

“上世纪80年代以来，伴随六约社区经济迅猛发展，以劳资争议和外来劳务工之间的纠纷为主的民间矛盾纠纷遽然增加，如何及时有效地化解这些纠纷，维护社区安定，成为当时村委班子面临的重大课题。”一份汇报材料如此写道。

有观察人士认为，随着社会的多元化转型，人们逐渐走出单纯的“单位人”角色，向“社会人”转型。这一变化，不可避免地带来了城市社会中多元主体之间利益冲突的增加，这在社区的日常生活中表现得十分明显。

陈仕荣，这位个子瘦小却精神矍铄的六约村本地人，自1991年2月开始担任六约村调解员，直至2000年元月1日退休，见证了这一时期的风云变幻。

“凡是我们调解部门，春节前就会有很多事。很多工厂要放假，工人需要回家，一拿不到工资，就来到了村委门口。”

“春节前最多，就我个人而言，每年都到了（腊月）二十八、二十九才有时间放假，平常的过节是经常没有假期的，我老婆经常对我说：‘别的大领导都没有你忙。’但这是我们的责任嘛！”

六约村的这些现象，正折射出这一时期制造业发展后的珠三角劳资矛盾纠纷日益凸显的现实情境。

在中国经济30年来的高速发展历程中，在曾经的发展增长模式下，农民工的作用可以用“居功至伟”来形容。而劳动者与资方的关系，则成为无数个如同六约村

大量劳资纠纷伴随民工潮纷至沓来。

一样的村镇需要共同面对的艰难命题：一旦劳资双方发生矛盾纠纷，首当其冲受到影响的就是村镇一级的稳定与和谐。

深圳劳工问题研究者、深圳当代社会观察研究所所长刘开明认为：“工资不平等和农民工（外来工）是理解最近30年的中国发展历史与现状的关键。中国巨大的经济成就很大程度上是依赖出口导向型发展战略，以外来投资和出口参与经济全球化，用国内廉价劳动力优势换取稀缺的国际资金、技术、市场、自然资源，实现了国家经济的振兴。可以说，以外来工为主体的廉价劳动力创造了中国的经济奇迹。”

如今已经很少有人知道，1993年在深圳龙岗葵涌发生过一场大火。

1993年11月19日13时25分，在六约村数十公里之外，深圳市龙岗区葵涌镇致丽工艺制品厂发生特大火灾事故，烧死职工84人（女82人，男2人），重伤20人，轻伤25人，烧毁厂房1600平方米以及大量原材料、设备等，直接经济损失260多万元。

当时的这场惨剧，创下了建国以来生产火灾死亡人数的最高纪录。

经事故现场勘查及现场残留物取样分析，此次事故的原因及分析是：由于电线短路引燃仓库的可燃物而蔓延成灾，同时，由于可燃物在燃烧时产生有毒气体，而厂房的疏散通道不畅通，工作场所人员密度大，平时没有进行消防教育和演练，致使大量职工不能及时从火场撤出，中毒窒息，造成重大伤亡。

当时有资料显示，一位叫王小芳的女工死前的一封信，透露了这个工厂工人群体的生活情况：

“还是谈谈我工作的事吧，我将工资表示意如下，你们看一看。一共一百五十九块八毛七，不过工资的多少，还得由每月的货多货少，以及价格的高低、做货（活）的好孬决定，这个月经自己认真干，挣得了这点钱，我准备寄一百五十块回家。在生活上，我基本上习惯了，每天两餐，早上买三毛钱的东西吃，菜是白菜，有时改善一下是豆腐、豆芽，白菜里有几点肉和着，身体也很好，只是有时发（上）火，也许是水土不服吧。不过，这个请你们不要担心，我自己会处理好的。”

这是这个时期中的残酷一页，也是当时劳资双方关系中的日常形态。在一定程度上漠视生命的彼时，时而紧张的劳资关系，大大考验着每一个村庄。

这是一个时代的伤痛。

2.2 劳资矛盾纠纷二三例

与相隔不远的葵涌相比，六约村里的劳资关系，并没有很大的差别。

这是这一时期每个村庄面临的严峻现实。当然，在村内局中人的视野里，他们只是疲于应对日益增多的劳资矛盾纠纷——也许只能在许多年后他们才会蓦然发觉自己走出了一条怎样的路。

但是，高于村庄矛盾化解组织的司法行政机关，已经意识到这一情状。在1994年，龙岗区成立一年多后，龙岗区司法局的一份名为《关于稳定我区基层社会加强人民调解工作的意见》，对于当时基层现状如此说道：“在新区发展和建设过程中，随着改革的深入，经济格局多层次关系的调整，以利益冲突为主的纠纷有所增加，全局与局部之间、区域之间，所有制形式之间和国家、集体、个人三者之间的矛盾也以不同形式表现出来，这些矛盾和纠纷，不仅分散了各级领导很多精力，同时影响到我区改革开放和经济建设。因此及时采取有效措施解决这些矛盾和纠纷，稳定基层社会，刻不容缓。”

1994年：5月，一个名为永×制品厂的工厂，工人因为老板拖欠工资、不支付伙食费而罢工，事态较严重，六约村调委会在其他村委干部和外经工作人员的配合下，多次举行调解人员、厂方、工人代表的三方会谈，并向老板宣传《劳动法》，责成其保护工人正当权利，补发所欠工资和伙食费，也说服了工人停止罢工，准备开工。最后，双方达成了调解，一起极易引发较大劳资纠纷的事端平息了。

1995年：4月，恒×制品厂内，一名四川籍男工因为工伤致一眼盲，法医鉴定为丧失劳动能力50％，按照保险条例应得赔偿金44400元，但当事人不服。于是，当事人多次与亲友们聚厂要求厂方赔偿现金12万元。在严重影响工厂生产秩序的情况下，调解人员首先向他们阐明行为是非法的，并逐条向他们解释保险赔偿条例，要求他们心平气和地运用法律手段来解决问题。事态平息后，针对当事人双亲残废，其妻刚诞下初生儿的实际情况，厂方同意一次性再给予当事人3万元的补助，至此，问题圆满解决，当事人和厂方都对调解人员表达了感激之情。

1998年：3月，一支原子笔引发的纠纷，最终让六约村调解人员化解。一名陈姓的四川籍工人，在3月22日下午玩着一支原子笔，走到生产组组长张某的工作台前练字，组长张某见状说："在这里搞什么鬼？"陈某回话说："就是搞什么鬼。"随即引发双方厮打。次日晚上，陈某的8名老乡对张某进行了恐吓与威胁。横岗镇法律所与六约调委会一起进厂调解此事，最后调解成功，双方在厂内的表现比事前还好了许多。

1999年：全年六约村调委会一共处理了39宗罢工案，其中来料加工厂发生罢工案21起，私营加工厂发生罢工案18起。

2000年：3月，六约村下的塘坑，富×电子厂因为拖欠工人两个月工资，全厂100多名工人罢工，平常隆隆轰鸣的机器沉默了，只听到工人们的骂喊声。调解人员经过深入了解后，耐心给劳资双方讲解劳动法，厂方在7天内支付了工人两个月工资。此后，调解人员经常去该厂与厂方沟通交流，监督工资发放情况。据悉，该厂当年再未发生拖欠工人工资的情况。

2002年：塘坑村盛×电子厂原有140名工人，因为工厂效益不好，老板弃厂逃匿，工人在无工资及无就餐的情况下，准备集体向有关部门上访。六约村调委会得知后，立即耐心疏导工人，将他们领回来等待处理。第一步，解决工人们的开饭问题，调委会与一家公司负责人取得联系，通过大量工作，该公司答应工人的餐饭由其先行供应。第二步，经过调查，盛×厂共拖欠140名工人3个月工资未发，共计20多万元。最后该公司垫付了132名工人3个月工资，共计15余万元。工人们领到应得的工钱后，高兴地离开了。

2003年：7月上旬，位于深坑村的"三来一补"企业——南×针织服装厂，由于生产经营亏损而停产，两位股东之间产生矛盾，要求撤资退股各自经营，双方因全厂工人工资发放及各自承担应偿债务的比例问题出现了分歧。当时工人及债主为了讨回自己的血汗钱，情绪比较激动，出现了过激行为，不让老板及会计离开办公室，并把车间门锁住。六约调委会闻讯后，立即组织了人员到达现场，发现办公室外面有工人98人及10多名债主。于是调委会通过给工人及债主宣传有关法律、法规后，同意老板、会计将钱拿到深坑村村委后再进行协商处理。事隔几天后，厂方如数发放了全厂98名工人5—7月工资共100697元，工人高高兴兴领到工资，离开了该厂，继续走上了打工之路。

从20世纪90年代到新世纪，这些经常出现的或大或小的矛盾纠纷，都真实地发生在六约。

2.3 外来务工者的普法教育

显然，这一时期的外来务工者们，法律意识相对淡薄，对于自己的权益认识非常朴素、直观、简单，一旦发生直接侵权需要维护利益，他们往往缺乏诉求通道，从而激化矛盾。这对于基层治理者而言，劳资纠纷矛盾形成了巨大挑战和治理压力。

因此，开展外来务工者群体的法制教育，成为这一时期一项不容忽视的工作。1996年，深圳市龙岗区一位区领导在讲话中说道："随着改革开放和经济建设的不断发展，我区的外来劳工也不断增多，目前总数已超过50万人，每年也有不少新的劳务工进入我区，外来劳工为我区的经济建设作出了较大的贡献，是我区建设的一支生力军。但也应看到一些外来工'离开家无教、到单位忽视教'，成为'二头空'，法制观念和法律意识薄弱，参与违法犯罪也逐年增多。"

"据有关部门统计：80年代初，外来工犯罪占20％—50％，1985年到1994年外来工犯罪占60％—94.5％，到了去年（1995年）上升到98％，特别是一些特大重大案件外来工犯案有上升的趋势，必须引起各级党委、政府的高度重视。因此，迫切需要把搞好外来工的法制教育提上各级党委、政府的重要议事日程。"

对于在全区普遍开展外来工法制教育的问题，这位区领导在全区会议上认为："加强外来工的法制教育，关键在于各级党委、政府和各单位的领导要提高对这项工作重要性的认识。"他也直截了当地讲道："当前要解决好领导干部存在的三种思想观念：一是扭转'额外负担'为'分内职责'。有些同志认为'自家人都未管好，哪有工夫去管外人'、'铁打的厂房流水的工、花钱教育白费劲'。持有这些观点的同志，我看应予纠正，从整体来说，外来工到我区参加经济建设，我们就应负有对他们进行教育的责任，'要马跑得快，必须给马吃草'，光要跑得快，不给吃草能行吗？二是要扭转‘怕吓跑外商’的思想。有些同志担心在‘三资’和‘三来一补’工厂、企业中开展法制教育会吓跑外商，实际上这是一种误解。关键在于我们能否把外商的思想工作做到家，讲清道理。只要我们把道理讲清了，大多数外商是会支持我们工作的。三是扭转‘即种即收’的观念，树立长期不懈的思想。法制教育是思想政治工作的一项内容。想只经过一两次法制教育就会有立竿见影的效果（的想法）是不切合实际的，但如能长期坚持下去，则能起到潜移默化的教育作用。”

当时的龙岗区司法行政部门，已经开始着手从“标”、“本”两个层面，分析和解决外来务工者的法制教育问题。他们认为：“对外来工的法制教育和依法管理是一个不可分割的整体，依法管理是使外来工遵纪守法的必要手段，如果放任自由则工厂的正常秩序无法维持。重视管理是十分必要的，管理是能治标，而加强法制教育，是从根本上提高外来工的法制观念和法律意识，使他们自觉地遵纪守法。如果只重视管理而轻视教育，只能治标而不能治本。因此，两者紧密结合，标本兼治，才能互相作用，相得益彰。”

资料显示，针对当时在管理外来工问题尚存轻教重管或管教脱节的状况，他们的工作除了提高对外来工法制教育重要性的认识外，还被要求从两个方面进行改进：“一是从组织形式上实行管、教职责统一。凡对外来工有管理权、监督权的部门和单位，都必须负教育的责任，使外来工从招工到工作的整个过程都受管教。在外来工招收，申请暂住户口时，劳动、公安部门就应进行相应的法制教育，如发放法制教育资料等，外来办、劳动管理部门负责组织检查企业工厂的法制教育和依法管理等，所有的用工单位都应明确对外来工的法制教育义务。只有职权统一，才能做好管理结合。二是要严格按法律法规和镇政府有关规定，建立健全对外来工的管理教育制度。只有这样才能使外来工感到法律能保护他们的合法权益，才能心悦诚服地接受法制教育，遵纪守法。”

20世纪90年代以来，尤其是随着全国经济体制改革的深化，在大量“单位人”逐步变为“社会人”的情况下，由于进城的外来务工者的流动性和分散性，其法制教育问题的确已成为全社会不得不正视的一大难题。

有评论甚至认为，这一时期的劳资纠纷问题，一方面与这一时期的社会整体氛围息息相关，与资方老板们的素质、态度等有关，另一方面也与外来务工者自身的诉求反映和解决能力有莫大的关系。

2.4 如何观察这一时期的劳资问题

让我们还是回到十几年前。

1994年3月20日，深圳市龙岗区第一次人民调解工作会议上，时任龙岗区司法局局长卢伯强指出："市场经济体制的建立不仅深刻地影响了经济生活、政治生活、文化生活等各个方面，而且使人们的思想观念、价值观和相互之间的利益关系发生了很大变化。尤其是我们龙岗作为新建区，在新旧体制转换和交替的过程中，政府职能的转变，区属国有企业经营机制的转换，镇属集体企业改革的探索，农村股份制的改革等一系列新举措，各种新兴行业和经济实体的出现，劳动、工资等分配制度的改革，各个领域里竞争和优胜劣汰等等，必然会触动和改变现有的利益格局……

"我区外来人口不断地增加，社会治安形势依然严峻，势必产生大量的、新的民间纠纷和社会矛盾，纠纷诱发的因素大大增多，突发性、群体性和易激化、易反复的纠纷也就增加，各种民间纠纷更为复杂化，预防和调解的难度也将增大。

"总之，人民调解工作已从过去调解简单的婆媳矛盾、夫妻不和、邻里相争为主的纠纷，逐步向以调解生产、经营矛盾、经济财产分割、利益分配、劳资纠纷等为主要内容的较为复杂的纠纷发展，纠纷内容增多，纠纷延伸面增大……"

对于矛盾纠纷调解，当时的司法行政部门负责人指出："在厂矿企事业单位，要积极探索'三资'企业、股份制企业开展人民调解工作的经验，要认真研究国有企业转换经营机制过程中民间纠纷出现的新情况、新问题，特别要加强对'三资'企业外来人员纠纷的专项治理。要认真做好'三来一补'企业中的调解工作，注意及时化解劳资矛盾，既要保护外商合法权益，又要保护工人的合法权益，防止和尽量减少由劳资纠纷而引起激化的事件，全区各级调解组织，都要特别认真调查研究我区民间纠纷发生、发展和激化的规律，广泛开展民间纠纷的集中排查和专项治理，把防激化工作引向深入。"

劳资关系，是指劳工和资方之间的权利和义务的关系，这种关系透过劳资双方所签订的劳动契约和团体协约而成立。劳资关系或称为劳雇关系，一方面是受雇主雇佣从事工作获致工资者，另一方面是雇佣劳工的事业主、事业经营之负责人或代表事业主处理有关劳工事务之人，彼此间的关系即属劳雇关系。

从20世纪80年代后期到整个90年代，劳资关系正在逐步深入至珠三角，由宏至微，从局部到整体，占据了每一处肌理。劳资关系，渐渐成为这一时期的核心词汇。

显然，评述这一时期的劳资关系，只能大体上归纳为两个字——失衡。这主要表现为雇主即资方主导劳动市场，雇主的违法违规现象相对更加严重，劳资矛盾纠纷数量庞大。同时，劳资协调机制严重滞后，因此对于全社会而言，加快完善劳资协调机制的任务已刻不容缓。

从历史的角度来观察，对于六约这个客家村庄而言，种种悠久的传统正在分崩离析。这一系列民工潮以及随后涌现的劳资矛盾纠纷，使得传统意义的客家村庄六约迅速瓦解，取而代之的是一个工业村，是新的生产关系和形形色色的各种人群。

"这样被动应付下去，村干部吃不消，六约也形成不了良好的投资环境，"陈醒光回忆说，"当时村里的干部多次商量对策，后来大家从司法行政部门领导的谈话中受到启发，决定试试看能否从传统的民间调解中找到出路。"

没错，对于横岗六约这个村庄而言，自"试试看"的态度开始，日益增多的劳资矛盾纠纷的解决，正迎来一个崭新的时代。

第3章　专职调解员“第一村”

3.1　户籍毕业生回乡

细佬哥，这是客家人对孩子的称呼语。

当年的“细佬哥”出外求学，转眼间回来时已经是中专毕业生了，六约人陈志雄，毕业后就直接回到了自己的村庄。

这是珠三角地区甚至全国范围内无数个村镇的相同细节。

1991年1月15日，国家教委作出《关于表彰科教兴农先进学校和回乡务农优秀毕业生的决定》，并附发科教兴农先进学校名单和回乡务农优秀毕业生名单。

在《决定》中，如此表述着这一社会现象：

“近年来，全国有不少农、林中等专业学校和农村职业中学，坚持为农村社会主义建设服务的办学方向，认真贯彻中央关于科教兴农的决定，积极主动地投身于当地的科教兴农工作，在培养人才、推广技术、运用科技和教育振兴农村经济等方面作出了突出的成绩和贡献；同时，有越来越多的农林中专和农村职业中学的毕业生，学农、爱农、回乡务农，在农村的广阔天地中，运用所学的知识和技术艰苦创业，积极发展农业生产和农村经济，大力推广和传播农业科学技术，带领周围的农民共同致富，取得了优异的成绩，在科教兴农中起到了重要的带头和示范作用。为了表彰他们的成绩和贡献，促进科教兴农工作更加广泛、深入地开展，并取得更多更大的成绩，我委决定：授予北京市昌平农村职业学校等104所学校为‘科教兴农先进学校’；授予章建琴等92名毕业生为‘回乡务农优秀毕业生’称号。希望受到表彰的学校和毕业生再接再厉，为90年代我国农村的社会主义现代化建设作出新的、更大的贡献。同时希望各省、自治区、直辖市的教育行政部门，大力宣传他们的事迹，进一步贯彻党的十三届七中全会精神，广泛地发动各类职业技术学校积极投身于科教兴农工作，为振兴当地的农业和农村经济贡献力量。”

不难看出，这是一个时代的音符。

显然，大中专毕业生择业这个话题，从一个侧面反映了当时中国社会的深刻变革。这是社会进步和发展过程中出现的新问题。随着改革深化和经济的发展，大学生这一巨大的人力资源的配置和利用机制，在许多年后将更为全社会关注与热议。

这一话题，在20世纪90年代初期也许对于广袤的内地而言多少还有些稀奇，但对于已经拥有多年发展基础的沿海城镇而言，毕业回乡则是显得那么的天经地义。

对于珠三角的村镇而言，毕业生回乡是一场或隐或显的不小变革。村里的毕业生回乡，一方面的确存在为这一群体谋求和安排工作岗位，担当一份责任的意味；另一方面，对于这些大大小小的村庄而言，毕业生们在外求学的经历、见识以及所学之长，也许当时并未意识到其意义，但在随后的村庄治理与发展中，这一群体发挥了不小的作用。

已经开始走上“三来一补”产业发展之路的六约，在开始接纳曾经的村里娃娃并为其谋一份工后，一场悄无声息的治理变革就要开始了。

3.2 专职调解员“广东第一村”

对于陈志雄的到来，已经退休的六约村调解主任陈仕荣依然记忆犹新，而在言谈中不免露出自豪的神情。

“当年村里一共回来了7名大中专毕业生，他们一回来，党支部书记就叫我过去，先由我去挑一位毕业生作调解员。”陈仕荣对于书记优先让调解部门挑选毕业生的举动，时至如今仍充满感激。

于是，陈志雄这位年纪轻轻的毕业生，成为了六约村专职调解员之一。

人民调解作为具有中国特色的法律制度，有“东方之花”的美誉。在倍增的民间纠纷矛盾面前，这一富于传统精神的方式开始登上六约村的治理舞台。人民调解其本质特征就是群众性、自治性，依靠群众自身的力量来化解矛盾纠纷。

与传统印象中的村官、威望老者和居委会的老大娘、老大爷不同的是，人民调解员在南方的众多村庄，开始选择年轻人专职进行此项工作。因为不同于内地及其他地区的传统社会，流动性极大的珠三角地区，矛盾纠纷的调解处置也对调解组织的专业性要求相对较高。

20世纪90年代初期的横岗六约村，已经在社会各方面逐步受到民工潮及经济发展的深刻影响，投资办厂、“三来一补”已经在六约村遍地开花，发展经济也成为这一时期的最大命题。

在经济发展的同时，各种不稳定的矛盾纠纷开始成倍增加。“80年代时，村里的人民调解部门没有专职不专职的，基础建设办、安全办和调解办都是合署办公的。那个时候的矛盾主要还是夫妻离婚啊、兄弟房产啊、土地问题等等，”陈仕荣向记者回忆道，“当村里拥有153家‘三来一补’企业时，90％的矛盾纠纷都是有关外来工的了，每个月都超过五六十宗，最多时一个月就要调解360多宗。”

据介绍，20世纪80年代以来，伴随六约社区经济迅猛发展，以劳资争议和外来

六约人陈志雄，毕业后就直接回到了自己的村庄。

劳务工之间的纠纷为主的民间矛盾纠纷遽然增加，如何及时有效地化解这些纠纷，维护社区安定，成为当时村委班子面临的课题。在上级司法行政的指导下，社区选择了把人民调解工作作为解决矛盾纠纷的主要和首选方式，下大力气抓好、抓实。

根据上级部门的要求，六约村开始把人民调解工作的落脚点放在调解组织的网络建设上。1988年村调委会成立后，在各个村民小组和企业设立了调解小组，设立调解员和信息员300多人，形成了一级抓一级、层层负责的调解格局。

这一时期，六约的村领导和综治部门的负责人，面对越来越多的矛盾纠纷，开始进行一场非常朴素却也顺理成章的实践：既然兼职人民调解员对于化解大量的矛盾纠纷忙不过来，那么就设立专职的人民调解员。

为了发挥人民调解员的作用，依法、及时调处各类矛盾纠纷，六约村调委会重点强化四项工作，着力提高调解员的整体素质，比如强化人员选配，始终重视合理选聘调解干部，优化调解员队伍结构，在实际工作中培养和选拔一批懂法律、善调解和有较高政治思想水平的人员担任调解员。1991年六约设立专职调解员2名，是广东省设立专职调解员的“第一村”，专职调解员全部实行定额工资，每月领取误工补贴和交通通信补助。

六约村在创新人民调解工作时，始终坚持人民调解群众自治的性质，充分发挥人民群众自我教育、自我管理、自我服务、自我约束的作用。他们坚持村调委会由群众民主选举产生，村委副主任、治保主任担任调委会主任。

1991年，除了专职人民调解员之外，六约村还组织了一支专职和兼职结合、素质相对较高的人民调解员队伍。

3.3 “五位一体”机制

2名专职人民调解员设立后，六约村人民调委会又在全村范围内，开始了明确与细化人民调解工作责任的举措。

据悉，随后不久，村调委会又在全村7个村民小组、279家企业设立了调解小组共286个，各村民小组组长、工厂厂长分别与村委、所属公司签订责任书，把防控辖区内发生工人罢工、集体上访等影响社会稳定的突发事件与负责人的奖惩紧密挂钩，做到责任明确，考核到位。

同时，他们从规范人民调解运作入手，实施“防、控、快、细”的工作方法，健全村级治保组织，组建专业巡逻队、义务巡逻队，把调解与110接处警结合起来。这种调解、信访、治安联动的工作模式，使村委抓稳定促发展有了新的有效载体，形成了良性循环，最终“健全两级调解组织网络，建立人民调解工作目标责任制”。

而此时的横岗镇另外一个叫做四联的村庄，建立起了人民调解、治安、信访“三位一体”的人民调解组织，使得人民调解组织的快速反应能力和队伍战斗力大大增强。

距离六约村不远的四联村，地处横岗镇闹市区，经济较为发达，流动人口多，社情复杂。为了发挥治保组织应急能力强和信访工作纠纷信息灵的各自特点，他们创造出调解、治安、信访“三位一体”的人民调解组织形式，得到了上级司法行政部门的肯定。

这让六约村在繁重的调解任务之余，陷入了重重思考。

1995年，六约村人民调解委员会被深圳市司法局授予“1994年深圳市一级人民调解委员会”。这对于身处基层的调委会，不能不说是一个激励和肯定。

从1997年起，六约社区就根据形势发展的需要进一步延伸调解网络，实现了社区调解委员会、治安联防、信访、工会、妇联“五位一体”的调解机制，各部门在工作中既有明确分工，又紧密配合，实现了对辖区内各种纠纷的信息传递、积极预防和有效调解。

当时的调解主任陈仕荣，如今回忆起来，依然不无感慨：“1992年至1997年，那几年基本上我们没停过，通常情况下，中午回家吃个饭，电话就响了！”

陈仕荣告诉记者，在这期间又以1995年、1996年为甚，自己在那几年“又黑又瘦”。因此，陈仕荣得出了一个结论：“往往经济最好的时候，就是外来人员发生矛盾纠纷多的时候。”

这时候，村领导的村庄治理思路也开始悄然发生变化，他们逐渐认识到，加强人民调解工作，把矛盾纠纷及时化解在基层，解决在萌芽状态，对于维护社会稳定，促进经济可持续发展，具有十分重要的意义。此外，还有一个直接的因素，那便是通过人民调解化解矛盾纠纷，所花费的成本最低。

经过多年的发展和积累，此时的六约村，集体经济快速发展、人们思想观念和生活方式发生巨变，而当时的农村基础设施、公益事业建设相对落后、村民文化生活相对贫乏。外来人口激增、流动性大、管理不便等问题日益显现，不仅影响村集体经济的可持续发展，也给社会稳定带来许多隐患。

村委面对这些纷繁复杂的情形，逐步清醒地认识到，“发展中的矛盾是客观存在的，关键是要用发展的思路、创新的方法去解决”。他们针对市场经济体制建立后，矛盾纠纷由过去的主要以个人、家庭、邻里等人际关系的矛盾为主，逐渐向以个人与集体之间的矛盾为主转化，特别是体现经济利益的劳资纠纷尤为突出。把人民调解作为“第一道防线”，坚持“预防为主、教育疏导、依法处理、防止激化”的原则，把解决涉及群众切身利益的实际问题作为调解的出发点和落脚点，以完善制度为保障，健全矛盾纠纷排查调处机制，人民调解这一“投资少、见效快、效果好”的工作方法在六约成为了社会治安综合治理的重要手段和有效载体。

在之后，由于得到龙岗区司法行政部门的有力指导，六约村选择了把人民调解工作作为解决矛盾纠纷的主要和首选方式，并下大力气抓好、抓实。

专职调解员开始与其他部门的工作人员，共同出现在劳资纠纷的重大场合里，一起为化解村庄的劳资矛盾努力。

3.4 自发性决定生命力

如今，回顾六约专职调解员设立、“五位一体”机制运行的这一历程，你不得不惊叹这个村庄的创造力，但当你了解这一背景过程后，你才发现似乎又是如此这般的顺理成章、理所当然。

对于这一模式的诞生阶段，后来有论者指出：横岗街道六约社区的人民调解工作之所以能够取得突出的成绩，与社区调解员长期辛勤的工作分不开，同时也充分证明了一点——对六约社区的居民来说，人民调解已经不是一个空泛的概念，而是身边触手可及的事物，人民调解在六约已经成为他们解决矛盾纠纷的“第一选择”。

因此，“六约模式”最突出的一条就是把人民调解作为基层解决矛盾纠纷的首选方式，做到人民调解组织和制度落实，经费和基础设施得到有力保障，再加上一支高素质的专职调解员队伍，从而最大限度地发挥了人民调解的职能作用。

如此一来，在六约村的人民调解组织的作用愈发凸显的同时，也凸显出这样一个命题的必要性：努力提高人民调解组织的影响力，使人民调解成为解决民间矛盾纠纷的首选方式。

仅以1999年为例，全年六约村调委会成功调解纠纷463宗，共涉及人员7200人，涉及金额692.2万元，调解成功率达到100％。是年他们一共处理了39宗罢工案，涉及金额5048645元，其中来料加工厂发生罢工案21起，私营加工厂发生罢工案18起。

“面对纠纷骤增、情况复杂的局面，我们调委会以事实为依据，援引有关法律和法规，有效地消除了群众间的隔膜和一些潜在的犯罪因素，有力地维护了外来工和企业的合法权益，为六约村的经济发展和社会稳定作出了贡献，”在《1999年度六约村调解委员会工作总结》中，记者看到文中如此写道，“今年，我调委会的工作人员基本上没有休息日，即使下班时间也常常继续进行调解工作。”

在劳资纠纷罢工事件上，六约村调委会本着减少损失、化解矛盾的原则及时进行处理。“一般来说，我们先要求工人无条件复工，然后分别向罢工代表、厂商甚至房东了解情况，如果厂商超过3个月没有发放工人工资，我们就按其规模大小，责其在7天或12天内发放不少于2个月的工人实际工资，对于确有困难的工厂企业，我们村委会也会协助解决。”调委会在工作总结中这样介绍说。因此在这一思路下，他们使众多罢工事件妥善解决，化解了大量容易引发大问题的矛盾纠纷。

值得注意的是，在2002年度的工作总结中，龙岗区司法局这样描述着自己的困难：“人民调解工作出现新形势、新要求，现有调解人员队伍素质尚未与之相适应；加入WTO以后，普法宣传工作如何适应新的形势向纵深发展？”

从更为宏观的层面来讲，这一时期的珠三角地区内，无论是大至一座城市、城区，还是小到城市细节中的乡镇、村庄，均处于内向型经济向外向型经济的转变大潮之中。而对于基层的乡镇、村庄而言，在市场经济情况下，在新的国家经济格局下由农村城市化转变过程中民间纠纷出现的新情况、新特点、新问题，则需要研究调解的新方法、新手段了。

平心而论，这种寻找新方法、新手段的动力，在众多村庄已经具备，它一方面来源于村庄治理的难度和越来越多的社会管理事务，迫使其寻找破题之道，一方面来源于因为工业的逐步发展，使得村庄集体经济和经济组织拥有较为雄厚的经济实力，可以进行相关的改革创新。

在横岗六约，这个客家村庄涌现出来的专职人民调解员新举措，以及此后旨在整合管理资源、形成部门联动、发挥集聚效应的“五位一体”调解机制，正是源于日益艰难的社会管理任务、日益复杂的矛盾纠纷这一现状，其原初的主要动力便是来源于村庄自身。

也正因为如此，以相对较低的成本建立和完善村级人民调解组织，既使得社区化解各类矛盾纠纷的能力大大增强，又使得村委会成员有更多的时间和精力去发展经济，这样又让日益壮大的集体经济反哺到人民调解组织的建设上来。如此的良性循环，使得自发形成并壮大的六约调委会，一开始便具备着较为旺盛的生命力。

第4章　村庄之外的城区与国家

4.1　家国15年

这一时期，有着太多言说的意义。

一曲歌，一部电视剧，似乎就拉开了20世纪90年代的序幕。“春江水暖鸭先知”，往往在文艺领域，某些不经意的细节会透露出一个时代的先声。

> 有过多少往事，仿佛就在昨天；有过多少朋友，仿佛还在身边；也曾心意沉沉，相逢是苦是甜，如今举杯祝愿，好人一生平安……

> 悠悠岁月，欲说当年好困惑，亦真亦幻难取舍。悲欢离合都曾经有过，这样执著究竟为什么？漫漫人生路，上下求索。心中渴望真诚的生活，谁能告诉我是对还是错，问询南来北往的客……

在电视剧《渴望》里，无论片首曲《好人一生平安》，还是片尾曲《渴望》，均点燃了20世纪90年代人们在茶余饭后的热情，甚至反映了一个时代的集体情绪。

《渴望》，这是一部当时轰动全国，感动千万人以至于受到热捧的电视剧，有人称其为中国电视剧发展历史性转折的里程碑，创下的巅峰效应成为一个时代的神话。该剧将数个年轻人的人生和普通人的人性有机地融入社会变革的大背景中，情真意切贴近观众，让亿万观众感受到了“真实”的力量；更进一步说，之所以取得如此之成功，就是因为切合了新时期的时代精神。

1992年邓小平南方谈话后，中国改革进程加速，一道闸门被瞬间打开，市场经济以前所未有的冲击力，让中国社会随之奔腾。在思想文化领域内，个体、自由、开放、娱乐、消费、追星、戏谑、颠覆、反思……一时百花齐放。

尤其在大城市和沿海地区，街头小巷、卡拉OK、歌舞厅内，港台地区、日韩、欧美的超级偶像们开始显现，并迅速进入了普通人的生活。不难看出这一时期，代表大众情趣的平民文化命中了时代的脉门，于是，一场盛大的狂欢与洗礼，一场多元的众声喧哗，出现在了20世纪90年代的中国画卷中。

正因如此，这场深刻影响着社会生活的变革，意图用一种鲜明的方式向世人昭示：一个全然不同于80年代的新社会已经到来。清华大学社会学系教授孙立平在

《一个新的社会正在形成》一文中说道：“随着卷入全球化进程程度的加深，特别是加入世贸，原有的社会结构受到了明显的冲击。”

孙立平在文中认为，首先是社会结构的进一步分化，全球化的过程，新的游戏规则，会为一些新的经济和社会力量提供新的发展空间，在这些新的空间和机会结构中成长出来的新的社会组织及职业群体也必然参与到利益分配过程，迫使原有的利益群体和利益分配格局进一步分化和重组。

此外，孙立平指出，90年代的这种资源重新积聚的趋势，对社会结构产生了另外方向的影响。首先，群体间的收入和财富差距越拉越大；其次，是社会的边缘地带，特别表现在农村和小城镇中，出现明显的凋敝。

“社会断裂的另外一种表现是在城乡之间。人们经常将改革前中国的城乡关系称为二元结构。当时的二元结构主要是由包括户籍制度在内的一系列的制度安排造成的。”孙立平教授如此认为。

而在十几年后，中国社会治理领域中的一件非正常死亡案件，以一个大学生的年轻生命为代价，唤醒了知识界，进而是整个社会对一些长期因袭却熟视无睹的“惯常”的重新认识和反省。

这便是广州“孙志刚事件”。

2003年3月，湖北籍大学生孙志刚在广州打工期间，因为没有“暂住证”，被执法机关以“三无人员”拘禁收容，后被鉴定为“大面积软组织损伤致创伤性休克死亡”，永远离开人世。此事经《南方都市报》报道后，引发舆论潮，在全国引起强烈反响。最后，该事件终结了中国收容遣送历史，评论人士称这是“一个无辜公民的死导致一部恶法的废止”。

城乡关系的二元结构，在这一案例中以惨绝人寰的事实呈现出来；而对于户籍制度、收容制度的反思和调整，更显示了一个时代之殇和不得不为之的应对。

孙志刚成为一个时代的烙印。但城市流浪乞讨人员收容遣送制度和制度下普通外来者受影响的生活及被收容者的命运故事，都曾在珠三角各地存在和上演。位于深圳关外的村庄六约，也不可避免地受到这个时代与制度的影响。

4.2 最高层的“三个文件”和信访潮

2002年这一年里，对于人民调解领域的工作者而言，是一个值得回顾的年份。

是年9月24日，中共中央办公厅、国务院办公厅联合下文，将《关于转发〈最高人民法院、司法部关于进一步加强新时期人民调解工作的意见〉的通知》下发至全国各地。时隔多年以后，我们在横岗六约偌大的资料室内，也见到了这份文件的复印件。

应该说，本来这份文件并不会到达村庄一级，但对于正在进行人民调解实践的村庄六约，它很需要听取来自最高层对于人民调解工作的最新精神。

对于全国各地的人民调解员尤其是珠三角地区人民调解工作一线的人们而言，在《最高人民法院、司法部关于进一步加强新时期人民调解工作的意见》这一长达3186字的文件全文中，最具针对性的莫过于第五条“依法确认人民调解协议的法律效力”的内容了：

“各级人民法院特别是基层人民法院及其派出的人民法庭，要认真贯彻执行《最高人民法院关于审理涉及人民调解协议的民事案件的若干规定》，对在人民调解委员会主持下达成的调解协议，一方当事人反悔而起诉到人民法院的民事案件，应当及时受理，并按照该司法解释的有关规定准确认定调解协议的性质和效力。凡调解协议的内容是双方当事人自愿达成的，不违反国家法律、行政法规的强制性规定，不损害国家、集体、第三人及社会公共利益，不具有无效、可撤销或者变更法定事由的，应当确认调解协议的法律效力，并以此作为确定当事人权利义务的依据，通过法院的裁判维护调解协议的法律效力。”

与此文件发布的同时，最高人民法院发布了《关于审理涉及人民调解协议的民事案件的若干规定》，司法部制定了《人民调解工作若干规定》。这在当时被简称为“三个文件”。

2002年11月5日，在广东省高级人民法院、广东省司法厅联合下文贯彻这三个文件精神的通知中，内容三为“高度重视，切实加强对新时期人民调解工作的指导”，“各级人民法院要切实改进和加强对人民调解委员会工作的业务指导，努力探索在新时期指导人民调解委员会工作的新方式和新途径”；内容四则更加具备直接的指向，“准确理解，正确适用‘两个规定’，保证人民调解协议和相关判决的质量”：“《人民调解工作若干规定》对人民调解程序作了具体规定，是人民调解委员会依法履行职责，合法、妥善处理好民间纠纷的基本依据。《关于审理涉及人民调解协议的民事案件的若干规定》对人民调解协议的有效条件，无效条件或者可以撤销的原因，均作了明确的规定，是人民法院依法行使司法审查权，准确把握人民调解协议的效力，充分发挥人民调解重要作用的审判依据。调解委员会和人民法院一定要严格执行上述两个规定，以确保工作的质量。”

对于众多身处基层的人民调解员而言，最有现实意义的莫过于法院系统对于人民调解协议协力的认可和相关规定了。长期以来所遵循的人民调解协议，被最高法以“司法解释”的形式，赋予了更严肃的效力。

另一方面，司法部制定的《人民调解工作若干规定》，也让全国各地的人民调解组织有了规范性建设的方向感。而对于早已实施，进行了诸多实践的六约村而言，来自司法部的规定，则让自己在调解过程中除却自然、自我探索的因素外，走向了更为规范的途径。

随后也就不到一年，一场信访潮考验了中国。

在新华社主管、“依托国家通讯社强大的高端资讯背景”的《瞭望东方周刊》，2003年年底所刊发的报道《2003年中国遭遇信访洪峰 新领导人面临非常考验》，有着观察这一时期社会现象不可忽视的“窗口”作用。

文章写道：“今年的信访浪潮，是多年来改革与发展矛盾积压的后果，对于致力革新的新领导人来说，既是巨大的挑战，也蕴藏着推进政治改革的难得机遇。”

据《瞭望东方周刊》披露，从获取的一份权威官方资料显示：“仅从今年7月1日到8月20日短短不到两个月的时间，到北京市委门前上访的就达1.9万人次，群体上访达347批；到中纪委门前上访的人员达1万多人次，群体上访453批，平均每天达100多人，最多一天达到152人，创改革开放以来的历史新高。”全国人大常委会办公厅信访局提供给《瞭望东方周刊》的统计数据显示：“从今年1月1日到11月26日为止，共收到上访信件52852封，比去年同期增长了近1/5；其中新信33369封，重信19483封。在同一时间段，来全国人大信访接待室上访总件数为17063件，比去年同期增长了近1/3。”

“国家信访局周占顺局长11月在接受新华社《半月谈》采访时，公开承认‘今年以来，群众信访总量仍呈现上升趋势’。周占顺特别指出，近期以来，群众集体访、重复访和群众赴京访上升幅度大，人数多、规模大、持续时间长、行为激烈，在一些地方和行业引起连锁反应，严重影响首都北京和局部地区的社会稳定。在此次访谈中，周占顺认为‘80％以上是基层应该解决也可以解决的问题’。”

“中央领导人指出，政府今后的一个重心工作，就是及时化解社会矛盾，依法解决好群众反映最强烈的问题和诉求，在实践中体现出执政为民，维护社会稳定。”《瞭望东方周刊》在文中写道。

这一全局性命题，也同样困扰着珠三角地区的综治维稳部门。在村庄六约，为化解基层矛盾而生的人民调解工作，早已在基层呼应着高层的声音。

即便全国涌现信访潮的这一年里，横岗六约村的上访率也依然保持着较低水平。

4.3　龙岗：这一时期的城区样本

“龙岗，遥远得像另一座城市”。这是深圳众多市民的集体感受。

20世纪90年代初期至新世纪第一个10年的上半叶，这一时期的龙岗，发生了什么?

考察这一时期的深圳龙岗区，你会发现，在深圳——中国经济特区这个鲜艳的光环背后，由于二线关的制约，将深圳的关内外进行隔绝和管制。龙岗区的真实情状则是，这个改革开放后快速发展的工业大区，它与特区深圳（严格地说，与深圳特区控制线范围内的市区内）有着太多的不同之处。

这种不同，既包括城区环境的形态，也包括发展模式上的不相及。实际上，这一时期的关外地区，是以特区发展的牺牲者面目出现的。一方面，深圳作为高速发展的示范区，其庞大、高速运转的经济，必然需要制造业链条中的某些初级环节，这些环节中能源消耗高、污染相对较重的企业工厂，自然被转移至关外地区；另一方面，深圳发展的起步是作为东南亚尤其是香港的产业承接地开始的，“三来一补”企业的引进、落地和壮大发展，大多数在关外地区实施，即便开始并非在关外，但是随着特区发展战略的调整和转变，大量原设在特区范围内的企业，也会被转移至关外，这无疑加重了关外龙岗制造业工业区的属性。

1993年正式建区的龙岗区，位于深圳东部，东临大亚湾、大鹏湾，南连罗湖区、盐田区及香港地区，西接宝安区，北靠惠州市、东莞市。这一时期，龙岗区是深圳市行政面积最大的区，拥有占据全市一半左右面积的森林资源，而山、海资源成为龙岗除却工业大区之外的最大特色。

翻阅这一时期的龙岗区司法行政工作，你会为这个区在司法行政领域进行的创新实践而惊叹。方方面面的档案资料显示：从1993年建区设局到2003年的10年间，龙岗区司法行政工作先后6次受到部级以上表彰，9次受到省厅表彰，50多人次受到市局以上表彰。这对于一个区级司法行政部门而言，多少显得有些不可思议。但就在这些年里，以龙岗区司法局为首的全区司法行政部门创造了一系列独特经验，并为全省甚至全国所引用或推广：

1996年开始的基层司法所建设工作，赢得了国家司法部的关注和推广；当年6月6日，龙岗区举行10镇司法所授牌、挂牌仪式，省司法厅厅长到会祝贺；是年11月，全省基层司法所建设经验交流大会在龙岗区召开；1997年11月，全国基层法律服务工作会议在龙岗区召开。

1999年用“深圳速度”在全省率先开通第一条“148”法律服务电话热线。当年年初全省司法局局长会议提出建设“148”专线电话目标后，龙岗仅用大约1个月的时间，就在全省率先开通“148”电话，并在随后数年里使该热线发挥出巨大的社会效应，受到各级领导的高度评价并进行全面推广。《人民日报》、中央电视台、广东卫视等20多家媒体对此进行报道，上海、北京、江西以及本省市的兄弟单位也前来参观“取经”。

“1993年元旦，深圳市宝安县撤县分区，龙岗区人民政府正式成立。这一天，龙岗区司法局全体人员，包括局机关、公证处、律师所共15人照了一张‘全家福’。10年过去，照片泛黄了，但在这张‘全家福’背后，我们的队伍从无到有，从小到大，从弱到强，我们的事业也攀登了一个又一个的高峰。”在回顾10年工作时，龙岗区司法局在编印的书刊《龙岗司法行政十年》中，如此富有感情地写道。

这10年里的司法行政工作的侧影，分明也是这个城区这一阶段的真实记录。从2003年10月29日开始，深圳市市委、市政府作出了加快宝安、龙岗两区城市化进程，全面推进宝安、龙岗两区城市化工作的决定。自此开始，龙岗大地上再次掀起城市化浪潮。

4.4 一个村庄发展的奥秘之一

2003年，六约村与村下的自然村二级，总收入达到13719万元，而人均年收入也达到33153元。村民的精神状态非往昔可比：村内有19名户籍青年走上了创办实业的道路，具有大学学历的青年也达90多名，基本实现了全村各项事业协调发展、村民安居乐业的目标。

这不能不说明这个村庄的发展魔力。

但它也只是在改革开放大潮中珠三角地区的一个寻常村庄。只是它在这一时期的发展中，找寻到了一条处理“稳定与发展”关系的道路。

对于稳定与发展的关系，这组关系映照的往往是这个大国的经验和总结。

作为改革开放30年中党的重要会议之一，1995年9月25日至28日召开的中共十四届五中全会，通过了《中共中央关于制定国民经济和社会发展“九五”计划和2010年远景目标的建议》。这一文件提出了实行两个具有全局意义的根本性转变，“一是经济体制从传统的计划经济体制向社会主义市场经济体制转变，二是经济增长方式从粗放型向集约型转变”。两个根本性转变，“标志着我国经济建设将朝着深化体制改革、提高质量的方向发展”。

这次会议上，江泽民就社会主义现代化建设中的若干重大关系问题作了阐述，

六约设立了人民调解室，成为了专职人民调解员“广东第一村”。

其中最主要的是“正确处理改革、发展、稳定的关系”，“强调改革是动力，发展是目的，稳定是前提，把改革的力度、发展的速度和社会可承受的程度协调统一起来”。

与国家政治相映照的是，一个小村庄的变迁与发展。综合看待这一时期的六约村，如果说改革开放之初是由“发展”有力地维护了村庄的稳定的话，那么到了20世纪90年代里，以人民调解为主的矛盾化解机制的出现并发挥日益显著的作用，使得村庄“稳定”成为现实，有力地助推了村集体经济的强劲发展。

反观六约在这一阶段的路径，不难得出一个村庄发展的奥秘：较好地处理了发展与稳定的关系，而处理这一关系的关键，在于准确地找到了化解村庄基层矛盾纠纷的方式和路径：

人民调解组织，成为村庄治理环节中的重要力量，也成为日后“六约模式”存在的基础；

人民调解员，这支活跃在六约村庄里的有生力量，代代相传薪火不断，老一辈的调解员退休卸任，年轻的毕业生接棒而行，让这一时期的村庄治理发展充满了生机与活力；

村集体领导们，重视经济的可持续发展，重视关系和影响经济发展的村集体稳定问题，因此大力支持重在化解村内矛盾纠纷的人民调解体系。

这些环节相辅相成、相互影响，并且形成了良性循环。在村集体这一层面，虽然这个传统的客家村落已渐渐转为工业村庄，但是这个村庄的和谐治理，开始成为这一时期珠三角的较好样本。

贰

草根成长

成长阶段（2004年5月至2005年7月）

第5章　省厅干部的到来和惊叹

5.1　省厅干部看到了什么

广东省司法厅基层工作管理处副处长苏劲松，这位拥有全省司法行政基层工作丰富经验、长期与基层各地打交道的“老司法”，辗转来到了六约。

这是2004年5月的事。

时隔多年，苏劲松仍然对自己当初来到六约村的印象记忆犹新。坐在自己的办公室，苏劲松向笔者娓娓道来。

苏劲松此行，是为当时即将召开的全省人民调解工作现场会议准备而来的。现场会议召开之前，需要确定一个典型的参观考察点。

这位来自省厅的干部究竟看到了什么?

苏劲松告诉笔者：“在六约人民调解室内，现场的调解气氛很浓厚，也有激烈争吵的场面，不需要对这个参观点有任何的加工和粉饰。”

在六约村委大楼的第一层，进门右侧是调解室，只见宽敞明亮的人民调解接待室里，墙上挂着民间纠纷处理程序示意图和有关人民调解工作的各项规定，调解员们正坐在一字排开的接待台前忙碌着，有的与当事人交谈，有的在整理文书材料。

但让苏劲松最惊叹的是那种地处基层一线的人民调解现场的“生动”场面：

在偌大的人民调解室内，办公前台几位人民调解员正忙个不停，前来咨询和了解调解程序等事情的来访者络绎不绝，调解员一个接着一个为其答疑解惑，并根据来访者的不同情况进行分类。在现场，甚至有发生矛盾纠纷的双方前来人民调解室，请调解员现场主持公道。就在办公现场一侧的调解室内，刚才还闹得不可开交的双方当事人已经和解，对于调解员的从中调停心服口服。

下乡选取参观点，当然要了解基层人民调解的基本程序。六约村较为规范的工作程序，又让从省厅下来的苏劲松大开眼界。

已经实践了十多年的六约专职人民调解员的调解工作，早已形成了一套程序，即“受案、调处、移交和归档”等四个环节。专职人民调解员统一收案、统一研究案件、统一制定调处方案、统一进行人员分工，不同的专职调解员在日常工作中负责不同的事宜和办事环节，但是遇到较为重大的事件时，则会集中兵力。如此一来，就算基层村社面对的大多是日常性的矛盾纠纷，由于这一较为明晰的分工协作，依然确保了受案、调处、移交和归档四个环节的规范操作。

首席人民调解员制度，让沟通成为首选。

现场的调解负责人不紧不慢地告诉苏劲松："在受案这个环节上，我们调解委员会首先会根据当事人的申请，把受理的纠纷登记在《民间纠纷受理调解登记表》上，而后就要分类了。对于那些简单的纠纷，我们会指派调解员直接进行调解，如果遇到较为复杂的纠纷，我们就会到一旁的调解室深入了解，包括必要的走访调查，再进行调解。"

在调解处理方面，六约村调解办详细记录每一个纠纷的调处，包括询问笔录、调解笔录、调解协议书以及相关的书证材料；尤为难得的是，在这个基层村庄里，他们的调解笔录和协议书，在龙岗区司法局的指导下，都已经按照中央两办、司法部和最高人民法院有关规定的要求（即前文所述的"三个文件"）规范制作。而具体的调解处理的技巧，则是长期以来摸索出来的，非三言两语可以言尽。

当然，村调委会不可能将每一桩矛盾纠纷迅速解决，因此需要有"移交"环节。六约村调委会负责人告诉来访者，他们对难度较大、调解不成的纠纷案件，会制作成《协助调处申请书》，加盖社区调委会印章后移交至街道调委会调处，或直接引导当事人循法律途径解决。最后一道程序则是"归档"，长期以来形成的习惯是，他们会将每一纠纷调处的文书材料都及时按一案一档装订成册，分类存入档案库里保存。

当苏劲松看到调解员打开文件柜，展示出一排排整整齐齐放着的文档资料时，他更为惊叹了。

“不需要再多看了，省厅现场会议参观点就是六约村。”苏劲松在心里暗暗想道。

5.2 受访的村庄

到了新世纪的第四个年头，时代在六约这个村庄的投影又是怎么样的？人民调解工作在村社中，又是怎么样的一个状态？

“小事不出组，大事不出村，矛盾不上交”是这一时期六约人民调解提出的响亮口号。

从六约社区的档案室里翻阅出来的一份份人民调解委员会工作总结，清晰地记录着这些：

“回顾过去，我调委会调解矛盾纠纷主要是依靠传统的道德规范依情依理进行调解，随着我国民主法律建设不断完善，各种矛盾不断增加，依法调解矛盾已成为时下发展的必然趋势。在各级领导的支持下，我们加倍努力，不避艰险，不怕困难，从‘保一方平安，促经济发展’的大局出发，把人民调解工作摆在重要位置，加强领导，充实力量，完善组织，创新机制，做到‘小事不出组，大事不出村，矛盾不上交’，筑起治安防范和社会稳定的‘第一道防线’，调解工作取得显著成效”。

“今年，我调委会按照《人民调解工作若干规定》的要求，对调委会的办公环境（牌子、印章、调解室）、文书格式、档案管理等作了统一规定，有效地提高了人民调解组织的规范水平，增强了人民调解的社会公信力，实现了调解向程序化、规范化调节的转变。”

在他们的工作总结中，来自基层鲜活的经验也被详细提及：

“一、立足控制矛盾纠纷，做到调解与信访、治安衔接到位。随着市场经济体制的建立，我村矛盾纠纷由过去主要以个人、家庭与邻里等人际关系的纠纷转变为劳资纠纷，这些矛盾的处理好坏直接关系到一个村的安定团结。为此，我们及时将人民调解工作从以‘防激化和防民转刑’为主转到‘防激化、防民转刑和防止上访事件并重’上来，近年来随着形势的需要，我调委会进一步加强调解组织网络建设，由原来四位一体延伸到现在以‘调解、治安联防、信访、工会、妇联’五位一体的调解机制，使各部门在工作中既能明确分工，又紧密配合，充分利用各职能优势，统一拼搏，联合作战，使居委抓稳定促发展有了新的有效载体，对一些突发事件能及时控制和调处，形成良性循环。

“二、加强四项建设，推进调解工作制度化、规范化。（一）（1）我调委会加强制度建设规范化实施责任制度，（2）定期排查制度，（3）例会制度，（4）首度调解制度，（5）汇报制度，（6）登记制度，（7）回避制度，（8）群众监督制度，（9）回访制度，（10）总结制度。（二）加强业务建设，结合新时期民间矛盾纠纷的新情况，新特点实行人民调解工作‘四统一’、‘四规范’。‘四统一’即统一收案、统一研究案件、统一制订调处方案、统一进行人员分工，“四规范”是指收案规范、调处规范、移交规范、档案规范。（三）我调委会对加强人民调解队伍建设做到：一是提高政治素质。调解是一项艰苦细致的工作，只有做到加强对调解员的思想政治工作，教育调解人员牢固树立为人民服务的宗旨，培养公平公正的品质，爱岗敬上，廉洁自律，才能不断增强人民调解员的责任感和使命感。二是加强业务培训。为了提高各位调解员的法律政策水平和业务能力，我们组织调解员学习国家的方针政策以及相关法律法规。三是突出纪律规范。对调解员的工作纪律及人民调解庭纪律，都将有关制度板挂在调委会办公室及人民调解庭墙上。四是重视骨干培养。

“三、针对特点，讲究方法调处纠纷。针对不同类型的纠纷我们采取了直接调解、间接调解、公开调解、联系调解等不同的调解方法，同时坚持法律与德治相结合、解决思想问题与解决实际问题相结合，既要做到依法调解，又能晓之以理、动之以情。”

在当时的社会情境中，妥善处理突发事件，也成为村社治理中的重要一环。在六约社区，流动人口多、工厂企业多，各种纠纷都可能发生，一些突发事件也在所难免。通过突发事件，他们利用“五位一体”这一有效载体，通过健全社区级群防群治组织，组建巡查队，把握先机，使突发事件第一时间知道，得到妥善解决办法。

2004年的统计数据也记录了一个工业村庄在面对众多的矛盾纠纷所进行的努力。数据显示，2004年度，六约社区人民调解委员会共处理案件519宗，涉及人数1502人，涉及金额1516997元。其中工伤24宗，涉及金额87616元；倒闭4宗，涉及人数106人，涉及金额61559元；自发病6宗，涉及金额60915元。当地群众的宅基地、房产、合同等纠纷25宗，涉及金额322202元，调解成功率大约为98.6％。

5.3 重压下的全省劳资冲突

2004年以来，对于这一时期的珠三角地区来说，来自劳资双方的冲突和极端事件开始频发。一方面，外来打工者群体开始选择激烈的方式表达不满；另一方面，工厂企业的经营者因为国际、国内因素及自身运营发展的需要，依然保持追逐利润最大化的原始冲动但开始遇到挑战。

《中国新闻周刊》在2004年10月26日刊发的《东莞兴昂鞋厂工人骚乱调查：劳资和谐也是竞争力》一文中提及，采访深圳一劳工关系研究人士时获得的信息是“工人激烈抗争的事件，在珠三角，尤其是东莞和深圳两地，日益增加。而2004年以来‘特别突出’，仅千人以上的集体事件就有二三十起。而工资过低、超时加班及恶劣环境是不变的主题”。

该文还引用了国家劳动和社会保障部的一份报告。报告中显示，“12年来，珠三角民工的月工资只提高了68元（兴昂的一位员工称，与7年前他进厂时相比，普通员工底薪从350元提高到450元）。与此同时，一斤猪肉或一斤大米的价格已涨了3倍以上，公务员的工资也涨了5倍以上，东莞的GDP则以20％以上的速度增长着。相较之下，外来工‘实际工资水平的提高停滞不前甚至有所下降’”。

位于珠三角的城市东莞，素有“世界工厂”之称。在2004年开始，这个城市里的“兴昂事件”引起了有关决策者和社会的广泛关注。而在参与处理好因劳资纠纷引发的群体性事件中，充分发挥人民调解的职能和作用，为矛盾双方提供“缓冲地带”和“减压阀”，成为可借鉴的手段与方法。

据《中国新闻周刊》报道，2004年4月23日，东莞兴昂鞋厂数千名工人因为抗议资方的欠薪、扣薪而发生骚乱，一些人破坏财产，累计造成工厂直接损失153534元。10月22日，东莞法院对为首的5名工人进行一审判决，分别处以两年至三年半的徒刑。

在调查该起事件时，《中国新闻周刊》记者发现，“工资和工时是兴昂国际旗下四个厂连环闹事的共同诱因”，在全球范围的企业社会责任运动潮流中，国际大客户日益要求它的制造商减少工时，在此背景下，对于兴昂公司实行的工时和工资调整，员工情绪不满，遂在工资发放日当晚发生“骚乱”。

“兴昂事件”的背后，实则是这一时期日益紧张的劳资关系的真实写照。一方面，反映了代工企业、制造商们的经营利润空间日益缩小的事实；另一方面，则暴露出长期以来打工者群体与资方沟通、谈判机制匮乏的现实。

值得注意的是，兴昂国际旗下四个厂中的两个厂，在出现工时、工资不同意见的当天晚上，“参与抗议的员工派出代表与厂方进行了谈判，其要求基本得到了满足：包括提高工资、改进伙食和禁止打骂工人。没有警方介入，也没有人受到追惩”，因而出现了与东莞兴昂截然不同的结局。

《中国新闻周刊》的文章认为，“冲突的代价不仅由工人们付出，资方、政府和整个社会都是输家”；对于地方综合发展而言，“劳资和谐也是竞争力”。

对于这一事件的发生和应对处理，作为全省司法行政部门的广东省司法厅也不无重视。在省司法厅2005年5月编印的内部资料《广东司法简报》上，以“编者按”的形式阐述了对于化解全省劳资矛盾纠纷的重要性：“广东的非公企业发展迅猛，但是由于多种原因，当前在部分非公企业尤其是外资企业中，劳资矛盾呈白热化趋势，劳资双方缺乏沟通渠道，外来务工人员的整体利益亟待调整和保护。”

为此，在当期的《广东司法简报》中，省司法厅将取得显著成效的广州、中山等地维护非公企业员工权益及处理劳资矛盾的经验，汇编成文供各地借鉴。显然，这些司法行政机关在参与处理好因劳资纠纷引发的群体性事件中，从自身的职能出发，充分发挥人民调解、法制宣传、法律援助的作用，为矛盾双方提供“缓冲地带”和“减压阀”。

在该期《广东司法简报》中，记者看到，广州市拓展调解领域化解矛盾纠纷的做法，中山市夯实调解工作基础充分发挥维稳“第一道防线”的作用，人民调解委员会的职能凸显和作用发挥成为成功的重要因素。

由此可见，在应对珠三角劳资矛盾新动向的严峻命题上，全省上下面临着一场大考。但在大考之中，布满珠三角大地的人民调解委员会及人民调解员，成为司法行政部门的生力军。

这样看来，省厅干部来到六约，初次来到这样一个毫不起眼的普通小村便大为惊叹，是可以理解的了。

5.4　省厅干部想到了什么

相比相隔不远的邻市东莞，深圳横岗的六约村何曾不是面临同样的工业基础，同样的经济发展模式，同样的劳资关系状态呢？

但不同的是，在一场场极为容易激化的劳资矛盾纠纷中，六约社区调委会与专职人民调解员，以及全社区的众多兼职调解员、信息员们，及时处置，有效介入劳资双方的关系格局，并为双方搭建对话和沟通机制，从而最终使得大量矛盾纠纷得到化解。

“在全省劳资双方的冲突和极端事件不断的背景下，六约这一时期提出的‘小事不出组，大事不出村，矛盾不上交’理念，既富有极为难得的勇气，又具备了相当的经验和价值启示”，广东省司法厅基层工作管理处副处长苏劲松告诉记者，当初自己首次去探访六约社区人民调解工作时是如此判断的。

其实苏劲松到六约村之前，根据各地上报的推荐材料，当时全省范围内有多个候选的参观点，但看完六约村的调解现场后，苏劲松“信心十足”，因为“很有看头”。

让苏劲松感到“有信心”的，正是六约村未经雕琢、朴素的“自发的原动力”。苏劲松告诉记者：“在当时看来，六约是一个非常基层的调解组织，它本身就有原动力，这才注定了人民调解工作在这个村庄具有生命力；相比较而言，在一些地方，我们政府部门某些时候所制定的框架，往往却没有如此这般的旺盛生命力。”

这一切，归根结底在于六约自身的“原动力”。

一方面，对于中国众多的大中型城市而言，随着中国解决农村问题的逐渐深入、城市化程度的加快，相对于十几年前的“民工潮”又有新的趋向和特点。那些集聚了众多外来人口的城市、村镇里，外来人口与本地人口之间的联系和矛盾，人口结构上的倒挂现象，大大影响着一个城市在社会与城市管理的各项政策制度，对于化解基层矛盾的人民调解制度，有着不可低估的作用和效能。

另一方面，对类似于六约的珠三角村社而言，它的自发实践，在基层治理和社会稳定方面的自我完善和探索，固然有其发展经济、维护一方和谐的本能式需求，但它在基层村社治理大题上展露拳脚，却从一个侧面无意间构建出了一种新的生态。

这也是数月之后，来自全省各地的参观者们在这个村庄召开现场会的因素之一。

第6章　全省调解现场会议现场参观

6.1　这一时期的全国政情

让我们从一个国度里的一两项宏观政策开始，勾连这个国度的内陆与沿海地区，进而探究因为一个农民抑或产业工人而发生联系的两个作为最基层组织的微小村庄吧。

2004年这一年，从元旦开始，便有两项“三农”利好政策开始实施。中国废除千百年来的农业税赋，此时已有了迹象。

是年1月1日，为进一步规范涉农收费管理，切实减轻农民负担，根据国务院办公厅有关要求，2003年12月25日财政部会同国家发展改革委员会联合发出的《关于取消、免收和降低标准的全国性及中央部门涉农收费项目通知》开始执行。

同日，2003年12月30日财政部、教育部联合发出的《关于严禁截留和挪用学校收费收入加强学校资金管理的通知》开始执行。通知明确要求对学校收费实行“收支两条线”管理。

一项是农业税费，一项是学校教育，无不关乎“三农”问题。

农业税费问题的真正解决，始于2004年。这一年，国务院开始实行减征或免征农业税的惠农政策。当时的相关统计数据显示，免征农业税、取消烟叶外的农业特产税可减轻农民负担500亿元左右，到2005年已有近8亿农民直接受益。到了2005年岁末，免除农业税的惠农政策以法律的形式固定下来，让9亿中国农民彻底告别了缴纳农业税的历史。

中国农民世世代代所要交纳的“皇粮国税”开始成为过去式；中国农民迈入“零赋税”时代。毫无疑问，农业税费的真正终止，既是中国农业发展进程中一个重要的转折点，又是中国社会的一场历史性变革。它的意义显然不止于那些广袤的农村大地，它将逐渐影响那些或远或近的城市经济生态和社会形态。

对于村庄六约而言，国家层面的政策大势，对其未来发生着或大或小的作用。比如对于六约村某眼镜厂里流水线上工作的女孩李洁来说，这样的影响就在两三个月后得以显现。

李洁是一位19岁的湖南姑娘。2003年，高中二年级没读完的她，便与许多女同伴一样开始了打工的人生。李洁是随自己的姐姐一道南下的，由于长相姣好，因此顺顺利利地成为了一名流水线上的打工妹。

李洁的家乡位于湖南湘中盆地的衡阳市治下的良田村。对于自己村庄由来的描述，李洁显得挺有热情：由于靠近当地的一个小型水库，当地人们寄望水库能够浇灌农田，让田地里每年两季的稻谷丰收，所以便叫做良田村。

此后的几个月里，关系中国城乡格局的会议依然不断召开：

2004年3月23日，国务院召开全国农业和粮食工作会议并作出部署：2004年在黑龙江、吉林两省先行免征农业税改革试点；河北、内蒙古、辽宁、江苏、安徽、江西、山西、山东、河南、湖北、湖南、四川12个粮食主产省（区）降低农业税税率一个百分点；沿海及其他有条件的地区也可以进行免征农业税试点。同时对重点粮食品种实行最低收购价。

3月29日，胡锦涛主持召开政治局会议，研究支持粮食主产区和种粮农民的政策措施及干部人事制度改革等问题。会议强调，要坚持把解决好“三农”问题作为全党工作的重中之重，积极支持粮食生产，高度重视农民特别是种粮农民的增收问题，保持国民经济持续快速协调健康发展。

5月28日，胡锦涛主持召开政治局会议，研究健全和完善村务公开和民主管理制度。会议强调，要进一步健全村务公开制度，规范民主决策机制，完善民主管理制度，强化村务管理的监督机制，保障农民群众的知情权、决策权、参与权和监督权，努力推进农村基层民主的制度化、规范化、程序化。

紧密出炉的这些政策制度，让李洁和远在湖南村庄的家人们感受到了变化。

几个月后，李洁所在村庄的年轻人，开始有了更加多样的人生选择，南下广东打工已经不再是唯一的出路；由于学费的适当减少也对农村家庭的教育支出费用有所缓解，李洁那些此前初中都未毕业便打工的同乡已可以继续学业。

更为直接的是，由于税费最终被废除，让更多的村庄更加自由，农村经济也较以前活跃起来，人们的选择也更加多元，留在本乡本土就近工作的年轻人多了起来。

另一个名词也是从这一年年初开始出现在大众传媒上，并持续成为学界与社会讨论的话题——“民工荒”。从当年的“民工潮”到这时的“民工荒”，打工者群体深深影响着中国的人口流动趋势。

2004年年初，“民工荒”首先出现在珠三角等加工制造业聚集地区。当年春节过后，珠江三角洲地区，越来越多的企业开始出现缺工现象。同年秋冬，“民工荒”开始逐步向中西部的劳动力输出地区扩散，大多数省份都出现了用工短缺问题，且呈愈演愈烈之势。

对于“民工荒”，我们在下文再来讲述。而这些接连出台的政策制度，对于人们的选择开始逐步发生影响，对六约村的形态及人民调解工作，也打下了时代的印痕。

6.2　龙岗在发生着什么

一方面，“民工荒”现象开始在全国范围内显现，另一方面，对于基层政府社会管理部门而言，源自城市发展与人口结构复杂性相矛盾所带来的治理难题，解决路径并未迅速变得容易。

翻阅这一年深圳市龙岗区司法局的年度总结，年度关键词是“城市化转地安置宣传”、“阻止恶性案件”、“六约模式”。

从2003年开始，一场由政府推动的城市化进程，在深圳市原关外地区（宝安区、龙岗区）逐步开启。

在当时深圳市“加快宝安、龙岗两区城市化进程”的时间表上，城市化相关工作的急迫和突进速度为全国罕见，2003年10月30日正式启动的宝安、龙岗两区的各项城市化工作，于2004年10月31日结束，前后时间只有1年。

相对而言，同处珠江三角洲地区的东莞，“村改居”计划用了5年，广州进行“城中村”改造计划用了10年。即便是在深圳，10余年前的第一轮城市化工作，对原特区内的68个村、4万村民推行城市化政策，也用了1年时间，而这一次面向的则是关外两个区1500多平方公里范围内的18个镇、218个村、27万村民。

对于龙岗这个关外大区以及众多的原住民而言，“加快城市化进程”的工作与自己密切相关。如何将政府主导的城市化决策宣传至田间地头，如何将城市化进程中的利益矛盾及时化解，这便成为了龙岗区司法局开始的一项重要工作。

资料显示：2004年龙岗区司法行政部门“深入社区宣讲城市化政策和法规，满足了全区城市化进程中法制宣传的需要”；在全区挑选了8名资深律师作为电视栏目节目嘉宾，结合该区城市化过程中城管、建设、交通、治安等热点问题，制作专题节目深入推广至学校课堂；围绕农村城市化建设的中心任务，龙岗区普法办这一年组织各镇普法部门加强了相关法律法规的宣传；区法制讲师团主动送法下乡，深入农村、社区举办专题法制讲座，宣传农村城市化法律、法规和政策，各律师事务所积极配合，在城市化的第一线提供法律宣传、咨询服务……

“舌战八小时，救下三条命”，成为2004年广东人民调解的一桩典型案例。龙岗区人民调解工作人员的日常工作，得到了广东省领导的关注。

当年3月15日，位于龙岗区大鹏镇的一家糖果厂，11名工人因为社保等问题与厂方发生矛盾，继而3名女工来到20多米高的厂房楼顶，强烈要求董事长亲口答应她们的合法要求，否则就跳楼自杀，但董事长却避而不见，当时情况十分危急。

闻讯赶来的大鹏街道有关领导以及该镇司法所所长聂晓春、律师孙淑杰，一面做楼下8名男员工的思想工作，一面试图说服厂方经理诚恳解决问题。经过8个小时的努力，一触即发的群体纠纷终于化解。

在随后几天里，聂晓春和孙淑杰与员工多次沟通，指着法律条款逐项解释。两人认真专业的态度终于赢得了员工的充分信任，双方终于同意在法律的框架内做出让步。广东省委一位领导得知此事后，称赞说："这件事办得好，说明司法所在维护社会稳定、调处矛盾纠纷、构建和谐社会中大有作为。"

这一时期，来自基层的社会矛盾纠纷，开始爆发式增长。来自龙岗区司法局内部的数据显示：2004年全区各基层调委会调解处理民间纠纷2800多宗，排查纠纷苗头480多起，防止民间纠纷激化300多起。

难以想象，任何一起看似不起眼的民间纠纷，一旦激化，会造成怎样的社会影响。正基于此，人民调解的作用和效能开始更为人们所关注，人民调解在龙岗区也要迎来一个有更大作为的时代。

6.3 全省、全市人民调解现场会

"六约模式"，自2004年起，开始成为龙岗这个城区司法工作的热词之一。

2004年7月8日下午，深圳市综治委、市中级人民法院、市司法局三个单位，在龙岗迎宾馆联合召开了全市人民调解工作现场会，在全市综治系统、法院系统和司法行政系统共200多人参加的这次会议上，肯定了龙岗区人民调解在维稳工作中的重要作用。

"各级党委、政府，各级综治部门、人民法院、司法行政机关及其他相关部门要切实把人民调解工作摆上重要议事日程，积极探索新的历史时期群防群治的组织形式、管理体制和保障方法，将人民调解工作纳入综合治理、社区建设、文明社区、安全文明小区建设等各项工作考核目标，使人民调解工作形成各方面齐抓共管的局面。"时任深圳市市委副书记、政法委书记、市维稳及综治委副主任庄礼祥在会上如此要求道。

这次会议还指出了深圳全市人民调解工作的中心和方向，即围绕"三个下降、一个上升"：因民间纠纷演化为治安刑事案件的数量显著下降，因民事纠纷引发的群体性事件、上访案件显著下降，人民法院受理一审民事案件显著下降，人民群众

调解室内不同的故事每天都在上演。

将人民调解作为解决民间矛盾纠纷第一选择的比率显著上升。强化人民调解的“三个功能”：一是强化人民调解组织调处民间纠纷的功能，努力营造和谐稳定的社会环境；二是强化人民调解预防纠纷、防止矛盾激化的功能，努力减少“民转刑”案件的发生；三是强化人民调解的法制宣传教育功能，努力提高基层群众法律素质。

这场会议，显然给龙岗人民调解工作的人士带来了更足的动力和热情。而会议召开两个月前广东省司法厅干部的到来，让另一场更高规格会议上的参会代表们来到龙岗区，看到了作为最基层一级的六约社区的事情。

2004年7月23日，广东省人民调解工作会议把六约调委会列为参观示范点，再次肯定龙岗全区的人民调解网络建设，并拟将六约模式进一步推广。尤其让六约社区人民调解工作人员记忆犹新的是，在全省人民调解工作会议召开期间，省司法厅领导带领全省23个城市的司法局局长，专程来到调委会参观考察，与会人员一致赞扬六约人民调解工作“抓得细，做得实”，并给予很高的评价！

这次全省的会议，也透露了一组数据：2002—2003年，全省各类调解组织共成功调解民事纠纷246943件，防止民事纠纷引起自杀1360人，防止“民转刑”案件3380件，制止械斗2298件，平息群众上访3093起，涉及193999人。

这组看似枯燥的数字里，有着南粤大地上无数人民调解员的心血。广东省司法厅厅长陈伟雄介绍说，人民调解与诉讼程序相比：省时、省力、及时，其成本也远远低于诉讼，因而大受群众欢迎。目前，广东省有3万多个人民调解组织、23万多人民调解员。这些俗称“和事佬”的人民调解员通过磨嘴皮“磨”出一方平安，依法解决了因土地山林、劳资关系、征地拆迁、企业改制重组破产等社会矛盾而引发的群体性事件。

6.4 六约社区的这一年

省司法厅及全省23个城市的司法局局长们，究竟在六约这个村庄里看到了什么?

“回顾过去，我调委会调解矛盾纠纷主要是依靠传统的道德规范依情依理进行调解，随着我国民主法律建设的不断完善，各种矛盾纠纷的不断增加，依法调解矛盾已成为时下发展的必然趋势。”这是六约社区在2004年工作总结中的一句话。

也就是在这一年开始，他们“从‘保一方平安，促经济发展’的大局出发，把人民调解工作摆在重要位置，加强领导，充实力量，完善组织，创新机制，做到‘小事不出组，大事不出村，矛盾不上交’，筑起治安防范和社会稳定的‘第一道防线’”。

“小事不出组，大事不出村，矛盾不上交”，成为了六约最新的口号，也成为了这个村庄至为有力的目标。

统计数据显示：2004年度，六约调委会共处理案件519宗，涉及人数1502人，金额1516997元。其中工伤24宗，涉及金额87616元；倒闭4宗，涉及人数106人，涉及金额61559元；自发病6宗，涉及金额60915元；当地群众经济、宅基地，房产、合同等纠纷25宗，涉及金额322202元，调解成功率达98.6％。

整个国家形势的变化以及因工业、服务业的调整而随之变化的人口结构，都在珠三角这个村社里得到了体现。当然，改变的还包括那些细微到外人难以捉摸的人际关系和利益。而对于其中每个个体而言，这又关系甚大。

当年的6月1日，位于六约社区的恒×玩具厂，400名工人因加班时间长、底薪低、管理人员态度恶劣等问题不满准备集体上访。社区工作人员赶到现场，面对工人群情激愤、矛盾一触即发的混乱场面，社区调解人员走上前去，首先告知准备上访的工人有问题应该通过法律途径解决，集体上访不仅是严重破坏社会秩序的错误行为，也对问题解决无益，希望他们委派代表协商处理。

在稳定了工人们的情绪后，社区调委会一方面和厂方负责人一起，用一天半的时间通过座谈会、问卷调查、个别访谈等方式详细了解、核实工人提出的问题，另一方面给厂方讲解劳动法的规定，使厂方意识到他们的一些做法违反了劳动法，厂方明确表示愿意及时整改。工人对厂方的态度感到满意，同意复工。

随后，社区调解部门主持厂方与工人代表的双方协商，厂方承诺增加每日的工资底薪，支付加班工资并改善管理方式。最终，一起即将酿成的上访事件得到了有效化解。此后，六约社区人民调解员又去厂方进行了跟踪回访，发现厂方履行了承诺。

在这一阶段，六约社区针对矛盾纠纷的特点，注重讲究方法调处纠纷。据悉，针对不同类型的纠纷，他们采取了直接调解、间接调解、公开调解、联动调解等不同的调解方法，同时坚持法律与德治相结合、解决思想问题与解决实际问题相结合，既做到依法调解，又能动之以情、晓之以理。

例如，2003年10月六约社区一居民小组的陈姓兄弟，因共同建房出租引起旧房纠纷。由于双方积怨比较深，社区调解人员通过多方调查，了解到当事人亲属朋友能够帮助调解，于是调解员要求他们参与做好当事人思想工作，经过前后三次调解后，双方当事人终于在2004年4月达成协议、调解成功。

这一年里，六约社区在注重调解队伍的建设上，“加强业务培训”和“重视骨干培养”成为主要工作。为了提高社区各位调解员的法律政策水平和业务能力，六约社区组织调解员学习国家的方针政策以及相关法律法规。在重视骨干培养上，一些具备一定工作经验的调解员开始涌现出来，并在突发的纠纷矛盾中能够迅速找出解决之道。

“立足控制矛盾纠纷，做到调解与信访、治安衔接到位，随着市场经济体制的建立，我村矛盾纠纷由过去以个人、家庭邻里等人际关系矛盾为主向劳资纠纷转变，这些矛盾的处理好坏直接关系到一个村的安定团结。”在六约社区，调解部门负责人对于这一阶段的工作，如此回忆说。

为此，他们及时将人民调解工作从以“防激化和防民转刑”为主转到“防激化、防民转刑和防止上访事件并重”上来，随着形势的需要，六约调委会进一步加强调解组织网络建设，由原来“四位一体”延伸到现在以调解、治安联防、信访、工会、妇联“五位一体”的调解机制，使各部门在工作中既能明确分工，又紧密配合，充分利用各职能优势联合作战，使居委抓稳定促发展有了新的有效载体；对一些突发事件能及时控制和调处，逐步形成良性循环。

第7章　四级网络的设立

7.1　当地党报的头版头条

让许多六约人始料不及的事情发生了。

在2004年7月27日这天，六约村的事情上了报纸的头版头条。当年的这份《深圳特区报》如今已经泛黄，而头版头条文章《小事不出组　大事不出村——龙岗区六约村善做“和事佬”消除“导火索”》依然格外引人注目。

这篇长约2000字的通讯文字，勾勒出了村庄六约在人民调解领域的鲜活故事：

有了大事当事人找村里调解委员会“做主”，这是众多外来务工者经常的做法，也是六约村善做“和事佬”的一个生动缩影。六约村党总支书记陈醒光对来访的媒体记者介绍说：“小事调解不好就会酿成大事，我们力争从源头上解决各种‘导火索’式的隐患，做到‘小事不出组，大事不出村，矛盾不上交’。”

在采访后，《深圳特区报》记者在文章中如此写道：

“六约村把人民调解工作的落脚点，放在了信息的及时搜集上——‘网络到位是做好民事调解工作的前提。’六约村在下辖的7个村民小组和300多家企业中都设立了民事纠纷和信访苗头信息员共310多人，形成了调委会—调解小组—调解员—信息员四级网络。在正常情况下，调委会做到每周一次例会：通报信息，研究工作，遇到情况复杂、工作量大的问题，分头做群众工作。对有可能激化或有上访趋向的问题，及时沟通，上下联系，将矛盾解决在萌芽状态。”

六约调解委员会组长陈志雄也对来访的记者介绍说：“为了最大限度降低劳资纠纷发生的可能性，村调委会每个季度都在全村范围内开展检查，一旦发现有拖欠工人工资两个月以上的工厂，马上就对厂方负责人进行劳动法律法规的宣传教育，责令其按时发放工人工资。”

事隔多年，六约社区的众多人士都还清楚地记得关于人民调解工作的种种细节：

先是人民调解工作受到了参加广东省人民调解工作会议的省司法厅、地级以上市司法局领导的赞赏，大家还专程到村里参观学习；数天过后，闻讯而来的记者来到村庄里，将这里所发生的事情搬到了头版头条，吸引了当地社会各方面的目光。

这是对六约社区人民调解员们的鼓励。

当地党报的这篇文章，针对六约人民调解工作的方式方法与特点将其归纳总

六约调解让不同的手握在了一起。

结为："网络到位：每月监督企业工资发放"、"衔接到位：有效控制突发事件苗头"、"落实到位：管理规范调解耐心细致"。

这篇通讯稿在文中描述了这样一个案例：

"去（2003）年7月，香港人陈某和江西人朱某合伙经营的一家针织厂由于经营不善导致亏损，这时两人有了矛盾：陈某答应支付半数工人的工资，但朱某表示无力支付另一半工人的工资。'我们接到消息赶到后，发现工人正准备闹事，'负责村调委会工作的村委会治保主任李胜强告诉记者，两人的纠纷眼看就要转嫁到外来劳务工身上，几百名外来劳务工有乘机起哄、借机哄抢的苗头。

"对此，村调委会一方面当机立断召集治安队员到现场维护秩序，给工人讲法律，讲政策，让大家相信村调委会对事件会作出公正的处理；一方面态度明确地向陈某讲明：出事情你也有连带责任，有纠纷可以通过法律手段来解决。经过3个小时耐心细致的说服疏导，陈某最终同意支付全部工人工资，并通过法律手段向朱某追讨其应得的经济利益。第二天，在村调委会的督促下，该厂每一位工人都得到了自己应得的工资。"

就这样，一场后果难以想象的纠纷逐步化解了。

不容置疑，外界给予这个村庄正在进行的人民调解工作实践的种种诠释，与来自全省司法行政部门的赞誉，成为了这个村庄未来继续探索人民调解工作孜孜不倦的动力。

7.2 一份自我评价式调研报告

其实，在此之前，龙岗区司法局的一个由数位专业人员组成的调研队伍，已经来到了六约的村庄里。

此后不久，一份由龙岗区司法局撰写的调研报告正式出炉了。

这份《保一方平安促经济发展——龙岗区横岗镇六约村人民调解工作情况调查》的调研成果，清晰地将六约的人民调解工作呈现在后来的人们面前。

首先，这份调研报告介绍了村庄六约的基本情况：横岗镇六约村面积12.5平方公里，辖7个村民小组，常住人口1758人，流动人口7万余人；设有9个大型工业区，入驻企业279家。针对外来人口激增，流动性大，劳资纠纷尤为突出的问题，六约村的调解工作坚持“预防为主、教育疏导、依法处理、防止激化”的原则，以建立专兼职调解员队伍为保障，健全矛盾纠纷排查调处机制，使人民调解这一投资少、见效快、效果好的工作方法不仅成为维护社会稳定、建设“平安六约”的重要手段和有效载体，而且得到了广大村民、外来工、企业老板的认同，成为化解矛盾纠纷、维护自身合法权益的第一选择。基本实现了“小事不出组，大事不出村，矛盾不上交”。2001年以来，共调解各类纠纷1078宗，调处成功率98.6％，挽回经济损失960余万元，没有发生一起“民转刑”案件。

随后，调研人员将六约村的主要做法进行了分析介绍：

“（一）立足控制矛盾纠纷，确保调解与信访、治安衔接到位。健全两级调解组织网络。1994年村调委会成立后，又在全村7个村民小组、279家企业设立了调解小组共286个，形成了一级抓一级，层层负责的调解格局；加强人民调解队伍建设。村调委会由群众民主选举产生，村委副主任、治保主任担任调委会主任，除3名专职调解员外，把村两委会成员、工会、团委、外经办等群团组织成员吸收到调解员队伍中来，明确要求各村民小组长、企业负责人担任调解小组长，专兼职调解员队伍初具规模；建立人民调解工作目标责任制。各村民小组组长、工厂厂长分别与村委、所属公司签订责任书，把辖区内发生工人罢工、集体上访等影响社会稳定的事件与负责人的奖惩紧密挂钩，做到责任明确，考核到位；健全村级治保组织。

组建专业巡逻队、义务巡逻队，把调解与110接处警结合起来。

“（二）立足化解矛盾纠纷，确保调处机制落实到位。制定了调解工作的‘四统一四规范’工作制度。在统一收案、统一研究案件、统一制订调处方案、统一进行人员分工的基础上，确保收案、调处、移交、档案四个环节规范操作。简单纠纷指派调解员直接调解，复杂纠纷则利用调解室组织调解。每一纠纷的调处都有询问笔录、调查笔录和调解协议书。对难度较大、多次调解无效的纠纷，移交镇调委会调处。纠纷的文书材料一案一档，电脑入档保存。同时，加大经费投入，实现了调解工作的组织、人员、报酬、工作场所‘四落实’。调解庭做到了标牌、印章、标志、程序、制度、文书‘六统一’，建立健全了学习、例会、排查、统计、重大纠纷反馈、回访等各项工作制度。调委会调解员全部实行定额工资，每月领取通信费和交通费补贴。

“（三）立足消除矛盾隐患，确保信息网络建立到位。形成了上下结合、覆盖全村的调委会—调解小组—调解员—信息员四级网络。在各村民小组和企业中选任民间纠纷、信访苗头信息员共300多人，经常对社情进行排查，发现矛盾激化、有上访苗头的，治安队、纠纷信息员及时向调委会、信访办、派出所报告情况，实现信息共享，为及时化解矛盾纠纷争取时间，奠定基础。针对劳资纠纷突出的实际，每季度在全村范围内开展工资大检查，一旦发现有拖欠工人工资两个月以上的工厂，当即对厂方负责人进行劳动法律法规的宣传教育，责令其按时发放工人工资，消除纠纷‘导火索’。主动与派出所加强联系沟通，把调解触角延伸到辖区派出所，协助派出所民警调解纠纷。去年以来，调委会协助派出所调解、分流民间纠纷7件，全部达成调解协议，确保了全村“民转刑”案件连续多年‘零纪录’。”

对于六约村人民调解工作的基本经验，他们这样介绍道：“六约村调委会在实践中，逐步总结摸索出了‘法德结合、群众自治、部门联动、信息共享、化解矛盾、维护稳定，力争保一方平安，促经济发展’的‘六约经验’。”

在这份调研材料中，尚未出现“六约模式”一说，但调研人员小心翼翼地提出了“六约经验”：

“（一）坚持服务大局。加强人民调解工作，把矛盾纠纷及时化解在基层，解决在萌芽状态，对于维护社会稳定，促进经济可持续发展，具有十分重要的意义。

“（二）坚持法德结合。人民调解对纠纷的处理不伤和气又解决问题，以法律精神和法律规定为依据，发挥道德的感召作用，促使矛盾冲突的双方在争取或保护自己权利方面相互妥协、达成共识，在公正、平等的前提下达成互谅互让的协议，在矛盾化解的同时，恢复、重建和谐的人际关系。

“（三）坚持贴近群众。人民调解的范畴主要是家庭纠纷、邻里纠纷和部分社会纠纷，这类纠纷的产生往往不是突发性的，而是具有较深的历史瓜葛，处理起来需要对矛盾的渊源与当事人的情况有较深入细致的了解，在这一点上，人民调解委员会因为更接近民众、贴近生活，具有更大的优势。

“（四）坚持群众自治。坚持人民调解群众自治的性质，充分发挥群众自我教育、自我管理、自我服务、自我约束的作用，保持群众自治的特性，依靠群众自身的力量来化解矛盾纠纷。

“（五）坚持结合实际，延伸人民调解的‘触角’。建立信息网络，落实信息反馈制度，实现信息资源共享，延伸人民调解的‘触角’，实现人民调解维护稳定、促进发展功能的最大化。”

日后看来，正是这份调研报告与工作人员的细致，让一个村庄的做法和实践，逐渐开始了理论总结和阐发，并在以后的日子里对其作了进一步规范和提升。

7.3　从“四位一体”到“五位一体”

“由原来四位一体延伸到现在以‘调解、治安联防、信访、工会、妇联’五位一体的调解机制，各部门在工作中既能明确分工，又紧密配合，充分利用各职能优势联合作战，使居委抓稳定促发展有了新的有效载体，对一些突发事件能及时控制和调处，逐步形成良性循环。”

这是六约社区在2004年的年终总结中写到的。

“五位一体”的人民调解工作模式，这看似高深的创新，实则是一个基层村社在实践中形成的一套行之有效的做法。一方面，它固然有设计者在实际操作中的实务总结和创新，另一方面，它也是基层村社的众多工作人员的集体智慧。

对于长期观察基层村社的人而言，他们会逐渐注意到一个看似难以理解却又理所当然的现象：无论是传统村庄，还是已经在工业化、城市化道路上的新型社区，在其中的基层工作人员虽然分属于众多部门，但都围绕着相同的中心工作——为了这一方的稳定与发展。因此，在这一运作体系中，以化解民间纠纷矛盾进而维护一方稳定的人民调解工作，除却专职人民调解员，还会有许多其他部门的基层工作人员必然要与人民调解工作发生千丝万缕的关系。

这是“五位一体”机制产生的现实背景。

在“五位一体”的主体内容中，“调解、治安联防、信访、工会、妇联”这五个职能部门里，作为处理社区内民间纠纷矛盾的主要力量，人民调解组织理所当然地成为这一体系之首。

社区治安部门作为社区维稳机构，其相对较多的人数、较频密的巡逻和较灵敏的触觉体系，与矛盾纠纷等突发事件的处理必然发生联系，因此这与人民调解工作具有天然的接近性，因此在六约社区，人民调解委员会负责人便由治安联防负责人担任。

通常情况下，社区信访工作对应的是上访者的诉求，而这一诉求与不少矛盾纠纷的发生和解决有着某些重合与类似，因此社区信访部门与人民调解部门在一定程度上有着共同的工作对象。

六约社区从一个典型的工业化村庄发展而来，在工业化向城市化转轨的过程中，劳资矛盾占据社区矛盾纠纷的绝大部分，工会组织也渐愈凸显其价值，因此社区工会组织成为人民调解组织的协作力量。

妇女组织在基层社区的角色，一方面固然是联系社区户籍妇女的天然纽带，另一方面在以女工占据工厂工人总量一半甚至超过一半的打工者群体中，妇女组织也有其重要的纽带与沟通价值，同时扩大了矛盾纠纷因素的收集与化解渠道，故而也是“五位一体”工作模式中的一支力量。

在现实的村社生态中，“五位一体”的工作模式，的确让人民调解工作既扩大了工作面，拓展了各种因素和苗头的收集渠道，又让各方力量参与到基层社区综合维稳工作中，防止基层矛盾纠纷激化并逐渐化解。

调解与110接处警的结合，便是“五位一体”中的具体做法之一。

“我六约社区流动人口多、工厂企业多，各种纠纷都可能发生，一些突发事件也在所难免。通过突发事件，我们利用‘五位一体’这一有效载体，还通过健全社区级群防群治组织，组建巡查队，把调解与110接处警结合起来等办法，确保能第一时间掌握矛盾激化情况，把握先机，使突发事件第一时间得到控制并解决。”在当年，六约社区调解办负责人这样介绍说。

7.4 四级网络的构建

对于六约社区而言，如何将人民调解组织逐步拓展至每一处需要的地方，使其行之有效地保障一方稳定，人民调解工作的网络化正是其主要措施之一。

从某种意义上说，构建人民调解工作的网络，是调解工作最主要的框架体系，也正是这个东方国家处理矛盾纠纷最主要的骨干。

2004年开始，六约社区立足消除矛盾隐患，确保信息网络建立到位，形成了上下结合、覆盖全村的“调委会—调解小组—调解员—信息员”四级网络。在各村民小组和企业中选任民间纠纷、信访苗头信息员共300多人，经常对社情进行排查，发现矛盾激化、有上访苗头的，治安队、纠纷信息员及时向调委会、信访办、派出所报告情况，实现信息共享，为及时化解矛盾纠纷争取时间、奠定基础。

“健全的调解网络是做好人民调解工作的保障，”六约社区调委会组长陈志雄当时便这样说道。

事实上，除了十余年前开始的专职人民调解员在这个基层村庄中诞生外，在各级司法行政机关的指导和要求下，一个较为完善的人民调解制度框架也在六约社区逐渐形成。

按照龙岗区司法局的相关指导意见和实施细则，在社区一级开始设立人民调解委员会，在居民小组和较大型的企业内设立调解小组，每个调解小组均有专职或兼职的人民调解员，在调解员之下，还分布有人数不少的信息员。

这一时期，作为村社调解部门，经过十余年的工作摸索，六约社区调委会开始认识到人民调解工作的核心和实质内容：“随着社会、经济高速发展，人、财、物流动频繁，人民调解工作不仅是解决人际关系的需要，更是构筑整个社会经济发展的必要途径，因此建立健全的调解网络队伍，推进人民调解走向专业化、规范化、社会化，便成了有效开展社区矛盾调解工作的基础保障。”

这一时期的六约社区调委会架构是这样的：调委会主任由治保主任兼任，两位副主任分别由信访办主任和妇女主任兼任；并选聘协调能力强、熟悉法律法规、会做群众工作的专职调解员6名，他们平均年龄35岁，全部高中以上文化程度（其中大专以上的4人）。

在六约，通过业务培训、岗位练兵和庭审观摩等多种形式，每一个调解员都能够掌握和运用必要的法律政策和调解技能，社区调委会主任更是被聘为龙岗区首席调解员，大大地提升了社区调解工作质量，为传统的人民调解工作注入了新的活力；7个居民小组的书记、村长兼任各自调解小组的正副组长，妇女组长和治保队长兼任调解员；企业调解小组的组长由厂长或经理兼任，另配备2—4名兼职调解员。调解网络的触角延伸到社区的各个角落。

这样，全社区就形成了调解、治安联防、信访、工会、妇联“五位一体”的调解网络机制，编就了一张调解的“区域网”，形成一级抓一级、层层把关负责的调解工作格局。

同时，六约还采取多种形式提升调解人员的自身素质和服务水平，规范调委会调解运作机制，制定并完善了调解办理、纠纷预警、定期排查、协调会议、联动调解、责任追究、信息报送、立卷归档、业务学习等一系列规章制度，进一步规范和统一调解文书的制作，为人民调解工作的顺利开展提供了坚实的基础保证。

正是这一网络，构建起了基层和谐稳定的基础。

第8章 “全国标兵人民调解委员会”称号

8.1 村改社：一个时代的猛然突袭

时间走到2004年七八月份，正值酷暑之季，深圳的基层工作即将迎来一个新的时代。

一方面，对于基层司法行政部门而言，省、市两级的人民调解工作会议接连召开；另一方面，深圳关外地区的宝安、龙岗两地“农村城市化”工作大幕将启，这一事件对于基层运行机制、村社治理发展、干部群众人心稳定等有深远影响，不能不谓之为“一个时代的猛然突袭”。

这一年的《深圳大事记》如此写道：

“2004年8月26日 深圳市龙岗区布吉、横岗、平湖、坪地、坪山、坑梓、葵涌、大鹏、南澳9个街道举行隆重的挂牌仪式。此前宝安区已全部撤镇改街道。至此，镇一级建制在深圳市已经成为历史。

“9月15日 南岭村社区居委会正式揭牌，与南岭村一同‘村改社’的还有布吉、坑梓两个街道的19个村。至此，龙岗区全部10个‘镇改街’中的91个村完成了‘村改社’工作，龙岗区已无村一级建制。”

无奇一语的背后，则是如同六约社区一样的众多基层街道（曾经的镇）、社区（曾经的村）面对突然政策剧变后的或长或短的不适应、徘徊和无助。

这一场由行政主导的自上而下的城市化浪潮，对于一个城市的经营与战略发展，应该有着非同寻常的意义，甚至这一变化带来的影响可以持续相当长的一段时间；而对于长期生活工作在基层的众多人士而言，则是无可奈何地与过去时代的斩断、告别，其工作局面和内在心思，外人难以体味。

事实上，从珠三角村社近30年的发展脉络来看，这一变化注定将在村社发展长河里留下深刻的印痕，甚至，它会与改革开放初期对于农村开放的意义相提并论——如果农村开放是农村发展的第一波，那么眼下的这一场城市化实践则是农村发展中的第二场大转型，它以往的农村色彩正在为城市所替换。

因而，对于众多村社而言，在这一巨大变动的来临和过后，必然对其治理领域的各项工作带来种种影响。更为直接的是，这一变化给予众多村社集体的经济发展方式和内容带来了直接的改变——以往依靠土地资源的出让、合作或自营，如今土地的控制权已经收归国有，不再是社区一级、街道一级甚至区一级政府能够左右的了。

这带来的结果就是，社区一级不得不思考其20多年来因袭的发展模式，开始艰难地寻求新的发展路径——无论他们是主动或者被动。

对于村庄六约而言，实际上早于“村改社”，它就开始了自己的计划。

2004年4月15日，阳光灿烂。当时尚被称为横岗镇六约村的这个村子隆重举行了六约统建新村培土奠基仪式。六约成为了深圳市第一个由行政村统建的农民新村。

据当时的参加人员回忆说：“从2003年1月开始，六约村历经一年多的调查摸底、思想动员、择址、规划设计等前期筹备工作，得到了龙岗区、横岗镇两级党委、政府和相关单位的关心支持，龙岗国土分局统一进行了规划设计方案招投标，并征集了专家和群众的意见。”据悉，六约新村计划建成33幢总计760户的小高层电梯式住宅，项目总投资1.5亿元。

有必要在这一时间节点上，回顾一下六约村的历史嬗变。

在2004年8月某日的《深圳侨报》上，一篇名为《六约：希望与成功之约》的文章记录着这些：

“六约村方圆12.5平方公里，总人口8万人，其中常住人口为1758人，是横岗镇经济实力最强，各项工作走在前列的‘龙头村’。

“改革开放后，六约村抓住机遇大力发展集体经济，制定出不断发展、巩固和扩大来料加工企业，大力发展第三产业和创汇农业，促进两个文明建设协调发展的发展战略，取得了令人瞩目的成绩。2003年，全村集体总收入1.32亿元，集体纯收入5938万元，人均纯收入3.6万元。村内现有9个大型工业区，有‘三来一补’企业113家，‘三资’企业20家，私营企业151家，自有厂房总面积126万平方米，宿舍总面积28万平方米。

“十几年来，村里先后投资上亿元用于完善交通、通信、水电、道路等基础设施及治理和绿化环境，幼儿园、图书馆、文化中心、休闲广场、公园、医院、邮局、银行、派出所、酒店、购物中心、大型超市、菜市场等一应俱全。村内处处飞花流翠，干净整洁，是广东省‘卫生村’。村内文体活动硬件设施齐备完善，工、青、妇组织常年开展各类寓教于乐的文化体育活动，广大村民和外来工在活动中唱主角，从两三岁的幼儿到七八十岁的老人，都能够从容走上舞台展示风采，比较有特色的活动有：一年一度的老人节、三八节交谊舞比赛、春节篮球赛、舞麒麟表演、小学百人铜管乐队、‘美的家庭’评比活动等等。随着精神文明建设不断渗透进人们的生活，村民们都自觉选择文明的娱乐和健康向上的生活，精神面貌和社会风气良好，有力地推动了农村城市化的进程。村内现有19名青年在村委会的扶持下走上了创办实业的道路，具备大学学历的青年已达90多人。

自2000年以来，六约村仅省级奖励就获得了5项，分别是‘广东省先进集体’、‘广东省尊师重教先进单位’、‘广东省计划生育模范村’、‘广东省先进妇女学校’、‘东深供水工程水质保护先进单位’。”

六年以后，寻觅在“村改社”变化中六约的点滴，已是很难。可以肯定的是，这个有着些许辉煌的村庄，要开始艰难地改变，并寻找继续辉煌的理由。

8.2 获评国家级称号

六约社区调委会是在2005年4月被国家司法部授予“全国标兵人民调解委员会”光荣称号的。

如前文所述，从2000年开始，六约在四年之内先后获得了五项省级荣誉。而这一次能获国字号的荣誉，一个村社集体的骄傲可想而知了。

恰恰，国字号的荣誉缘于六约这个基层村庄苦心经营十余年的人民调解工作。

一个善做“和事佬”的社区，不断消除各种“导火索”，城市“细胞”主动、及时地化解各种矛盾和纠纷——这便是龙岗区横岗街道六约社区。它围绕人民调解工作创新机制，完善制度，形成了为人称道的“六约模式”。

“六约模式”的发展成长过程，倾注了上级司法行政部门的不少心血。六约社区调委会主任李胜强介绍说：“龙岗区司法局领导和相关科室的负责人经常深入六约，指导督促我们调委会健全完善各项硬件设施，协助我们整理制定出一整套规范化的管理制度。”

以“六约模式”为代表的龙岗区人民调解工作在当时已经独树一帜，涌现出“全国模范调解员”和荣获全国“防止民间纠纷激化工作”二等奖的一些先进集体和个人。

龙岗区司法局有关负责人介绍，“六约模式”的人民调委会的组织建设和工作的模式，是该区在新时期总结出来的人民调解工作经验。随着六约调委会被国家司法部授予“全国标兵调解委员会”，龙岗全区人民调解工作“六约模式”充分体现了新时期人民调解工作“政府主导、社会力量参与、专兼结合、以专带兼网络化”的格局，落实了人民调解工作要有专门的场所和人员，责任明确，资料档案齐全的要求。

事实上，这个国字号的奖牌真正来到位于中国行政序列最基层的六约社区时，已是当年的金秋之际。

2004年9月2日，龙岗区在六约召开人民调解工作现场会，部署在全区推广“六约模式”工作。龙岗区领导以及职能部门负责人、各街道分管负责人、司法所所长、社区调解主任参加了会议，省司法厅、深圳市司法局相关负责人到会并分别讲话。是次会议向六约社区调委会颁授了“全国标兵人民调解委员会”奖牌。

对于一个基层村社而言，获得这一盛誉的确有着极大的激励作用。

8.3　“民工荒”撼动南中国

直到现在，每逢初春时节，“民工荒”依然会成为中国社会的新闻热词。

这个词，就是从2004年开始出现的。“民工荒”这一命题，究竟真实存在，抑或只是一个伪命题?

对这个问题有很深体会的人们，也许是千千万万的农民工和农民工育下的新生代，也许是因为第一桶金而致富的大大小小的企业家，也许是一座城市里经济社会运行的政策制定者和执行者，也许还包括数量不小的社区原住民以及维系其命运的许许多多普通人。

尽管事到如今，依然有论者直言“民工荒”只是个“伪命题”。但是无论如何，这一现象的确真真切切地影响着国家的经济运行、企业的运营状况，以及相对应的基层政府与千千万万的企业运营者、劳动工人。

“民工荒”的来临很是突然。2004年春季一开始，受众多因素的影响，突如其来的“民工荒”，在全国一些主要工业领域和出口省份蔓延，尤其是在一些沿海经济发达城市——广州、深圳、义乌、南京、上海……2004年秋冬季节，这一现象波及内陆省市，比如兰州、武汉等地。有人认为，劳动力市场从“打工潮”到“民工荒”的转变，从一个侧面传递出城市劳动力资源逐渐步入稀缺的信息。

许多人曾经想当然地以为中国劳动力资源丰富永不衰竭，但这一年的现实大大出乎许多持有这一观点的人们的意料。

这场可以用“突袭”来形容的用工短缺现象，规模之大，影响之广，为改革开放后仅见，一时成为媒体报道的焦点，社会关注的热点，政府、专家和企业界案前的难点。

作为始发地的广东珠江三角洲地区，曾经人才荟萃、大批民工云集的景象，开始不再继续。在严峻的形势之下，提高民工工资和改善生活待遇开始成为用工企业与地方政府的共识。

在深圳，情况又是怎么样的?

2004年8月中旬，当地媒体在一则报道中透露说，深圳市劳动和社会保障局与香港经济发展及劳工局在双方进行的座谈会上介绍，当时深圳农民工缺口约30万，集中在宝安、龙岗关外的企业，但与全市500多万外来劳动力相比，这个缺口数字在正常范围内，尚未影响到企业的生产。

有媒体根据深圳市人力资源市场的一份内部汇报材料分析，深圳出现招工难问题的原因之一，是深圳的劳动力收入长期偏低。随着国内其他地区，特别是长三角地区经济的崛起，使得内地劳务工外出打工不会再像以前那样“发财去广东”，而是“东西南北中”有了多种选择，特别是流向了长三角地区。

从上述报道和分析来看，这一场并不轻松的“民工荒”，席卷了包括六约社区这样的深圳关外基层村社。

“民工荒”之时，犹忆“民工潮”。

在《中国现代社会学辞典》上，“农民工”是指“拥有农业户口、被人雇佣从事非农活动的农村人口”。通常所说的农民工，是指他们中离土离乡进城务工经商的那部分，国家有关部门统计显示，2003年这个数字大约为9900万人。

在六约的村前巷后，也开始显示“民工荒”的变化：

从20世纪80年代中期开始，每年春节过后，都会有大批农民从内地来到沿海大城市打工，形成了大规模潮汐式的跨地区转移，被称作“民工潮”。壮观的“民工潮”，记录下了中国数量庞大的农民群体向城市流动的轨迹与历程。

然而，十几年之后，曾经的人山人海似乎无影无踪，沿袭许多个年头的农民工大军如潮水般汹涌而至的景象已成追忆，凸显在人们眼前的则是，电视、报章上分外夺目的“民工荒”、“用工荒”字眼。

那些曾经穿越南岭的众多打工者，在2004年的春天里，开始选择“以脚投票”。

8.4 人民调解依然在路上

当年人潮如海的六约，似乎一夜之间，人群稀落。这一现象，显然影响着这个基层村社的方方面面。

六约社区的景象，让人不由地分析“民工荒”这一时代现象的原因；广东省相关部门此时的见解，也提示出人民调解工作在基层的现实意义。

有论者指出，自2004年起，全国范围内相继出现“民工荒”现象。造成该现象的原因有二：一是农民工收入过低；二是这种低收入的现状导致农民工无法提升自

人民调解在路上。

身职业技能，导致高级技工缺乏。

仅仅从这两点着眼，你便发现，这是“民工荒”现象留给这一时代不容忽视的命题。

时间到了2004年以后，中国经济改革经过数年的实践，早已从根本上摆脱了传统思想的束缚，全国各地的经济发展进入了一个新的时期。

随着经济社会的发展和社会结构的变化，第三产业从业者也逐渐增多起来，进城就业的农民工已成为工人的重要组成部分。同时，随着政府、社会和企业职能的分离和变化，越来越多的人由“单位人”转换为“社会人”。

2003年10月11日至14日在北京举行的中共十六届三中全会提出了“坚持以人为本”。对于基层工作者而言，如何在实践中坚持以人为本的理念，则是一项需要用时间和心智去完成的实践。

随后不久，在广东省民政系统的一份针对基层工作的文章中，阐述了“夯实社会和谐之基，重点在于强化对基层的服务和管理”的观点：

“加强对不同群体、不同身份、不同职业人群的服务与管理，坚持以情感人，以理服人，以诚待人，扎实做好疏民气、解民忧、通民情和安民心等方面的工作，把他们的认识统一好，把他们的利益维护好，把他们的力量引导好，把他们的积极性发挥好，使他们积极参与到和谐社会建设中来，是各级党委、政府必须着力解决好的重大问题。除了继续做好各方面群众的思想政治工作以外，我们还要注重抓好以下两方面的工作：

“一要通过全面加强社会治安综合治理，不断加强和改善基层社会管理。加强社会治安综合治理，是加强社会管理、促进社会和谐稳定的重要内容。这些年来，我们通过创新发展‘枫桥经验’，坚持‘小事不出村、大事不出镇、矛盾不上交’，妥善处理人民内部矛盾，防止个别问题群体化、内部问题社会化、局部问题扩大化，使社会管理不疏漏、不缺失，社会稳定有基础、有保障。在具体工作中，各地对创新发展‘枫桥经验’进行了一些有益的探索。比如，在全省乡镇普遍设立综治中心，实行综治进民企、领导干部下访接待群众制度等。这些做法，实质就是标本兼治、综合治理，依靠群众、预防为主，把矛盾和纠纷化解在基层，把问题和困难解决在基层。

“二要通过发挥各类社会组织的作用，形成社会管理和社会服务的合力。现代社会，利益日趋多样，人员流动频繁，社会组织形式复杂。在这种情况下，不仅要加强党政组织在社会管理和服务中的职能作用，而且还要发挥好各类社会组织的积极作用；不仅要发挥好人民政协组织以及工会、共青团、妇联等人民团体的桥梁和纽带作用，而且还要注重发挥其他社团、行业组织和社会中介等民间组织的有益作用。近年来，我省民间组织稳步发展，整体素质普遍提高。我们要通过加强党对民间组织的领导、加强新社会组织党建工作等途径，进一步发挥民间组织广泛联系群众的优势，加强对社会成员的管理和服务，特别是在提供社会服务、反映公众诉求、促进社会公平、整合社会资源、化解社会矛盾、规范社会行为、加强自我服务等方面的积极作用。在这一过程中，我们要进一步更新管理理念，改进管理方式，创新服务手段，丰富服务载体，引导民间组织更好地服务和谐社会建设，形成社会管理和服务的合力。”

不难看出，广东省民政系统对于基层工作的认识和理解，都未曾离开人民调解这一视角和手段，反映了这一时期政府职能部门对于基层治理工作的主流态度。

而在中国长期存在并发展起来的人民调解事业，到了这一关键节点，众多论述依然还停留在20世纪60年代初于浙江省诸暨市枫桥镇诞生的“枫桥经验”。因此，不得不认为，人民调解工作依然在路上，正等待着一个随着时代变化而不断变化的自我更新期。

对于整个社会是如此，对于深圳的基层村社六约而言，更是如此。

叁

高歌猛进

成熟阶段（2005年7月至2008年1月）

第9章 “六约模式”的提出

9.1 “以人为本”新方略

从2003年年底开始，“以人为本”，开始成为全国流行的一个新闻热词。

这个从中国共产党十六届三中全会《决定》走出来的关键词，在随后的一段时期内，开始逐渐衍生出一种新的风尚，引导各级党和政府开始一种全新的理念。

中国实施改革开放以后，长期以来强调把发展生产力作为社会主义社会的根本任务，经济发展自然成为各级政府的第一要务。

正如党和国家高层所说：“坚持以人为本，就是要以实现人的全面发展为目标，从人民群众的根本利益出发谋发展、促发展，不断满足人民群众日益增长的物质文化需要，切实保障人民群众的经济、政治和文化权益，让发展的成果惠及全体人民。”

通常而言，“以人为本”的直接解释应该是以人为“根本”。这个从严格意义上属于人力资源管理范畴的词语，原指经营者或管理者的一种领导方式或理念，自中共十六届三中全会后被各级党组织和政府迅速广泛地加以阐述、解读和运用。

站在这一时间节点之上，追溯此前，更显“以人为本”主线由来的必然性。

当时一段关于“人与社会”的主流论述，真切地反映出这一思路的转变：

“改革开放以来的25年是我国城乡居民收入增长最快的时期。但我们也要清醒地看到，在经济发展和社会进步方面，我们面临着一系列新的问题和挑战。

“一是城乡差别、区域差别、贫富差距进一步扩大的趋势亟待扭转。

“二是在很多人眼中，发展似乎就是增长，从而造成了经济高增长、社会低发展的失衡局面。

“三是在经济日趋活跃、社会利益日益多元化的情况下，社会经济秩序的规范问题变得日益突出起来。

“四是效率与公平的矛盾也越来越突出。经济发展要讲究‘效率’，社会发展要讲究‘公平’。”

“坚持以人为本，树立全面、协调、可持续的发展观，促进经济社会和人的全面发展。”这一崭新的论断，成为新发展观的本质特征。而在这一新方略之中，“人与自然”、“人与社会”、“人与人”之间的关系，成为考虑问题、解决问题的着力点。

显然，“以人为本”框架系统中的两组关系——“人与社会”、“人与人”之间的关系，正是社会管理领域的主要内容。最终促进“人与社会”、“人与人”之间的和谐发展，正是各级司法行政部门和基层人民调解组织的重要任务。

因此，从这一价值层面上分析，人民调解工作的意义在新发展观中，尤显迫切、紧要与意蕴深远。在随后相当长的一段时间内，人民调解组织及散布在基层街头巷尾的人民调解员，应该成为国家和谐之基石。

9.2　龙岗区的政情与对策

2006年2月14日，在深圳市龙岗区第三届人民代表大会第四次会议上，龙岗区区长作了《龙岗区2006年政府工作报告》。

“2005年，我们顺利完成了区三届人大三次会议确定的各项工作任务，为‘十五’计划画上了圆满的句号。全年实现地区生产总值930.3亿元（含经济普查调整增加的180亿元），同比增长18.5%；工业增加值591.2亿元，增长20.9%；全社会固定资产投资总额285.2亿元，增长30.3%；社会消费品零售总额172.3亿元，增长14.8%；预算内地方财政收入38.3亿元，增长18.6%（可比口径）；实际直接利用外资3.7亿美元，增长32.1%；外贸出口总额138.3亿美元，增长17.0%；万元GDP电耗、水耗分别下降3.7%、12.7%。”

从这一组数据中也许看不出太多东西——除非通过比较。

通过前后数据的对比分析，显示出一个城区的剧变。“十五”期末，龙岗区地区生产总值、工业增加值分别相当于“九五”期末的2.3倍、2.7倍，占深圳全市地区生产总值的比重分别由11.2%、14.7%提高到18.9%、24.3%。高新技术产业产值占工业总产值的比重从28.7%上升到46.3%。国地两税总规模首次突破百亿元大关，相当于“九五”期末的4倍。实现一般预算内财政收入38亿元，增长129.3%。

无论是逐年的纵向比较，还是龙岗区所占深圳全市经济份额的横向比较，你不难发现，一个越来越有分量的龙岗，开始出现在人们的眼前。

同时，在这份龙岗区2006年的政府工作报告中，当时的区长还透露了一组关于社会管理的数据和信息：

“全年公检法司系统共投入7.3亿元，增长20%，占一般预算支出14%，其中科技强警投入5189万元。加强出租屋管理，新建院区式小区101个，全区673个院区式小区有237个实现‘零发案’。始终保持严打高压态势，全区刑事发案数下降6.2%，破案率提高了7.1个百分点。”

时代在变，人面在改。

对于这一时期的任务，龙岗区政府如此阐述道："我区正处在经济社会发展的关键转型期，城市化改制和转地之后，乡镇管理体制向城市管理体制转变；在资源紧约束条件下，传统粗放模式向集约化模式转变；随着改革开放的不断深入，社会结构和利益格局发生了深刻变化，一些深层次的矛盾和问题日益凸显。如产业结构不合理，人口总量过大、增速过快，水电供应紧张，交通拥堵严重，社会治安和环境压力较大，群体性事件和公共安全事故频发，社区基础设施薄弱，政府依法行政水平及公务员队伍整体素质有待提高等等。我们面临着越来越多的挑战和压力，必须敢于正视问题，认真加以解决。"

综合观察2005年龙岗区的社会管理领域，恐怕不得不提及一则为外界报道的消息——"深圳龙岗区出台社会治安综合治理责任倒查问责制"。

"出了事故一定要有人负责！"

是年8月中旬，龙岗区推行"倒查问责制"，只要出现重特大案件或事故，必须追究有关"区官"、"街官"和"村官"的责任，一定要有人负责。颁布实施的《维护稳定及社会治安综合治理责任倒查制度》中显示，责任倒查是指"由区综治委五部门成员单位，对区内出现的突出社会管理问题，自上而下调查事件发生原因，据此追究相关街道、部门和单位及其责任人的责任，提出整改措施并督促落实"。

据称，实行责任倒查是为了保证全区范围内凡是发生突出的社会管理问题，都必须有具体部门和人员承担相应责任，通过强化事后责任追究，达到加强事前防范的目的。责任倒查追究按照过错责任原则，实行分级负责和单位、个人双罚制。

“六种情形下，将启动倒查程序，即被中央、省、市及其主管部门点名批评；被新闻媒体曝光批评；人大质询或政协评议反映有关问题；职能部门反映；群众检举、投诉；领导小组认为应该启动倒查程序的其他情况”。

这正是针对“重特大案件和事故屡屡发生，却没有相关单位和相关人员承担具体责任”而采取的措施，也映照了《政府工作报告》中阐述的这一时期“群体性事件和公共安全事故频发”的严峻现实。

事实上，这并非龙岗一区一域之责，而是社会逐渐进入矛盾凸显期后的整体态势。

9.3　区领导的六约之行

2005年7月，龙岗区委分管政法维稳工作的领导的六约之行，让这个村社许多年来的默默工作得以彰显。在龙岗区司法行政部门的主导下，在这个村社里，一件有关人民调解工作规格提升和理论指引的大事正在到来。

一方面是社会矛盾开始积聚和凸显，使得基层政府的工作压力与日俱增，另一方面是基层社区自行探索而成的矛盾化解之道，实际效果显而易见。六约社区的人民调解工作在彼时彼刻的背景下，其意义倍增。

这一时期刚刚由村改社的六约社区又在发生着什么?

该社区2005年工作总结如此写道：

“我调委会也大力加强调解组织建设，积极推进人民调解的制度化、规范化，不断提高人民调解工作水平；认真做好矛盾纠纷的预防和排查，坚持抓早、抓小、抓苗头，努力把矛盾纠纷解决在基层、解决在萌芽状态；认真研究当前社会生活的新变化和群众工作的新特点，不断探索新方法、新途径，注重理顺群众情绪、化解群众怨气，引导群众以理性、合法的形式表达利益诉求。”

数据显示，2005年度（截至11月28日），六约社区人民调委会共处理矛盾纠纷500宗，涉及人数1901人，涉及金额2946173元。其中工伤25宗，涉及金额759874元；死亡11宗，涉及金额432856元；倒闭3宗，涉及人数145人，涉及金额133718元；自发病10宗，涉及金额205176元；当地群众经济、宅基地、房产、合同纠纷8宗，涉及金额231136元，调解成功率达97.8%。

“调解纠纷是个总的概念，其中就包含了预防纠纷的激化和防止相关纠纷的发生，因此，调解工作不能等纠纷出现了再去调解。”六约社区调委会主任李胜强当时这样说。

据他介绍，运行多年的调委会已经建立了健全的横向到边、纵向到底的调解网络，能够及时进行调解，把纠纷化解在萌芽状态。根据社区的实际情况，调解组织网络逐步健全，从源头上堵住纠纷苗头的发生。

2005年10月的一桩突发事件，再次验证了调解机制的作用。10月的这天，该社区大和居民小组的恒丰塑胶五金制品厂有300多位员工集体罢工，正当他们要越级上访时，社区调委会通过调解网络获悉这一情况后，第一时间赶赴现场了解情况并通知有关部门，及时阻止了这场矛盾纠纷的进一步激化、恶化。

“调解工作的根本任务是解决业已发生的民事纠纷，防止矛盾的进一步扩大与恶化，防止可能发生的纠纷，采取预防措施，将纠纷消弭于萌芽状态，以保证人们之间、单位之间的和谐，保持社会稳定。为此，调解工作的指导方针应当是‘调防结合，以防为主’。”李胜强如此认为。

这一年7月，深圳龙岗区一位分管司法行政工作的区领导在龙岗区司法局负责人的陪同下，专门来到六约社区所在的横岗街道，与街道党工委、办事处负责人一道开始讨论和研究六约的人民调解工作，是次会议鲜明地提出了“六约模式横岗化”的思路。

“当时的会议上，就明确要求横岗街道在当年10月率先完成‘六约模式横岗化’，实际上就是开始部署‘六约模式’在横岗街道的推广工作，这标志着龙岗区区委、区政府把‘六约模式’纳入了全区的工作部署，”龙岗区司法局副局长潘保军对记者回忆道。

至此，“六约模式”这一概念，开始正式从司法行政部门内部的模糊阐述，转变为一个区级政府的工作内容。

深圳市、龙岗区这一时期前后的众多资料，也显示了这些。

在六约之行的前一年，深圳市龙岗区司法局对六约村人民调解工作进行了深入调研，如今保存在深圳市龙岗区档案馆资料袋中的《保一方平安促经济发展——龙岗区横岗镇六约村人民调解工作情况调查》一文中，对六约人民调解工作阐述的是“六约经验”，尚未提到后来的“六约模式”一说。

如此这般，在矛盾日益凸显的时代背景下，渐变的利益格局开始呈现新的态势，基层社会治理体系的新问题、新矛盾、新挑战，要求体系内部开始自我完善，恰恰自我摸索许多年的六约人民调解工作做出了可资借鉴的方式、方法。于是，在基层政府和司法行政部门的主导下，“六约模式”从后方涌上了时代的前台。

9.4　“六约模式”的内涵表述

进入21世纪的中国，随着社会主义市场经济的建立和发展，随着我国经济组织的多元化，利益分配形式的多元化，社会矛盾纠纷大量增加。在社会转型期，大量的矛盾纠纷如果得不到及时化解，有的就很可能发展为群体性事件，有的甚至激化为刑事犯罪案件，严重影响社会的稳定和发展。

权威资料显示，2001年全国人民法院判决的民事案件高达600多万件，刑事案件也有72万多件。据调查，有的省重大刑事案件有70％是由民间纠纷激化造成的。因此，及时有效地化解社会矛盾纠纷，维护社会稳定，已经成为国家长治久安和巩固执政党地位的重大问题。

随着十六届三中全会提出“以人为本”的新方略，以人为本的时代已经到来，以往城市和社会管理领域的诸多强制性措施渐次隐退，取而代之的是更为平和、柔性、合乎人性的治理手段、方式和方法。

毫不例外，这一时期的深圳龙岗区，也正处于经济转型期、利益调整期和矛盾凸显期。一方面，各种社会矛盾纠纷不断增多并趋复杂化，如果得不到及时化解，就很有可能造成严重后果。另一方面，在龙岗区这种典型工业大区内，社会结构的不断变迁，使传统的单位组织逐渐解体，以利益、价值和观念为共同特征的新型的共同体正在生成。新的社会利益主体和社会需求期待着社会组织发挥自我管理、缓解社会矛盾、维护社会稳定、促进社会和谐的作用。

六约社区调委会2006年2月15日的一份材料映衬了这一情形:

“现在，工人的上访内容由过去的‘工资’、‘工伤’等基本生存权利问题，逐渐发展到要求‘社会保险’、‘人格尊重’等人权保障的新问题、新趋势，由过去单人上访发展到集体上访增多。

“在调解实践中，劳资纠纷是调解工作的重中之重，占信访总量85％以上。劳资纠纷主要表现为工人工资偏低、老板拖欠工资、加班费不依法计发及其他克扣工资现象。随着普法工作的开展，社会保险和工人人格权成为劳资纠纷的新焦点。同时，我们也注意到，个别别有居心的人借‘维权’之名煽动闹事，企图达到个人不良目的。我社区在调处劳资纠纷工作中，以事实为依据，以法律为准绳，以高度认真负责的态度，以机智灵活的方式方法，融情、理、法于一体做好维权调处工作。”

有新矛盾之处，都有新方法。

六约社区调委会负责人介绍说，随着改革发展的不断深入，社会经济成分、组织形式、就业方式和分配方式日益多样化，人民内部矛盾起因多元化、群体性、潜伏性、易激化等特点越来越明显，预防和化解人民内部矛盾的任务也越来越重，因此六约社区调委会把正确处理新形势下的人民内部矛盾，积极预防和妥善处理群体性事件，作为维护社会稳定、构建社会主义和谐社会的重中之重来抓。

他们在认真总结经验的基础上，紧密结合实际，积极探索新时期人民调解工作的新方法，提高人民调解工作的效率。这包括：

1．改变单一的调解结构，实行“五位一体”的综合模式，即调解、治安、信访、妇联、工会于一体的调解机制，各部门在工作中既有明确分工，又紧密配合，充分利用各自职能优势，统一指挥，联合作战，通过整合资源，以多方合力增强调解工作的效能。

2．改变单一功能的调解模式，实行调解工作与普法宣传和道德教育的有机结合。这一年来，他们着眼于提高广大居民和外来各工群体的法律意识和道德水平，结合人民调解工作的实际，通过以案释法、以事议法，大力开展法律和道德的宣传教育工作。

3．改变单一的调解方法。针对不同矛盾纠纷，六约社区采取了直接调解、间接调解、公开调解、联合调解等不同的方法，同时坚持法治与德治相结合，解决思想问题与解决实际问题相结合，动员社会力量协助调解。

被提炼为“六约模式”的这一工作内涵，实际上是六约社区在多年的人民调解工作实践中，创造的一套行之有效的人民调解工作机制。它构建了“政府主导、社会参与、专兼结合、以专带兼、网络化”的人民调解工作格局，形成了人民调解的“六约模式”。

当时的正式表述是这样的：“六约模式”符合龙岗实际、体现时代特色、突出维护社会稳定，以“预防为主、教育疏导、依法处理、防止激化”为原则，以落实人民调解的专门场所、专职队伍、专项经费和业务工作为基础，做到事事有人调解，处处防患未然，及时把各种矛盾纠纷解决在基层，消除在萌芽状态，实现了社区和谐稳定和经济快速发展。

深圳龙岗区的观点认为，“六约模式”适应了新形势对人民调解工作提出的新要求，更好地发挥了人民调解在构建和谐社会中的积极作用。因此，他们在对全区人民调解工作进行深入调研的基础上，努力探索人民调解工作的规律和方法，挖掘和总结出了横岗街道六约社区人民调解工作的成功经验，得到了各级领导的充分肯定，被认为是“枫桥经验”在新时期的创新和发展。

第10章 从村社到省市的推广

10.1 龙岗区的雷厉风行

始于村社的“六约模式横岗化”，从村社到街道（镇），开始了“六约模式”的推广之路。

就在此时，欲在深圳龙岗区全区进行推广这一矛盾纠纷化解模式的思路，也在龙岗区决策者群体中开始酝酿。

仅仅在龙岗区领导的六约之行的两个多月后，一场深圳龙岗区全区级别的推广工作现场会开始布置起来。

2005年9月2日，龙岗区区委、区政府在横岗街道六约社区召开全区人民调解工作现场会，主题便是部署在全区推广“六约模式”工作。

区政府在一个社区内的现场会，市、区司法行政部门相关负责人却悉数到场。资料显示，当日参会人员除龙岗区3位区领导以及全区相关职能部门负责人、各街道分管负责人到场外，来自基层一线的司法所所长、社区调解主任也参加了会议，广东省司法厅相关人士和深圳市司法局副局长亦到会并分别讲话。

当时的通讯稿显示，这次会议向六约社区调委会颁授了“全国标兵人民调解委员会”奖牌，龙岗区的副区长代表龙岗区委、区政府宣读了《中共龙岗区委、区人民政府关于在全区推广人民调解工作“六约模式”的实施意见》，对全区推广人民调解“六约模式”工作进行全面部署，要求各社区在2006年4月以前完成“六约模式”推广工作，以实现社区人民调解工作有专职人员、有专门场所、经费落实、制度规范、运作科学的工作格局。

龙岗区委副书记和深圳市司法局的副局长分别在讲话中肯定了龙岗区司法行政部门总结出的“六约模式”，要求龙岗区各街道和职能部门要进一步增强做好人民调解工作的责任感、紧迫感，进一步发挥人民调解的职能作用，营造全社会重视人民调解工作的氛围，加大投入，把人民调解工作做大做强。

当日在现场会上宣读的2400余字的《中共龙岗区委、区人民政府关于在全区推广人民调解工作“六约模式”的实施意见》（下称《实施意见》），成为首份人民调解“六约模式”的推广文件，如今在深圳市龙岗区档案馆中依然可以找到。

《实施意见》开宗明义地认为：“人民调解制度是我国多层次社会矛盾纠纷解决机制体系中的重要组成部分，在维护社会稳定、促进经济发展中发挥了不可替代

调解数量在增加，人民调解更加为人熟知。

的作用。横岗街道六约社区坚持‘预防为主、教育疏导、依法处理、防止激化’的原则，落实人民调解的场所、队伍、经费和各项工作，把人民调解作为维护社会稳定、建设‘平安六约’的重要手段和有效载体，加强民间矛盾纠纷排查调处工作，成功地化解了社会矛盾，基本实现‘小事不出组，大事不出社区，矛盾不上交’，有效地维护了基层社会稳定。我区司法行政部门总结出的‘六约模式’调解工作经验，得到了国家司法部、省司法厅以及省、市委的肯定。”

龙岗全区推广人民调解“六约模式”，其总体目标被设立为“实现社区人民调解工作有专职人员、有专门场所、经费落实、制度规范、运作科学的工作格局，进一步强化新时期人民调解工作的调处、预防、法制宣传‘三大功能’，进一步拓展人民调解工作的领域，不断扩大调解覆盖面，积极预防和化解矛盾纠纷，努力促进社会和谐”。

而在龙岗区全区范围内实行统一的“六约模式”，必然需要有一定的考核标准和统一要求。因此，这在《实施意见》中有明确要求：

（一）配备专职人员。每个社区调委会必须配备至少1名专职调解人员（在现有社区工作人员中安排），完善专兼结合的调解员队伍。专职调解员主要负责社区内各种矛盾纠纷的调解和不安定因素的排查工作，必须具有一定的法律、政策和文化知识，高中以上文化，热爱人民调解工作，有一定的工作责任心，一定的口头表达能力。

（二）落实办公场所。社区调委会办公场所有两间用房，办公设施齐全，面积要达到30平方米以上，除接待咨询外，并有独立的调解室。暂时不具备独立办公场所的，可以与维稳、综治办公室合用，面积要达到50平方米以上。调解室设人民调解徽章、首席调解员席、两个调解员席、记录员席、双方当事人席和旁听人员席。

（三）保障工作经费。社区居委会负责安排解决调委会的工作经费。调委会主任享受社区两委副职待遇。调解员按照社区经济发展状况和从事调解工作的实际，按月或按季度领取适当的交通、通信补贴。根据调解员、纠纷信息员每年工作情况，适当给予物质奖励。

（四）加强制度建设。社区调委会要健全五项制度：学习例会制度、调解责任制度、纠纷登记制度、廉洁自律制度、文书档案管理制度；设立“五簿”（学习会议记录簿、法制宣传登记簿、调解登记簿、排查登记簿、回访登记簿）、“两册”（调委会调解人员花名册、社区纠纷信息员花名册）；统一将调解工作任务、原则、纪律、纠纷当事人的权利义务上墙；社区调解员统一持工作证或挂牌上岗。

（五）规范运作机制。社区调委会一要建立民间纠纷排查预测机制，坚持每季度定期排查、重大节假日前排查，省、市、区举行重大活动前排查、对纠纷多发地、敏感期、特殊的热点难点问题集中排查并做好防范工作；二要建立民间纠纷报告机制，及时掌握辖区内的民间纠纷动态，特别是群众关心的热点难点问题和较敏感的事件，并及时向当地党政领导及有关部门和上级机关反映，重要紧急的民间纠纷随时报告；三要建立协调配合机制，加强与综治办、治保会、社会事务办、法庭等相关部门的协调和配合，互相支持。在调解纠纷中，发现超出调委会职责范围的纠纷，移送有关部门处理。积极发动社区的共青团、妇女、民兵、老年会等群众组织积极参与调解工作。

通过以上内容可以发现，当时的制度设计者们希望通过这五个方面的要求，在龙岗区每个社区实现社区人民调解工作有专职人员、有专门场所、经费落实、制度规范、运作科学的人民调解工作格局。

在这一框架体系中，一方面龙岗区司法局作为全区主管人民调解工作的职能部门，需要采取各种措施有针对性地进行专业性指导，帮助基层街道、社区解决实际运作中的困难；另一方面，作为每个街道司法行政机构的司法所，是街道负责人民调解工作的职能部门，抓好各项具体工作的落实成为理所当然的重要工作。

不难看出，通过区、街道、社区三级的努力，保证“六约模式”推广工作的顺利开展，正成为龙岗区“六约模式”推广工作制度设计者们的最初意图。当然，在这雷厉风行的推广工作中，难免遇到种种难题，我们之后会进行分析。

10.2 深圳市的紧锣密鼓

2006年4月12日，深圳市龙岗区文化中心，深圳市人民调解工作现场会在此召开。

次日，《深圳特区报》将这次会议的内容如此报道出来：“市委副书记、市纪委书记谭国箱强调，加强基层社区人民调解工作，是加强基层基础建设和城市管理的一个重要内容，是落实市委、市政府部署的重要举措，要在全市范围内大力推广‘六约模式’，把人民调解作为基层解决矛盾纠纷的首选方式。市委常委、政法委书记、公安局局长李锋主持会议。”

在较为程式化的领导讲话中，我们还是找到了这样的字句：“深圳市各级党委、政府要充分认识新时期人民调解组织在化解矛盾纠纷中的重要作用，下大力气解决制约人民调解工作发展的各种困难和问题，力争在较短时间内使人民调解解决矛盾纠纷数量再有一个大的提升。要贯彻落实好中央和省委领导的指示精神，把人民调解建设成为新时期解决社会矛盾纠纷的首选机制，尽量通过群众自治实现社会和谐，使各级党委、政府从民间纠纷中脱身而出，集中精神抓大事。要提高人民调解工作的公信力，使人民调解工作被广大人民群众所熟悉和接受，使人民群众遇到矛盾纠纷能够首先想到人民调解。”

“把人民调解建设成为新时期解决社会矛盾纠纷的首选机制，尽量通过群众自治实现社会和谐，使各级党委、政府从民间纠纷中脱身而出，集中精神抓大事。”这样的说法背后，分明映照了当时社会矛盾纠纷日益增多的严峻现实，这当然也成为深圳全市对“六约模式”进行大力推广的注脚。

深圳市委领导在这次讲话中，还如此说道：“‘六约模式’的精髓所在，首先就是把人民调解作为基层解决矛盾纠纷的首选方式，落实人民调解组织和制度，经费和基础设施得到有力保障；其次是坚持高标准选聘调解员，强化业务培训，建设了一支群众信赖的高素质的专职人民调解员队伍；最后是工作机制落实，矛盾纠纷排查调处机制完善，预防工作与普法工作相结合，提高居民的法制观念、法律素质和遵纪守法的自觉性，增加公民自控、自防能力，从源头上减少各种矛盾纠纷和社会不安定因素。”

当时的深圳市委常委、政法委书记、公安局局长也在现场会上强调，大力推行“六约模式”，是深入贯彻中央、省和市关于建设和谐社会的要求，反映出如何正确处理人民内部矛盾、维护社会基层稳定是深圳市政法工作的出发点。“六约模式”是深圳市首创的做好新时期人民调解工作的新路子，具有重要的推广意义。各区要认真学习“六约模式”的做法和经验，加以推广，大胆创新，加强人民调解员教育培训，提高他们的政策法律水平和调解复杂矛盾纠纷的能力，多方法、多途径筹集解决经费、场地问题，进一步建立健全人民调解工作考核、监督、救济机制，因地制宜采取有效措施，努力把人民调解工作推上新的台阶。

深圳市司法局当时的数据显示，深圳全市有各级人民调解组织1200多个，调解员15000多名。

在全市进行人民调解“六约模式”的推广工作后，深圳市司法局的一份《半年重点工作总结》，无意间透露了推广的进度和阶段性效果：

“上半年，我们以落实全市人民调解工作会议精神为主线，狠抓人民调解基础建设，大力推广‘六约模式’，推动‘六约模式’深圳化。4月12日，全市人民调解工作现场会在龙岗区召开后，各区都采取了不同的措施落实会议精神，全市推广‘六约模式’的力度大。

“目前，龙岗区现已在127个社区配备了161名专职人员；盐田区完成了配备社区专职调解员的部署；罗湖区编委已完成115名人民调解专职员的招录工作，即将配备到各街道社区工作站；福田区编委也于5月批复同意在全区每个社区工作站指定一名工作人员负责社区人民调解和信访工作，业务由街道司法所指导，人员落实由区司法局和各街道办事处负责；南山区、宝安区主要领导也表示尽快抓紧落实有关要求，争取下半年完成调解员队伍专职化建设。全市各区社区调解组织在机构和制度建设、专门场地和经费保障等方面的基础建设进一步夯实，全市调解组织比去年年底增加了300多个，达到1584个，专、兼职调解员16480名，比去年增加了1000多名，各区司法行政机关加强了对各级调委会的指导，进一步建立健全社区调委会考核、激励制度，调解组织和调解员在矛盾纠纷排查、调解、防激化和法制宣传等方面的作用不断加强。”

10.3　广东省的关注推广

9天之后，依然是深圳市龙岗区这个当年仍被称为“关外”的区域内，六约社区迎来了全省关注的目光——广东省人民调解“六约模式”专题座谈会在龙岗召开。

也正是在这次座谈会上，“六约模式”以近距离的形态，让前来参观、讨论和学习的广东省司法厅及珠三角其余8市的相关负责人实地感受了来自村社的创新力量。“六约模式”最终赢得了与会者们的重点关注和认可，随后的推广工作也逐步启动。

至此，六约社区真正步入了历史的前台。

在向省司法厅和珠三角各市相关负责人汇报时，龙岗区委副书记、政法委书记介绍了这个村社的过去和现状。

“横岗街道六约社区是我区经济发展比较快的一个社区，社区常住人口1800人，外来劳务工70000多人，社区内有各类企业300多家。六约社区把人民调解作为解决矛盾纠纷的首选方式，从上世纪90年代开始就由集体股份公司出资聘请了专职调解员，落实人民调解工作场地、队伍、经费和各项工作，整合社区调解、治安、信访、劳动、工青妇等各方面力量，每年调解处理各类纠纷500多宗，把大量矛盾纠纷化解在基层，做到‘小事不出组，大事不出社区、矛盾不上交’，近年来全村没有发生一起因民事纠纷引发的刑事案件、自杀、上访或群体性事件。

“具体到工作中是坚持‘五个到位’，一是认识到位。六约社区内企业多、人口结构复杂，人民内部矛盾凸显，社区领导班子把人民调解工作作为营造和谐、稳定的社会经济发展环境的重要载体和保障措施，从1991年起，便开始聘用专职的人民调解员，专门从事人民调解工作，使人民调解工作为社区的经济发展服务，为社区和谐发挥‘稳压器’的作用。二是机制到位。三是责任到位。四是服务到位。五是保障到位。”龙岗区领导在会上发言时如此谈道。

有论者指出“六约模式”的另一重意义，即是人民调解“六约模式”充分体现了“花钱买服务”和动员社会力量提供公共产品的现代社会管理理念，通过政府部门支持和指导，社会力量积极参与，为社区建设提供有效的服务。

在这次座谈会上，广东省司法厅决定要在全省推广“六约模式”，特别是在珠三角地区要首先推广、重点推广。会上确定了推广“六约模式”的基本思路，即首先是要建立专职调解员，走职业化的道路。

有记录显示，当时这场为日后广东珠三角地区推广“六约模式”奠定基础的会议，是由广东省司法厅组织广州、深圳、珠海、佛山、中山、东莞、江门、惠州8个市司法局分管基层工作的副局长和基层处（科）长召开的专题座谈会，省司法厅副厅长杨日华、深圳市司法局负责人和龙岗区委、区政府有关领导同志出席了会议。

对于六约社区的人民调解员们来说，座谈会期间省厅领导和珠三角各市的司法行政部门负责人在自己工作台前的出现，使他们无形之中感到了鞭策、鼓励和褒奖、肯定。当我们寻访六约社区多位人民调解一线的负责人和调解员时，他们不约而同地回顾起他们眼中这一最光辉的时刻。

这得到了当时记载的文字资料的验证——“与会代表还现场察看了龙岗区横岗街道六约社区人民调解委员会，详细了解了人民调解工作‘六约模式’产生的历史背景、沿革和效果”。

至此，这项开始于基层村庄社区的人民调解创新，经由各级司法行政部门的指导和推动，走出村社，开始在珠三角大地上生发开来。

10.4　推广模式和路径解析

2005年7月，“六约模式”横岗化；

2005年9月，“六约模式”龙岗化；

2006年4月，“六约模式”深圳化；

2006年4月开始，“六约模式”走进广东珠三角地区……

以上正是人民调解“六约模式”在短短数月间不断升级推广的轨迹。

从上述情形可以看出，人民调解“六约模式”的推广之路，基本类似于众多基层经验的推广路径，即社区—街道—区—市—省（珠三角各市先行开始）—全国（局部）的这一过程，正是自下而上的递进式推广路径。

在对人民调解“六约模式”的推广路径进行解析之前，我们还是将《实施意见》中的相关内容，再次摘录出来：

“龙岗区全面推广‘六约模式’工作分三个阶段进行：

“第一阶段时间为2005年9月至10月。要求各街道组织力量开展推广‘六约模式’的调研工作，重点是专门场所和专职人员的设立、配备情况，并根据实际情况制定推广‘六约模式’的实施规划。

“第二阶段时间从2005年11月至2006年4月。要求各社区调委会按照任务目标的要求开展工作。各街道党工委、办事处要重视和支持‘六约模式’的推广工作，切实解决社区在调委会人员、场地、经费等方面的困难。

“第三阶段是自查与检查。2006年5月，各街道组织对‘六约模式’的推广工作进行自查，区司法局组织对各街道任务完成情况进行检查，并将检查情况进行通报。”

短短几个月内，“六约模式”的连续跳跃式推广，固然体现了各级政府对人民调解“六约模式”的重视，同时也倾注了司法行政部门的众多心智。但是如此迅速的突进，从后来发展来看，难免会在局部社区遇到大小不一的实际困难。

这种难题，在深圳市龙岗区司法局2005年的年度工作总结中有所体现：“个别社区在推广人民调解工作‘六约模式’有一定困难，我区各街道、社区情况差异较大，一些社区，特别是东部街道的社区和撤镇建街道办前的居委会社区，在解决人民调解工作专门场所、专职人员方面存在较大困难。”

如果着眼于这一时期的社会治理背景等综合因素来整体考虑的话，“六约模式”被迅速提上议事日程，有着可以理解的缘由。

比如龙岗区在全区推广“六约模式”时，龙岗区一位区委领导在大会上这样谈道：“六约社区的经济发展快，社会发展平稳，很大程度上得益于社区领导对人民调解在维护社会稳定中的作用有深刻的认识，调委会建设和工作水平高，真正发挥了‘第一道防线’的作用。在新的历史形势下，怎样更好地维护社会稳定，为市场经济创造良好的社会环境，是我们需要认真思考的一个重要问题。”

当然，“六约模式”自下而上的推广过程，注定这一成果一出现便会吸引同类或类似地区的目光，并使后者将之迅速本地化，成为操作性强、现实意义颇大的人民调解工作范本之一。

我们观察到，这一思路在全国学习“六约模式”的层面上尤为明显。

第11章 辐射全国的“六约模式”

11.1 司法部副部长的到来

“六约模式”正行进在推广之路上，六约社区也在2006年4月15日这天，迎来了国家司法部副部长张苏军和广东省司法厅厅长陈伟雄、副厅长杨日华一行。

“我们及时总结出新时期人民调解的‘六约模式’，其核心是‘政府主导、社会参与、专兼结合、以专带兼、网络化’，内容是‘认识到位、机制到位、责任到位、服务到位、保障到位’，把大量矛盾纠纷化解在基层，做到‘小事不出组，大事不出社区、矛盾不上交’。”龙岗区的汇报者如此向前来调研的上级领导介绍说。

“张苏军在调研中仔细询问了六约调委会的组织架构、人员构成及调解的矛盾纠纷类型等情况，并与值班的调解员亲切交谈”，有媒体记者记录了这次调研的现场情形：“他希望在今后的工作中，六约社区能够百尺竿头、更进一步，不断完善人民调解机制，进一步提高人民调解的覆盖面和成功率，为维护基层社会稳定、推进社区法治建设作出新的更大贡献，为深圳、全省乃至全国的人民调解工作提供更多更好的鲜活经验。”

在这场基层司法行政工作的调研行中，张苏军基于“六约模式”所谈到的观点，在如今的广东省司法厅官方网站上依然可以找到：

“当前全国的凶杀案有百分之六七十是由民事案件转为刑事案件的。小矛盾、小纠纷没有得到及时处理，就会变成大案件、大纠纷，甚至转变为恶性案件、群死群伤的案件”，省司法厅办公室信息督查组的信息稿中，记下了张苏军的讲话内容。张苏军从全国层面统计而掌握的信息，再一次验证了矛盾纠纷由基层化解的必要性和紧迫性。

张苏军阐述了“六约模式”和人民调解“第一道防线”的作用：“广东以深圳六约社区为代表的，在农村城镇化过程中探索出来的‘专职为主，以专带兼’的‘六约模式’，有很强的生命力和示范作用。任何一个事情都要有专人来做，在这个过程中不断积累经验。人民调解工作不仅要有人来做，而且要有表达能力强、有经验、综合素质高的专业人员来做，提高工作水平和质量。要以专带兼，形成遍布农村、社区、企业的人民调解工作网络，通过培训、宣传、教育，不断扩大人民调解的覆盖面和影响力。六约社区这几年没有发生一起民事纠纷转化为刑事案件的情况，说明人民调解工作做在了前面，人民调解防止社会矛盾激化‘第一道防线’的作用显现出来了。”

在谈到“六约模式”时，张苏军还不忘这一经验的推广：“‘六约模式’不但广东、深圳要推广，而且也值得全国来总结借鉴。希望广东能够不断完善提高‘六约模式’，进一步提高队伍的素质，提高调解的成功率、协议的履约率，完善人民调解的平台，推进社区法制化建设，积极探索与司法调解、行政调解有效衔接的新路子，为全国司法行政工作提供更多更好的鲜活经验，为广东构建和谐社会做出更大的贡献。”

国家司法部领导深入基层社区调研人民调解工作，让人不得不反观当时全国层面的相关情况。实际上，这一时期随着中国改革的不断深入，人们的思想观念、价值观念和相互之间的利益关系也不断变化，这必然触动、改变着现有的利益格局，一些新的矛盾也随之出现。因此，作为植根于中国特有文化传统的矛盾纠纷处理方式，人民调解尤其是来自基层的人民调解的创新，对于化解社会矛盾纠纷意义明显。

公开资料显示，2004年2月下旬，最高人民法院和司法部在京联合召开了全国人民调解工作座谈会，时任国家司法部部长的张福森在讲话中谈道：“总的来看，当前民间矛盾纠纷的类型主要有：农村因土地承包引发的矛盾，村民委员会换届选举中出现的有关矛盾，矿产资源开采、土地征用补偿引发的矛盾，因企业停产、破产和职工下岗、待岗引发的矛盾，部分企业里军队转业干部因待遇问题引发的矛盾，城市拆迁改造引发的矛盾，婚姻家庭邻里关系中的纠纷和矛盾等等。这些矛盾纠纷错综复杂，如果不能及时化解，很容易激化为刑事案件或者群体性事件，影响社会稳定。人民调解作为一项人民群众自我管理、自我约束、自我教育和自我服务的制度，在预防、化解新时期出现的社会矛盾纠纷，正确处理人民内部矛盾，维护社会稳定中发挥着积极重要的作用。”

“希望六约社区能够百尺竿头、更进一步，不断完善人民调解机制，进一步提高人民调解的覆盖面和成功率，为维护基层社会稳定、推进社区法治建设作出新的更大贡献，为深圳、全省乃至全国的人民调解工作提供更多更好的鲜活经验。”在矛盾纠纷渐趋复杂，日益影响到社会稳定的背景下，人们就不难理解张苏军在六约社区调研时所说的这一期盼了。

广东省司法厅厅长陈伟雄在当日调研会上也表示：“要紧扣社会的发展，紧扣广东的实际，紧扣维护社会稳定和构建和谐社会这个立足点和出发点，进一步在深圳乃至全省深化和推广‘六约模式’，为全国提供更多、更好、更鲜活的经验，向司法部交出一份满意的答卷。”这成为日后广东全省推广“六约模式”的因由之一。

11.2 全省专题座谈会

在以上种种因素的带动之下，为了总结推广人民调解工作“六约模式”，提高人民调解在预防和化解社会矛盾纠纷，维护社会和谐稳定的作用，推动广东全省人民调解工作的改革和发展，2006年4月21日，广东省司法厅组织广州、深圳、珠海、佛山、中山、东莞、江门、惠州8个市司法局分管基层工作的副局长和基层处（科）长在深圳市召开了专题座谈会。省司法厅杨日华副厅长、深圳市司法局李梅副局长，龙岗区委、区政府有关领导同志出席了会议。

“‘六约模式’发源于龙岗，根植于龙岗，经过了实践的考验，符合我区发展的需要，有广阔的前景和强大的生命力，龙岗区委、区政府下决心在全区大力推广人民调解工作‘六约模式’，让‘六约模式’在我区遍地开花，全面提升我区人民调解工作水平，”龙岗区领导在会上汇报介绍说。

“在新的历史形势下，怎样更好地维护社会稳定，为市场经济创造良好的社会环境，是我们需要认真思考的一个重要问题。”据介绍，这一时期的龙岗区委、区政府认为，加强人民调解工作是当前维护社会稳定、构建和谐社会的需要。六约社区的经济发展快，社会发展平稳，很大程度上得益于社区领导对人民调解在维护社会稳定中的作用有深刻的认识，调委会建设和工作水平高，真正发挥了“第一道防线”的作用。

杨日华副厅长在座谈会上高度评价了“六约模式”，认为“六约模式”具有职业化、充分利用社会资源、建立早、规范细致、效果好等五个特点，对深圳市各级司法行政机关推广“六约模式”的工作也给予了充分肯定，认为“六约模式”已经在深圳开花结果。

当时会议的种种现场的细节，如今已经难以找寻，但可以确定的是，这场规格不低的省级专题座谈会，以“六约模式”为核心主题，给予了这个自主探索的村社和区级司法行政部门巨大鼓舞。

据广东省司法厅基层工作管理处副处长苏劲松回忆，事实上，对于“六约模式”的重点关注和深入思考，省司法厅早在2005年便已经开始。

一份文件验证了这一说法。

2005年9月26日，广东省司法厅向广东省委、省政府提交的《关于贯彻落实全国司法行政基层建设工作会议精神的情况报告》（粤司〔2005〕213号文件）中显示，“总结推广有条件地区可以推广的典型经验”成为当时的重点工作之一。

该文件内容显示：“加快同类地区同类工作推进的步伐。拟召开若干个分片座谈会，推出若干工作典型：（1）推广东莞虎门建立民营企业调委会的做法，加强行业性人民调解组织建设；（2）推广罗湖区在大型商贸市场建立区域性调解委员会的做法；（3）推广龙岗区“六约模式”，加强专兼结合的人民调解员队伍建设；（4）推广汕尾建立海事人民调解委员会的做法，拓展人民调解工作的新领域；（5）推广中山市和深圳市宝安区两所分离的经验。除此之外，要积极探索建立专业性人民调解组织以及人民调解、行政调解、司法调解等三种调解方式的衔接机制。”

是次全省专题座谈会后，广东省司法厅以粤司办〔2006〕101号文件的形式，将厅党委委员、副厅长杨日华同志在人民调解工作“六约模式”专题座谈会上的讲话，印发至全省各地级以上市司法局，要求各地结合实际认真组织学习和贯彻落实。

如今，在广东省司法厅门户网站上公开显示的这一文件中，可以看到省司法厅对“六约模式”特点的详细评述：

“（一）人民调解职业化。从人民调解的角度来看，‘六约模式’最大的特点是建立了专职调解员，走职业化的道路，并建立了与之相适应的专职调解员制度，有专门的场所。

“（二）充分利用了社会资源。为社会提供公共服务，管理社会主要有政府资源、社会资源和企业资源。‘六约模式’主要是利用社会资源，充分体现了动员社会力量提供公共产品的现代社会管理理念。

“（三）专职调解员建立得早。六约社区1988年成立人民调解委员会，1991年就配备了2名专职调解员，现在发展到5名，是全省最早建立专职调解员的村，堪称我省建立专职调解队伍的‘第一村’。

“（四）运作规范、细致。调委会制定了调解工作的‘四统一四规范’制度，在统一收案、统一研究案件、统一制订调处方案、统一人员分工的基础上，确保收案、调处、移交、归档四个环节规范操作，每一宗纠纷的调处都有询问笔录、调查笔录和调解协议书，纠纷的文书材料一案一档，电脑入档保存。

“（五）效果好。六约社区在实践中探索出‘专职为主，以专带兼’的‘六约模式’，发挥了很重要的作用。近几年，六约社区没有发生一起民事纠纷转化为刑事案件，没有发生群体性上访事件，说明人民调解工作做在了前面，人民调解防止社会矛盾激化‘第一道防线’的作用显现出来了。”

11.3 媒体眼中的“六约模式”之一

深圳市龙岗区司法局副局长潘保军介绍，这一时期的“六约模式”，让人民调解工作的社会关注度与日俱增，其中重要的体现便是中央、省和市级众多媒体的密集关注。

六约社区人民调解员黄永忠如今一回忆便兴高采烈地说道：“那个阶段，前来采访的报社记者很多很多，我们都记不起接待了多少批媒体，许多报道我们都没来得及找。”

龙岗区司法局的资料记载了这些，这一时期他们在深圳市司法局的支持下，《人民日报》、《法制日报》、《南方日报》、《羊城晚报》、《深圳特区报》等主流媒体先后推出了“六约模式”的系列报道，详细剖析、解读“六约模式”成功之道，为各社区推广“六约模式”提供了新的渠道。

根据各种资料和相关人士的介绍，我们将媒体对于“六约模式”的关注列举如下：

2004年7月27日，深圳市委机关报《深圳特区报》头版头条刊登《小事不出组，大事不出村》报道，同时附有评论员文章，对于基层一线的六约社区调解委员会的现象和做法进行了专门介绍。

2005年9月2日和3日连续两天，《深圳特区报》刊发头版报道“六约模式”，并同时分别撰写了题为《把矛盾化解在基层》、《点上开花，面上突破》两则评论，深度分析了龙岗区横岗街道六约社区在创新人民调解机制中所形成的具有社区鲜明特点的“六约模式”，以及人民调解在维护社会和谐稳定所发挥的重要作用。

2005年11月30日，广东省委机关报《南方日报》刊发《人民调解构建和谐深圳第一防线》的专题报道，其中报道了深圳两种特色调解模式之一的“六约模式”。

2006年2月27日，作为中央政法委机关报的《法制日报》，在第2版刊发“六约模式”的人民调解工作报道，此后数天内连续推出对“六约模式”经验介绍的3篇连续报道，详细介绍六约人民调解工作的做法和成功经验。

2006年2月27日，《南方日报》第4版，别出心裁地以“一种自下而上生长的力量——深圳‘六约模式’的可贵之处在于其‘草根性’”为标题，开始了题为“六约模式：一个基层社区的调解之路”的系列报道。

2006年2月28日，《深圳特区报》头版刊发《人民调解：构筑维稳第一道防线》报道，此后陆续推出聚焦“深圳人民调解”系列报道，详细剖析、解读“六约模式”等基层经验。

2006年3月27日，深圳报业集团指派《深圳商报》数位资深记者组成采访团，来到六约社区采访基层人民调解工作。

2006年4月13日至14日，在广东省司法厅宣传教育处副处长的带领下，人民日报华南分社采访部等媒体记者赴六约采访，对“六约模式”产生的前景、机制运作、社会效益等进行了全方位的了解和考察。

媒体们的关注和报道，在不同视角不同层面给予了“六约模式”种种解读和阐述。显而易见的是，“六约模式”通过大众传媒传达至社会各界，一方面提高了人民调解工作的公众知晓率和熟悉度，另一方面也让一个村社的朴素经验上升为理论总结的高度，让“六约模式”走出村庄，走出街道，走出龙岗，走出深圳，走入广东珠三角，走向全国。

此后，各地对于六约这个此前并不熟悉的村庄关注愈来愈多了，前来六约考察学习的外地同行也络绎不绝。事到如今，六约社区调解员黄永忠对当时的情形还感慨道：“来学习的，来参观的，多得记不清楚。”

我们先实录深圳市市级媒体对于“六约模式”的连续报道，其中以《深圳特区报》和《深圳商报》为主。

2005年9月月初，在深圳市龙岗区委、区政府召开现场会全面推广人民调解“六约模式”的同时，《深圳特区报》也连续两天推出头版报道，分别撰写了《把矛盾化解在基层》、《点上开花，面上突破》两则评论，深度解读和分析“六约模式”。

在9月2日的报道中，该报记者详细介绍了受到国家司法部高度肯定的“六约模式”，指出其具有“三心精神”化解桩桩疑难纠纷、“四级网络”做到事事有人调解、“五位一体”确保处处防患未然等特点，同时编写的评论认为“把矛盾化解在基层，这是城市发展的现实需要，也是现代公共管理的必然要求”。

次日刊发的《点上开花，面上突破》评论认为：“龙岗区六约社区作为全国标兵，创出了一套行之有效的人民调解工作机制，真正把各种矛盾化解在了基层”，并同时指出“学习和推广‘六约模式’，每个社区都要结合自身实际，创造性地开展调解工作”。

《深圳商报》对于六约的报道虽然时间稍后，但是该报对于报道的重视却并不减弱，这从他们派出的报道组成人员可以看出，三人之中两位是报社主笔级人物。在这篇长达5820字的题为“群众利益无小事　春风化雨润无声——‘六约模式’给人们的启示”的通讯中，署名者多达五位，可见该报道的费心费力。

文章的“编者按”中，点出了深圳媒体们密集报道“六约模式”的社会背景——“和谐深圳、效益深圳的建设离不开社区的和谐、社会的稳定”。

“发展是第一要务，稳定是第一责任。当前，深圳正处在经济发展的‘黄金期’，同时也是矛盾的‘凸显期’。在经济迅猛发展、城市化建设快速推进，社会矛盾、群体性事件不断上升的社会转型期，在构建和谐社会的时代洪流中，如何织就一张化解社会矛盾的网络？如何有效地将矛盾化解在基层？六约人民调解的成功实践，无疑具有启示意义和借鉴作用”。

这是《深圳商报》给予矛盾“凸显期”的深圳寻找的答案——以“六约模式”为代表的人民调解。

11.4　媒体眼中的“六约模式”之二

国家和省级媒体的关注，成为当时提升“六约模式”宣传推广规格和格局的主要力量。

如今重新阅读那些生动的报道文字，以及蕴涵其中的记者观点和态度，难免有些感慨。因此，我们以《法制日报》和《南方日报》的几篇报道为例。

《法制日报》的系列报道中，报道者在“导读”中写道：

“我国人民调解是植根于历史悠久的中华文化土壤，并在长期实践中不断发展和完善起来的一项重要的民主法律制度，在国际上享有‘东方经验’、‘东方一枝花’的美誉。与其他解决矛盾纠纷的方式相比，人民调解注重情理法的结合，具有方便、快捷、灵活、无偿、成本低廉和对抗性弱，解决纠纷彻底、没有后遗症的特点，符合社会和民众的需要，有利于建立良好的人际关系，进而维护正常的社会秩序和法治环境。因此，不断推进人民调解制度的改革和发展，是我国建设和谐社会的客观需求。

“六约社区人民调解工作能够取得突出成绩，关键在于党委、政府的高度重视和支持。该社区党总支和居委会把人民调解作为新时期化解社会矛盾纠纷的首选方式，舍得投入人力和物力，从办公场所、人员、经费等各个方面全力支持，为调解工作的顺利开展提供了坚实保障。六约的成功经验证明，高素质的专职调解员队伍是做好人民调解工作的基础。六约通过选聘一批热爱调解工作，且具有一定政治、业务素质和文化水平的人员担任专职人民调解员，由这支专职队伍进行组织调解网络、组建志愿者队伍、调解重大纠纷的具体工作，从而把矛盾纠纷排查工作落到实处，变被动调解为主动调解，变事后补救为提前预防。‘六约模式’充分体现了现代社会管理理念，大大节省了司法成本和社会综合成本，花小钱解决了大问题。

“六约地处我国改革开放的前沿地区，六约人民调解的成功实践，无疑具有启示意义和借鉴作用。”

他们共推出介绍“六约模式”经验的3篇连续报道，包括《深圳人民调解“六约模式”系列报道之一——“逼”出来的“第一选择”》、《深圳人民调解“六约模式”系列报道之二——密织网络确保矛盾纠纷不出社区》和《深圳人民调解“六约模式”系列报道之三——“三心精神”化解桩桩疑难纠纷》。

在《南方日报》的系列报道中，记者显然更善于用社会学、法学的专业知识分析“六约模式”的台前幕后、前因后果以及当时的社会背景，这仅从4篇文章的标题便可以见出：

“一种自下而上生长的力量——深圳‘六约模式’的可贵之处在于其‘草根性’”；

“人民调解以人为本的范例——深圳‘六约模式’折射出六约人新型的社会关系”；

“构筑社会稳定机制的范本——深圳‘六约模式’有一个高效能的纠纷化解机制”；

“人民调解给‘和谐社会’买保险”。

通过仔细分析，不难看出《南方日报》对于“六约模式”的报道，是根据条块分析的方式进行的，更加注重对于“六约模式”背后的国家与社会形态等背景的把握和分析，注重用更为开阔的视野来审视与解读这一基层社区首创的经验。

在第1篇文章中，该报记者引述时任深圳市司法局局长李英才的说法，“‘六约模式’的可贵之处在于其‘草根性’，它不是那种自上至下、一朝一夕打造出来的模式，而是从大量基层探索和实践而来，是经得起检验的成功模式”。同时该文指出：“在经济迅猛发展、城市化建设快速推进，社会矛盾、群体性事件不断上升的社会转型期，在构建和谐社会的时代主流中，‘六约模式’作为人民调解的一种成功模式，有效地将矛盾化解在基层，这对于深圳、广东甚至全国来说，无疑都可以提供有益的借鉴。”

《南方日报》在第2篇报道中，试图从社会学角度解析六约社区的社会组织关系，分别引述了基层调解员的朴素说法——“做好调解工作是我们的分内事”，基层社区居民的说法——“没见过像你们这么高水平的调解员”，指出了“六约模式”在社会关系中找到法宝从而成功的缘由——“公众的信任高于一切”。

在第3篇报道里，《南方日报》记者着重报道与分析了六约人民调解工作中的制度性因素，指出它的成功“在于其有一个高效能的纠纷化解机制”。

当3篇文章依次出炉、系列报道可以结束之时，《南方日报》最后却以新闻述评的方式，再次用学理化语言总结预示了“六约模式”的特点、原因和未来：“‘六约模式’，就是体现了人民调解在新形势下的社会地位：一个更宽领域的维护稳定和促进发展的互动平台”，“对深圳来说，‘六约模式’也不是一劳永逸的，在‘六约模式’的可贵经验上，加强人民调解工作制度化和法制化建设也已经被提到日程上来了”。

该文的最后一段，连接了调解制度的时空和未来。它如此表述道：“从更加宏观的国际范围来看，调解制度正在全世界范围内得到发展和重视。我们注意到，ADR（Alternative Dispute Resolution）即“替代性纠纷解决方式”近年来在欧美得到了蓬勃发展，如挪威、瑞典、美国等国家，大都制定了专门的法律法规，赋予了调解协议可强制执行的效力，香港也设有调解顾问中心，以私人执业方式运作，国内的人民调解制度曾经被西方学者誉为‘东方一枝花’，在新的历史时期，做好人民调解工作对于和谐来说，其具有的意义可想而知，可以说，调解工作等于给和谐买上了一份厚重的保险单，六约的经验，最终将会在历史上显示出价值来。”

我们在查询资料时，发现这篇名为《人民调解给“和谐社会”买保险》的文章，见报后成为国家和广东省有关部门的重要参考资料，且为众多网络媒体转载，成为当时评议和分析“六约模式”的深度文章之一。

第12章　为什么有“六约模式”

12.1　社会转型的国家背景

从2003年开始，社会学著名学者孙立平的一系列关于中国社会转型与社会结构变迁的研究，不仅仅引起了学术界的讨论，更是引发了学界以外的社会各界人士的广泛关注。这些研究文章意在表明，一个全新的时代已经到来。在孙立平和众多社会学研究者的研究体系中，这一时期的社会被称为“转型社会”。

我们分析“六约模式”第三阶段背后的国家和社会背景，不妨从这位著名社会学者的著作中开始。

“断裂社会”、“权利失衡”、“利益博弈”，这三个时常出现在传媒报道和各种类型的公共话语空间中的概念名词，正是孙立平由社会科学文献出版社先后出版的《断裂——20世纪90年代以来的中国社会》（2003年）、《失衡——断裂社会的运作逻辑》（2004年）与《博弈——断裂社会的利益冲突与和谐》（2006年）等著作中的核心内容。

这一时期社会状态的或隐或显的变化，被社会学者敏锐地捕捉到并形成了理论阐述。因此，分析“六约模式”在成熟阶段的种种因素，我们可以从孙立平教授的研究中找到些许答案。

我们发现，饱含学者社会关怀的这三本著作，均关涉到经济增长、城市化、医疗改革、教育改革、房地产、贫困与不平等、信任危机与道德等社会现象和时代热词，这也正是“六约模式”成熟阶段所处的真实时空背景。

这一时期的中国社会，进入了一个与以往不尽相同的时期。

一方面，经济方面的发展与成就有目共睹：权威资料显示，“全国经济发展由缺乏财力难以兼顾解决长期积压的问题的阶段进入到了一个有较为充裕的财力开始能够解决长期积压问题的阶段。2005年国内生产总值已经达到2.23万亿美元的规模，一举赶上英国和法国，成为全球排名第四的经济体，仅次于美国、日本和德国。1999年，全国税收收入首次突破了1万亿元大关，2003年突破了2万亿元大关，2005年突破3万亿元大关。经济实力的显著增强，为我国的发展奠定了新的历史起点。”

另一方面，社会领域的发展和建设却相对滞后，并且在社会领域与经济领域的强烈对比之中，凸显了社会涌现出的新特征、新矛盾。

傍晚的六约，步履匆匆的行人。

孙立平的同事、同样身为清华大学社会学系教授的郭于华，在对孙立平著作的分析文章中如此说道：“何为断裂社会？这个社会的主要断裂带又出现在哪里呢？在孙立平的阐述中，断裂社会是一个更为贴近中国社会现实的概念。如果将断裂社会理解为存在主要断裂带的社会，那么结构性的断裂主要发生在这样几个层面：一是城市中失业下岗人员大量增加。这一由产业结构转换和制度转轨所带来的失业并非暂时的过渡性现象，即一些人乐观估计的所谓改革的‘阵痛’……断裂的另一个层面发生在城乡之间。中国社会大量的农村劳动力和人口与所造成的农业的细小规模使得农业越来越不能成为一个产业，农村和农民显然无法与日益工业化和现代化的社会成为一体，难以加入城市化进程，农民因而成为被抛到社会结构之外的最庞大的一个群体，人们常常说的‘城乡二元结构’其实是最大的社会断裂带之一……”

“种种经济生活、社会生活和精神世界的全面失衡与失序，其实都源于‘社会权利的失衡’——不同群体在表达和追求自己利益的能力上存在的巨大差异。这种权利失衡不断地复制并再生产出巨大的社会不公正与社会的裂痕，日趋呈现出孙立平所表述的结构性的上层阶级化、下层碎片化，进而出现行动层面的上层寡头化、下层民粹化的趋势，即社会裂痕不断扩大，鸿沟不断加深。”郭于华教授如此认为。

孙立平教授近年的著作，分别对2004年、2005年、2006年的中国社会进行了描述。在《博弈——断裂社会的利益冲突与和谐》一书中，我们仅将该书第10章的标题引用如下：

第10章　断裂与融合：2004年的中国社会

1. 和谐社会：从单一中心时代到多中心时代
2. 部分弱势群体状况有所好转，总体贫富差距进一步拉大
3. 利益集团化过程开始、中下层分化加剧、精英与大众的断裂凸显
4. 政治基本稳定，社会矛盾突出
5. 深化改革，走向2005

对2005年中国社会的整体性分析，孙立平则将其称为“利益博弈的一年”。他认为，从这一年开始，在国家“十一五”规划提出转变增长模式的背景下，中国传统发展模式走到尽头，经济增长模式的转换密切影响着利益关系的调整，因此，中国已经进入一个“利益博弈”的时代。

这是学者为当代中国勾勒的侧影和转型脉络。作为社会维稳机制最底层单元、基层社会矛盾纠纷化解的执行层面的人民调解组织，无法不零距离感受着这个国家与社会的细微之变。

一个从此前历史中走出来的中国，又面临一个崭新的时期，这是“六约模式”步步壮大的时代背景；同样在这一时代主题下，一个村庄首创的朴素经验，被逐步放大和推广，成为人民调解领域中的时代热词。

12.2　珠三角城市里的现实

从2005年年底开始，在深圳市尤其是当时尚处于“关外”的龙岗、宝安两区，一时涌现的“退保潮”，成为媒体和社会关注的焦点事件。

2005年12月29日的《南方都市报》刊发了一条这样的报道：12月28日，一些打工者涌向位于深圳八卦二路513栋的深圳社保个人服务中心退保，把该中心门前的路面挤得水泄不通。在这一情况下，警方不得不派出警察、治安员和保安共几十名警力维持现场的秩序。仅仅在当日一上午的时间，退保手续就已办完1000多份。

都市类媒体，让深圳“退保潮”这一社会现象迅速得以传播。而以深度报道见长的《南方周末》，时隔不久也开始对这一现象进行分析。

2006年2月16日《南方周末》刊发的一篇报道，至今还保留在深圳市社会保险基金管理局的网站上。

南方周末记者在报道中如此写道：

“从2005年年底开始，至2006年春节前夕，位于深圳市福田区八卦岭的深圳市社会保险个人服务中心以及关外龙岗和宝安两区所属社保站几乎每天都会如此人潮涌动。人们的目的只有一个——退掉深圳市企业员工社会养老保险。

“现场工作人员告诉本报记者，在一个月左右的退保潮中，全深圳每天都有数千人退保。来自深圳社会保险基金管理中心的数字称，2005年深圳转退保人数总计达到65万人，金额为17.8亿元。

“他们都是无深圳户籍的外地打工者，农民工又占了其中的绝大多数。”

为什么深圳会发生这样的退保潮？在这篇报道里，南方周末记者作出了这样的分析：

“深圳市是一个典型的人口比例倒挂型城市，据记者了解，拥有深圳户口的本地居民仅为170万左右，而包括各种层面在内的外来打工者（主体为农民工）人数却高达1000万左右，其中以20岁至40岁的青壮年居多。

“深圳从上个世纪90年代初期建立养老保险制度，在扩大社保覆盖面的过程中，逐渐将农民工等非深户籍员工也纳入深圳社保体系。

…………

“由于取得深圳等大城市的户籍困难，加上目前农民工养老保险在地区之间几乎无法衔接和转移，对于经常在各大城市‘转战’的农民工来说，‘退保’就成了理性的经济行为。”

显然，这是农民工群体再一次用脚投票的结果。

在这不久前，《中国青年报》刊发《农民工为何频频退保》报道，指出“在广东等沿海经济较发达地区，农民工退保现象并不罕见。广东有的地区的农民工退保率已经达到95％以上；仅东莞市去年就有40万人次办理了退保手续”。记者进而在文章中说道：“从参保到退保，亿万农民工在社会养老保险面前表现出的无奈与矛盾，为中国年轻而庞大的社会保障体制出了一道难题。”

显然，这是深圳等珠三角地区遇到的又一个艰难命题。即便是在深圳，极为少数的优秀农民工代表，通过深圳地方性政策实现了深圳城市居民的梦想，但是，由于全国性的户籍政策，依然无法改变这一群体无法真正融入城市社会的社会现实，“退保潮”现象便再次呈现出农民工群体与城市人口、农村与城市之间的鸿沟。

可在鸿沟背后，则是中国长期以来形成并似乎坚不可摧的城乡二元结构。

社会保障作为维护社会稳定的一项基本制度，维护社会稳定既是国家繁荣的基础，也是政府的基本责任。社会保障具有强制性，政府用强有力的手段对弱势群体实施有效的保护，维护社会公平。社会保障是通过国民收入再分配对弱势群体进行保护的政策。

但这一具有强制性的举措在实践中，却不被城市里的弱势群体所支持。

这是“六约模式”走向时代前台的真实背景之一。

与此同时，相对于珠三角城市，更为广袤的内地农村正发生的实际变化，这也开始影响城市的不少方面。

国家统计局当年的数据显示，农民人均纯收入达到2936元，实际增长6.8%，是1997年以来增长最快的一年。中国农民的收入在8年徘徊之后有了大幅度的增长。

2004年，农民收入的大幅提高，主要来自农业税减免、国家的补贴和粮食价格的上涨。如前文所述，2004年年初，在时隔18年之后，中央一号文件再次回归三农问题。文件出台了一系列改善农村和农民问题的具体措施，包括降低农业税税率、取消农业特产税和对农民直接补贴等，这对改善农民收入情况起到非常直接的作用。

农民收入的提高，也开始影响着每年在中国大地上不断迁徙和奔走的农民工群体。虽然“民工荒”现象已于早些年开始，但是农村的好转、农民收入的大幅增加等因素，让更多的农民工开始留在家乡或者家乡周围，而不再选择长途奔波去大城市谋求生计。

民工潮流向的变化，让当时珠三角的政商两界人士不无担忧：劳工短缺现象正席卷内地多个经济区域，珠三角和长三角抢夺新生代劳工的竞赛尤为激烈；长三角地区民工就业保障水平的赶超，促进了农民工的区际转移。

江西《信息日报》2005年的报道显示，在劳务输出大省江西，每年有500万农民工出省寻找自己的致富梦想。珠三角地区多年以来是江西农民工的首选，但从2005年前后这种状况开始改变，越来越多的江西农民工流向了长三角。

交通运输部门的统计直观地显示了这样的信息：2005年2月9日至21日，南昌铁路局发送旅客已超400万人次，其中广深汕方向共发送旅客93万人次，同比增加3%，沪杭温方向共发送旅客69.7万人次，同比增加10%。从数字上看，往沪杭温方向旅客的增长幅度明显高于广深汕方向。

来自当时江西长运的消息显示，该站当年的客流方向发生了变化，南昌至上海、杭州、宁波方向的客车加班70趟，往珠三角地区的加班客车几乎没有。而2003年加班的客车几乎都是开往珠三角的。

这些数字的背后，反映出江西大量的民工不再像往年一样踏上南下的列车。

相对于此前的城市人口管理政策，以人为本的国家新方略，也对人口管理发生着深远的影响。在流动人口数量大、管理任务非常繁重的珠三角地区，这一阶段的社会治理、矛盾纠纷化解工作，大体上是在小心翼翼和谨慎中进行的。

12.3 六约走上时代前台

对于中国传统矛盾纠纷化解模式的人民调解工作而言，眼前的这个时代，与刚刚诞生人民调解制度的20世纪50年代相距甚远，即便与20世纪下半叶相比也大有不同了。

尤其对于改革开放中先行发展的珠江三角洲地区，无论是大到城市管理还是小到村社的治理，人民调解工作所面临的社会氛围，所面对的工作对象，所倚靠的政策法律，所需要的调解员素质，所面对的复杂事件，等等，这一切，都已经不再是传统熟人社会的那般面目。

相对于此前的社会形态而言，这是一个崭新的时代。人民调解工作所面对的，已是一个纷繁复杂、开放自由、瞬间多变、流动多元的社会。更重要的是，与此前的熟人社会相比较，位于珠三角地区的村社六约，已经成为一个“陌生人的社会”——这个社区里的打工群体来来往往、不断迁徙，这个社区港澳地区、内地老板们也不断变更生意，除却修葺一新的社区办公楼和祖祖辈辈留下的树木没动外，这个普通村社的每个角落不确定性的因素陡然增长。

这种不确定性，正是这个时代一个村社的真实情状。

笔者随意拿出了一份六约社区这一时期保存的人民调解协议书：

调解协议书

编号：×××××××

当事人（自然人姓名、性别、年龄、民族、职业、住址，法人及社会组织的名称、地址、法定代表人姓名和职务）：

当事人：刘×洪，男，1968年12月5日出生，江苏省宝应县人，身份证号码32102319681205××××；

当事人：曾×容，男，1945年6月20日出生，广东省雷州市人，身份证号码44082419450620××××；

纠纷简要情况：2007年9月15日刘×洪之8岁儿子刘×川在放学途中，被曾×容所饲养的狗咬伤，送院诊断为阴囊右侧、右大腿撕裂伤，住院10天，于2007年9月

25日出院，住院期间曾×容支付所有医疗费用三千四百二十二元（以下均以人民币计算）。医院要求刘×川定期复诊，同时定期注射狂犬疫苗。现刘×洪本人向六约调委会提出申请，要求曾×容支付由此产生的护理费、营养费、住院期间引起的车费、精神损害赔偿费、定期打疫苗费用、补课家教费用等合计人民币约一万六千元作为赔偿。曾×容承认狗咬伤刘×川之事实，业已支付医药费，现对刘×洪提出的具体赔偿数额有异议，同意支付五千元作为赔偿费。

经调解，双方自愿达成如下协议：曾×容一次性支付刘×洪一万二千元作为赔偿，该赔偿费包括护理费、营养费、住院期间引起的车费、精神损害赔偿费、定期打疫苗费用、补课家教费用、健康鉴定费用等一切费用在内；刘×洪领取曾×容所支付的一万二千元赔偿后，自愿承诺以后不再以此对曾×容追究责任，追讨其他利益或主张其他权利，刘×川以后可能产生的负面结果由刘×洪本人承担，与曾×容无关。

履行协议方式、地点、期限：于2007年11月15日星期四在六约调解委员会办公室由曾×容向刘×洪以现金方式支付。

本协议一式三份，当事人、人民调解委员会各执一份，自签订之日起生效。

当事人（签名或盖章）

当事人（签名或盖章）

调解员（签名）

（人民调解委员会章）

2007年×月×日

从以上资料看，显然这是发生在2007年的一件较为寻常的事件。两个来自不同省份的家庭，因为一件狗咬人的偶然性事件发生矛盾，处理不慎很可能引起更多的矛盾与纠纷，但是他们选择了社区里的人民调解组织，并最终和和气气地握手言和。

中国发展的历史进程中，这时的珠三角城市群已在工业化、城市化的道路上疾驶，像六约这般的村社，人民调解组织处理的矛盾纠纷，首当其冲的是来自工业区内的劳资矛盾纠纷。

以下是六约社区调委会2007年的年度总结材料中记录的两个案例：

“7月21日，六约某砖厂重庆籍员工黄某在工作中意外死亡。经深圳市龙岗公安分局鉴定，系由机器绞压致死。死者家属十几人来到后，要求砖厂一次性赔偿人民币60万元，并上访到街道办。我们得知后，耐心地向死者家属讲解《深圳市工伤保险条例》，根据相关规定，工厂应支付各类赔偿共39万元左右给家属，但其家属坚称最少要赔偿50万元；7月27日，我调委会第二次约见双方，进行调解，一方面继续向家属讲解相关法律条例，一方面向砖厂负责人做思想工作，但其家属仍坚守45万元的底线；7月30日，我们再次约见其家属，细心讲解相关法律条文，晓之以理，动之以情，在充分尊重当事人意愿的情形下，最终达成协议，由六约某砖厂一次性支付其家属各种赔偿费用共计人民币40万元，其家属承诺不再以其他任何理由向六约砖厂提出诉讼和仲裁，追究法律责任，并按照家属的请求，调解人员帮他们做了一份赔偿金的分配协议。至此，这件意外死亡事故得到了妥善解决，死者家属也非常感谢社区调解办的及时、稳当、妥善的处理。"

实际上，在2007年全年的时间内，六约社区调委会共调处各类非因工死亡的案件11宗。人民调解的基层组织尽力让死者家属在失去亲人的同时，感受到社会的温暖。

"2007年12月18日，六约新×伦公司所租的宿舍因旧城改造，到期的租赁合同将不再续签，厂方也计划搬厂。员工得知后不愿意搬迁，并于当日下午到街道劳动站上访，要求厂方给予经济补偿金。第二天上午10：00左右，在劳动部门尚未处理的情况下，工厂员工100余人向市政府方向行走，计划到市区上访。得知情况后，我们即刻向社区领导、六约派出所、街道应急指挥中心汇报，并立即赶赴现场，劝说员工回厂，直至布吉李朗路口处才截住工人，同时要求新×伦厂老板从香港立即赶回处理。下午1：30左右，新×伦厂老板到达现场，经过我们悉心疏导、耐心劝解，员工终于稳定了上访的激动情绪，回到六约社区大院接受处理。晚上7：00左右，在我调委会的耐心细致的调解下，劳资双方达成了协议，一起群体性上访的事件最终圆满解决。"

2007年是中央提出的"矛盾纠纷排查化解年"。当时情况显示，这一时期的群众大规模集体上访明显增多，群众大规模集体上访目前已经成为群体性事件最为常见的表现形式。

在六约社区，类似于这类群体性上访事件，通过人民调解组织及时反馈，联合相关部门共同处置，已成为该社区化解矛盾纠纷的惯例。由于调解部门矛盾化解的娴熟经验和行之有效的方式、方法，能够在较短的时间里妥善化解群体性上访事件中的矛盾，迅速处理和回馈上访群体的诉求，因此保得了社区的"一方安宁"。

资料显示，2007年六约社区共调解了各类矛盾纠纷774起，涉及人数2384人，涉及金额29497721元，调解成功率达96％。其中工伤7宗，涉及金额366881元；死亡11宗，涉及金额1114923元；工厂倒闭10宗，涉及人数390人，涉及金额483602元；群体性罢工5宗，涉及人数403人，涉及金额193688元；群众经济、宅基地、房产、合同纠纷8宗，涉及金额132751元。整个社区没有发生一件因民间纠纷引发的群体性上访或“民转刑”案件，真正做到了“小事不出组，大事不出社区”，有效地维护了矛盾双方的合法权益，化解了矛盾纷争可能引发的不安定因素。

这正是一个“陌生人社会”里人民调解的实践。成熟的六约调解组织，已经在化解社区内大小矛盾纠纷的具体工作中，成为新型社会关系中的实践样本。

12.4 “六约模式”和“枫桥经验”

在2007年4月20日出版的《中国新闻周刊》，刊发了《人民调解员制度：熟人社会解体后面临尴尬》、《调解：没落还是复兴》等系列专题文章，在达1.3万字的文章中，将法学界、社会学界内的一个讨论命题，通过传媒传递至社会大众。

这一时期摆在各级决策者、专家学者和社会大众面前的，的确是一个无法回避的难题：传统的人民调解员制度，就普遍性而言，的确有逐步衰落之势。

“事实上，半个多世纪以来，在法院大门之外，有一种行之有效的柔性缓冲力量，那就是人民调解员。他们依靠道德公约、民间智慧，以及熟人之间唇齿相依的情感和利益权衡，一次次介入中国社会的家长里短，起到了‘息讼’的作用，”《中国新闻周刊》记者在报道中分析说：“现在的问题是，随着中国人城乡大迁徙，以及体制外人员的激增，传统熟人社会正在解体，这让依附于熟人社会土壤上的人民调解员，面临日渐尴尬的处境。”

“若不打官司，民间纠纷，谁来解决？从长远的法制社会要求来看，人民调解员制度，该何去何从？”记者不禁如此发问道。

这个时候，让人不得不回顾人民调解员制度在中国这个古老的东方国度的发展历史：

新中国成立后，1953年召开了全国司法工作会议，会议决定在全国有领导、有步骤地逐步健全人民调解组织。直到1954年3月22日《人民调解委员会暂行组织条例》颁布施行，人民调解委员会的运作迈入规范化阶段，在旧法统被摧毁、新法制体系尚未健全的情况下，人民调解委员会对于社会各领域的纠纷尤其是伦常生活中的纠纷解决发挥了至关重要的作用，这与国家司法机构服务于阶级斗争需要、巩固革命成果的职能定位形成鲜明对比。因此在民事领域人民调解委员会处理的案件往往是人民法院处理案件的数十倍，这种状况一直延续到改革开放初期。

在这期间涌现出的“枫桥经验”，不得不回顾一下。

20世纪60年代初，浙江省诸暨市枫桥镇干部群众创造了“发动和依靠群众，坚持矛盾不上交，就地解决。实现捕人少，治安好”的“枫桥经验”，毛泽东同志批示“要各地仿效，经过试点，推广去做”。“枫桥经验”推向全国后，成为全国政法战线一个脍炙人口的典型。

之后，“枫桥经验”得到不断发展，形成了具有鲜明时代特色的“党政动手，依靠群众，预防纠纷，化解矛盾，维护稳定，促进发展”的枫桥新经验，成为新时期专门工作与群众路线相结合的典范。

这是人民调解制度在中国数十年的发展与实践中，最广为人知的来自基层的经验——“枫桥经验”。

“在人际关系、法制观念等已经发生了巨大变化的今天，人民调解员还能起到多大的作用？”这是21世纪初以来，无论是学术领域还是现实生活中经常出现的一句话。

我们先了解一下全国的数据。

中国人民大学教授郑杭生和博士黄家亮在《论现代社会中人民调解制度的合法性危机及其重塑》的论文中介绍道：“根据司法部副部长胡泽君的统计，从1980年到2003年，二者（人民调解和民事一审受案数——编者注）的比例已从17：1下降到1：1”。

在该专业论文中，他们将1986年以来人民调解和民事一审受案数以及二者的比例进行了列举。

“从受案数量来看，在1992年前，人民调解的受案数虽总体呈逐年下降趋势，但还偶有回升；1992年后，这一数字则是直线下降；从1986年到2003年，受案数下降接近40％。与此形成鲜明对比的是民事一审受案数则是大幅度的直线上升，从1986年到2003年，受案数上升4.5倍。而人民调解和民事一审受案数的比例更是直线下滑，从1986年的7.38：1下降到2003年的1.02：1。我们完全可以预言，如果没有有效的制度创新，人民调解制度的地位会进一步下降。”

我们再看看这一时期的六约社区的逐年数据：

2000年：六约人民调解委员会成功地调解纠纷336宗，涉及人员1362人，涉及金额1940967元，调解成功率达100％。该年纠纷案件比1999年有所下降，相比1999年463宗减少了127宗。

2001年：截至当年11月，六约调解委员会成功地调解纠纷193宗，涉及人员637人，涉及金额1652250元。

2002年：六约调委会成功地调解各类纠纷188宗，涉及人数946人，涉及金额1354899元，调解成功率达100％。

2003年：六约调委会成功地调解各类纠纷合计177宗，涉及人数1371人，涉及金额1841549元，调解成功率达99％。

2004年：六约调委会共处理案件519宗，涉及人数1502人，金额1516997元。

2005年：截至当年11月28日，六约调委会共处理矛盾纠纷500宗，涉及人数1901人，涉及金额2946173元。

2006年：截至当年12月15日，六约调委会共处理矛盾纠纷762起，涉及人数3204人，涉及金额3738681元，调解成功率达96.5％。

2007年：六约社区共调解了各类矛盾纠纷774起，涉及人数2384人，涉及金额29497721元，调解成功率达96％。

显然，六约社区与全国层面的人民调解工作存在着非常迥异的情况。就全国而言，人民调解委员会制度面临前所未有的困境和尴尬，因为一方面社会矛盾纠纷日趋复杂多样，另一方面作为传统纠纷解决机制的人民调解制度的生存空间日益逼仄。

但在深圳龙岗区的六约社区，人民调解工作自新世纪以来在数量和涉及金额上却在大幅度增长，甚至2007年涉及调解金额近3000万元。这一情形既验证了珠三角地区等城市化先行区在社会转型期间矛盾诉求集中、多发的客观现实，又反映出人民调解的巨大工作量以及大力推行人民调解工作的极端重要性。

以上的这一不同情形，也进一步证明“六约模式”的实际效果和能力。

我们不妨这样认为：如果说“枫桥经验”对应的是中国20世纪以来的传统农村社会的“熟人社会”，那么，“六约模式”恰如其分地对应着的，是在中国沿海地区尤其是先行发展的珠三角地区的快速“城市化”的“陌生化社会”。

肆

时代之思

转型发展阶段（2008年年初至今）

第13章　新劳资时代和矛盾纠纷潮

13.1　《劳动合同法》实施及其背景

第十届全国人大常委会第二十八次会议于2007年6月29日通过的《中华人民共和国劳动合同法》（以下简称《劳动合同法》），一经公布便引发社会各界关注。

《劳动合同法》出台给社会诸多层面带来了巨大变化，并在一定程度上促进了经济发展模式的变化和企业结构的升级变革。但它在企业员工、企业家群体以及政府维稳部门等关联机构中产生实质性影响，则是在2008年1月1日后了。

我们先还是记录一段彼时的插曲。

2007年七八月份，经济学家茅于轼的一篇文章引发社会热议。那篇题为《为富人说话，为穷人办事》的文章，虽然不足2000字，但是带来的各种争议可谓沸沸扬扬。

茅于轼先生在文中开门见山地说道："现在为穷人说话的人很多，替富人说话的人很少。另一方面，为富人办事的人很多，为穷人做事的人很少。"他认为："光为穷人说话是不够的，他们需要的是踏踏实实地做事。要帮助他们的孩子能够上学，有病时有钱看病，搞生产时有钱买化肥农具，或能进城打工，碰到个别老板欺侮时有人帮他们维权"，"我也赞成为穷人说话，他们的权利也需要保护。但是我反对为了讨好舆论，哗众取宠，说的话最终对穷人不利。比如鼓动穷人反对富人，宣传富人有罪，宣称穷人和富人势不两立，制造剥夺富人的理论。"

"让我们勇敢地去做吧！"这是文章的最后一句，表明了这位经济学者鲜明的自我态度。

与此同时，这位当时已近古稀之年的经济学家，正在进行着知行合一的实践：从事小额贷款扶贫工作，办富平学校帮助农民成市民。但这些事情，并未被当时的媒体关注，而是在数年后，这些具体举措才为媒体所深入报道，得到社会迟来的关注。

不少人士对茅于轼的看法提出针锋相对的批评。旅美学者薛涌便认为"茅先生所谓'替富人说话，为穷人办事'，透露了当今中国新贵的一种极度傲慢的心态。这种理念其实早被任志强表达了：开发商就不该为穷人盖房，穷人应该指望富人多赚钱，然后多缴税，那样政府才能更有资源解决穷人的问题……"

一时间，围绕"为富人说话，为穷人办事"，为谁说话为谁办事，在媒体界、

新时期的劳资纠纷让专职的讨薪律师一时应接不暇。

网络空间里引起较大范围的讨论和反响。

倘若对文章《为富人说话，为穷人办事》所处的社会背景进行考察的话，多少能够理解这场群体性的评议。这正是整个社会对于贫富分化、社会公正等词眼热切关注的反映，也是彼时某种社会共同心理的一次较为集中的宣泄。

通过这则事件，人们多少可以窥见《劳动合同法》出台前后的一些社会情绪。

于经济和社会步入转型期的中国而言，《劳动合同法》的颁布实施，实际上是对全社会的一次集中考验。

对新颁布的《劳动合同法》的具体内容和细则，我们就不赘述，还是从社会学家孙立平的眼中来看待这一时期的整体状况，进而来理解《劳动合同法》实施背后的中国社会。

2007年9月26日出版的《南方周末》，刊登了该报专访清华大学社会学教授孙立平的长篇访谈录。

对于财富分配和贫富差距，孙立平谈到三个观点："第一，贫富分化已经成为我们这个社会的严峻现实。第二，贫富分化开始定型为社会结构。第三，在社会定型化背景下，新的财富分配过程在开始。"

在访谈中，这位社会学家引用了当年8月8日亚洲开发银行发表《亚洲的分配不均》研究报告中的相关数据，“在22个纳入亚行研究范围的国家中，中国的贫富差距成为亚洲之冠。在衡量分配不平等的两个常见指标中，收入最高的20％人口的平均收入与收入最低的20％人口的平均收入的比率，中国是11倍，高出其他国家一大截；基尼系数，2004年中国的数值是0.4725，仅比尼泊尔的0.4730略低，远远高于印度、韩国等国家和地区。亚行指出，从1993年到2004年，中国的基尼系数从0.407扩大到0.4725，已达到拉丁美洲的平均水平”。

这是正处身于经济和社会转型中的中国社会的严峻现实。而《劳动合同法》的制定者们不能不关注到这些信息。

13.2 劳资关系新时代

2007年11月下旬，已经到了《劳动合同法》的实施前夜。深圳龙岗平湖街道的一桩极端案例，还是让人揪心不已。

位于平湖街道新厦工业城内的一个手袋加工厂，这个普通的个体企业却因一位员工的讨薪而备受关注。云南籍务工者杨增朝要求厂方支付工资以便其迅速离厂，讨薪未果后情绪激动的他在工厂写字楼找到一瓶“白电油”往自己身上浇泼，以恐吓该厂负责人，进而打开火机引燃“白电油”导致严重烧伤。

务工者对于危险化学品安全知识的空白以及厂方对于务工者缺少关爱、缺乏人性化的管理办法，最终酿成这样一起悲剧。这一事件引起了云南省领导的关注，云南省劳动部门随后赴深解决。

这显然是劳资关系大背景下的极端案例。

事实上，到了2007年的下半年，在《劳动合同法》即将实施前夕，无论是外资、国企、私企，还是事业单位，很多都在忙着“规范”用工形式。

《南方周末》在2007年11月29日刊发的《劳动合同法：越来越大的冲击波》一文中，指出：“伴随着大裁员的是学法热，这至少显示，劳动合同法的尊严或将确立——这是一部大家打算遵守的法律。当中国正在向以法治为核心的市场经济转型之时，守法意识以及执法的社会土壤的加强，对中国的意义尤为珍贵。”

对比国内前后劳动方面的相关法律规定，人们可以清晰地发现，新的劳动合同法对于劳动者的保护力度明显加大，有些规定甚至走在世界前列。

此前在社会上出现的各种劳动者维护权益事件，诸如血汗工厂、黑砖窑、跳楼甚至自焚以死讨薪等悲惨案例，并不少见。人们似乎都在期待着《劳动合同法》的实施。

对于珠三角地区不少处身于工业化、城市化进程中的村社、镇街，眼下的这部新法，究竟意味着什么?

在深圳市龙岗区六约社区，社区党总支书记、社区股份合作公司董事长陈醒光，社区居委会副主任、治保主任、调委会主任李胜强，以及在这个社区里工作和生活的企业主、居民与外来打工者们，都在商议着这个共同的话题——《劳动合同法》。

这究竟是谁的冬天?

当时的情形是，有人在欢呼、有人在学习、有人在争论、有人在抱怨、有人在指责，有人甚至想方设法规避新的《劳动合同法》。但无论如何无法回避的是，遵守新法的明显结果是，众多企业的人力成本开始增加，而工人的基本权益和工资开始得到更为有力的保障。

《南方周末》在报道中认为："按照当下10％—20％左右的流动率，企业劳动力成本将上升。据一家知名会计师事务所的客户资料显示，中国制造企业的人力成本将提高10％—50％。不过，一种流行的观点认为，增加的这些部分只是对过去多年剥削劳工的矫正。"

"在经历了人民币升值、环保压力增加、出口退税调整、土地成本增加等一系列成本增加之后，并且面对着原材料价格飞涨、信贷紧缩等复杂的经济形势，许多'中国制造'的利润空间已经饱受压缩，劳动力成本的上升绷紧了企业主的神经。"《南方周末》的文章如此写道。

在企业主们的神经被绷紧的背后，另一个更为庞大群体的切身利益也不容忽视。当时的中国，还有数亿的劳动力正在等待从农村转往城市，城市则每年"生产"着六七百万的大学毕业生。劳动就业者群体往何处去，如何保护这一群体的相对处于低水平的利益，成为全社会不得不让人深思的命题。

这一部与国人关系密切的法律法规，对于中国社会的触动与影响，由此可见一斑。

因此，在对《劳动合同法》激烈争辩的同时，不少媒体表达出鲜明的观点：自《劳动合同法》施行之日起，中国劳资关系的历史车轮骤然转向，劳动者的利益以法律条文的形式得到了前所未有的保障。

新的《劳动合同法》的颁布实施，坚定不移地开启了一个劳资关系新时代的开端。《数字商业时代》在2008年年初的《劳动合同法遭遇冰山》专题中认为："中国不再将廉价劳动力作为国际分工中的竞争优势，中国的劳动力价格和劳动者地位将放弃长久以来的低廉姿态，中国的企业家也必须从这一刻开始寻求创造更高利润的新途径。”

在一部法规的颁布和实施所席卷的大潮中，无论是深圳市或者作为工业大区的龙岗区，还是普通而又典型的村社六约，这个国家所历经的种种状况，它们都真实而贴切地经历着。

来自六约社区的各种信息显示：劳资关系新时代的来临，切实改变了六约此前的劳资关系，人民调解工作也面临新的形势。

13.3 一个城区的应对方略

就在全国激烈评议新的《劳动合同法》的时候，深圳龙岗平湖务工者杨增朝惨烈的讨薪方式引发了多方的关注。

这一事件背后，龙岗区司法行政部门对于社会矛盾纠纷的发生趋势，已有研判。

“近年来，随着社会主义市场经济体制的不断发展完善和龙岗区推进城市化和特区内外一体化进程的逐步加快，我区民营、外资、高新技术等各类企业不断增加，经济开发区和各种类型的工业区等不断涌现，推动了我区经济的繁荣发展，”龙岗区司法局在2007年上半年的一份文件中，如此说道：“但是，在经济发展的同时，各类矛盾纠纷也呈现日益增多的趋势，尤其是部分规模企业和一些特定区域、特定行业在客观上已经形成一定的‘小社会’，一些矛盾纠纷由于得不到及时有效的化解，甚至激化为刑事案件和群体性事件，影响了企业、行业的生产经营和健康发展，也给社区乃至整个社会的稳定带来不利影响。”

2007年4月23日，龙岗区司法局在《关于进一步加强企业、区域性、行业性调解组织建设的意见》中表示，为应对这一情况，开始在全区范围内与各级司法行政部门进一步加强企业、区域性、行业性人民调解组织建设。

这份文件内容显示：“企业人民调解委员会是企业内部调解民间纠纷的群众性组织，在本企业党组织或行政领导下工作。区域性人民调解委员会是在特定的行政区域、特定的生产、生活地区建立的人民调解组织。行业性人民调解委员会是特定行业、社团组织建立的人民调解委员会。”

在企业调解组织的具体设置上，文件要求300人以上企业应当设立人民调解委员会；300人以下企业可根据需要建立人民调解委员会或至少设立一名调解信息员。规模较大的企业除设立人民调解委员会外，车间可设调解小组，班组可设调解员。大型企业的人民调解委员会可设在分厂或较大车间。

该文件显示，街道接边地区可以建立联合人民调解委员会；集贸市场、经济开发区、工业区、商品集散地、工程工地、流动人口聚集区等可以统一在辖区内设立人民调解委员会，辖区内各企业亦可设立人民调解委员会、调解小组或调解员（信息员）；保险、消费者协会、私营企业协会、个体经营者协会、残联、物业管理协会等行业性管理机构或社团组织可以在本行业系统或社团组织设立人民调解委员会。

大力建设企业、区域性、行业性人民调解组织，究竟有着怎样的意图？

对于龙岗区这一时期的矛盾纠纷现状，龙岗区司法局局长何旅华如此认为："当前龙岗区社会矛盾纠纷，开始呈现出许多新的特点，比如：纠纷性质趋于多样化、复杂化；突发型、有组织型纠纷逐渐增多；群体性事件参与人数更加规模化；纠纷当事人行为偏激化程度加剧等等。"

"人民调解如何与时代的发展'合拍'，是我们应当认真思考的问题；人民调解最大限度地把矛盾纠纷解决在基层，化解在萌芽状态，是我们的工作目标所在。"何旅华这样认为。因此，社会矛盾纠纷"大调解"体系在随后的实施推广，成为龙岗区司法行政部门继"六约模式"之后的又一重点工作。

龙岗区这一时期的矛盾纠纷发生数，以及司法行政、劳动监察、工会等各级相关部门所协调处理的案件数量，可以清晰地反映出这一现象。龙岗区劳动部门的资料显示，仅2007年1月至9月，龙岗全区劳动信访机构共接待群众来访14799批46275人次；1月至9月共处理劳动争议案件3020宗，立案2670宗，涉案人数14019人，涉案金额16842万元。

时隔一年，对于基层政府而言，维稳和矛盾纠纷调处化解工作的压力进一步增加。客观而言，《劳动合同法》的实施，在一定程度上增加了基层综合维稳的压力和负担。

正是在这一背景下，2008年3月龙岗区政府下发了《关于深化"大综管"构建社会矛盾纠纷"大调解"体系实施意见》，其目的就是为了"进一步强化新形势下社会矛盾纠纷的调处能力，构建以人民调解为基础，人民调解、行政调解、司法调解有机衔接的社会矛盾纠纷'大调解'体系，有效维护社会稳定，实现全区的长治久安"。

这一方案的详细内容显示，"大调解"体系就是构建以人民调解组织为基础，以国家行政机关为中坚，以司法机关为后盾的集预防、排查、控制、调解、处理于一体的"大调解"组织体系，实现调解资源大整合、调解体系大健全、调解机制大联动、调解职能大提升，以"大综管"带动"大调解"，以"大调解"促进"大和谐"。

对于工作目标，《关于深化“大综管”构建社会矛盾纠纷“大调解”体系实施意见》明确为：建立人民调解、行政调解、司法调解相互衔接、互动和资源共享的大调解的工作机制，实现“三下降、三提高、三不出、三防止”的工作目标。即：“民转刑”案件下降、涉法涉诉信访下降、民事诉讼案件下降；人民调解成功率提高、民事诉讼调解率提高、行政投诉案件调解率提高；使一般纠纷不出社区、较大纠纷不出街道、重大疑难纠纷不出区；防止发生恶性群体性事件，防止发生恶性“民转刑”案件，防止发生集体越级上访事件，达到预防、化解、减少矛盾，维护社会和谐稳定的目的。

可以说，“大调解”体系的构建，是龙岗区上下为了应对城市与社会管理难题、化解矛盾纠纷及群体性事件重荷的具体方略。

13.4 集体诉求激增与社区化解

行文至此，先看2008年1月至4月，新的《劳动合同法》实施4个月后，一个村社实际运行的图景。

六约社区人民调解委员会的报告里，清晰地记录了这些：“2008年1月至4月，我调委会一共处理矛盾纠纷241宗，涉及人数2394人，涉及金额4159025元。比2007年同期211宗上涨14％。”

他们在数据后面添加了解释性的话语，让我们窥见了一项全国性法律实施后对于基层村社的影响——“与去年不同的是，由于新劳动合同法及两项司法解释出台以后，员工普遍对此有所误解，集体向企业追讨两年加班工资及买断工龄，故使大量的群体性上访案件增加”。

来自六约社区最直接的信息显示，一方面矛盾纠纷数量同比增加一成多，另一方面个体性诉求开始转变为集体性诉求。

六约社区调委会主任李胜强介绍说，六约社区是龙岗区横岗街道较大社区之一，拥有外来流动人口10余万人，各类企业400余家，当时正处于产业结构调整，社会发展转型，城市化深度推进，各类社会矛盾多元高发的社区发展新历史时期。2008年1月由于新《劳动合同法》实施后，辖区企业员工与企业之间的纠纷主要以追诉加班费为主。这类纠纷追诉时间长（有追诉两年的）、追诉的加班费差额大、涉及人数多并且以经济补偿金为主。

在《六约社区调解委员会2008年度上半年工作情况报告》中，我们发现了这个基层村社对《劳动合同法》的真实评价和认识：“《劳动合同法》的颁布实施一方

焦虑，纠葛，等待化解……

面完善劳动合同制度，明确劳动合同双方当事人的权利和义务，保护劳动者的合法权益，为构建和发展和谐稳定的社会劳动关系创造条件；另一方面也给微观层面，处于最基层工作层面的社区工作提出巨大挑战。”

事到如今，六约社区调委会组长陈志雄还依然记得2008年调解工作的种种难题：

“那个时候正是《劳动合同法》的颁布和刚刚实施，关于加班工资追讨期限为两年的司法解释，对于许多人来说都是新事物。对新法律法规和相关的司法解释，无论是工厂员工还是企业老板们都不甚了解，一方面法律法规的宣传普及需要一个过程，很多工厂员工对法律法规一知半解，触发盲目群体性矛盾；另一方面企业法人、负责人对新法律法规也不甚了解，无法与员工进行有效沟通，这给调解工作带来相当难度。同时，某些存在争议的焦点，也使我们调解工作难以有效地开展。”

2008年的年终总结显示，六约社区调委会在该年共调解各类矛盾纠纷案件813起，涉及人数5465人，涉及金额达1148万元，调解成功率达到97%。统计的具体数据则包括：其中死亡9宗，涉及人数35人，涉及金额430563元；工伤10宗，涉及人数13人，涉及金额90429元；倒闭9宗，涉及人数830人，涉及金额4024433元；群体性罢工18宗，涉及人数2676人，涉及金额3604680元；婚姻纠纷1宗，涉及人数2人；扶养纠纷1宗，涉及人数4人；邻里纠纷1宗，涉及人数3人；房屋宅基地纠纷2宗，涉及人数4人，涉及金额28387元；债务纠纷1宗，涉及人数2人，涉及金额60000元；合同纠纷3宗，涉及人数7人，涉及金额595000元；民事纠纷7宗，涉及人数85人，涉及金额50600元。

六约社区统计显示，即便这一年，该社区还是“没有一例因民间纠纷引发的群体性上访、群体性械斗或‘民转刑’案件，没发生一例因调解不当或调解不及时而使矛盾激化转为刑事案件，也没有发生一例签订了调解协议后反悔或到其他部门上访投诉的案件”，依然做到了“小事不出组，大事不出社区”。

年度数据分析比较得出，2008年总体来说，与2007年相比矛盾纠纷在数量上的增长率为5%，案件总数没有出现大幅增长，但是涉及的人数及金额则大幅提升，相比2007年的2348人，增长率为129%，原因在于个体矛盾纠纷的相对减少，集体矛盾纠纷骤然增多，如群体性罢工增长案件总数超过1倍，涉及人员数是2007年同期的10倍，涉及金额是2007年同期的1.5倍。

六约社区相关负责人当时便解释了这一原因：主要原因在于《劳动合同法》的颁布及实施，关于加班工资追讨期限为两年的司法解释。

这给基层人民调解工作带来了重重困难和挑战。据介绍，六约社区调委会的工作人员，为了应对这一局面，只能加班加点分层次分阶段与工人协商，讲解法律法规，遇到重大的群体纠纷还需要通宵达旦地工作……

光有工作干劲和认真，对于基层调解工作而言也许还只够一半，另一半则是工作思路与方式方法。

已经成熟的“六约模式”，在面临大规模的劳资关系新局面时，又该如何办？

“探索人民调解衔接新途径”，已成为六约社区的重要工作。这包括如下内容：

及时做好社区矛盾纠纷的排查工作，抓住要害部位、关键环节、主要矛盾，切实把工作做实、做细，不留死角死面。

通过排查做到三个“心中有数”，即对过去排查出来的未解决的矛盾纠纷心中有数；对本次排查出来的矛盾纠纷及时解决情况心中有数；对可能影响本单位、管区稳定的重大、复杂、疑难纠纷心中有数。

在排调中，做到早发现、早控制、快调处，把矛盾纠纷及时消灭在基层，防止和避免排查不及时、调处不及时导致矛盾激化或诱发新问题，严控信访案件的发生和矛盾激化。

到这个时候，你不得不惊叹，这个身处最基层的人民调解组织，通过这一年忙忙碌碌的工作，让这个社区“小社会”多了份安定与和谐。

第14章　金融危机和后六约调解时代

14.1　社区的危机

时间之河里，有时候某个瞬间，不经意间便成了一段难以忘怀的历史，一段众说纷纭的传奇。

用这来形容2008年9月肇始的国际金融危机，并不为过。

是年9月15日，美国雷曼兄弟公司破产，拉开了席卷全球的金融危机序幕，全球经济陷入二战以来最严重的衰退。大洋彼岸的危机，迅速传递到了早已与世界经济起伏波动紧密相连的东方中国。

在堪称“中国的窗口”的深圳，外向型经济特征尤其明显，密布在这座城市每个角落的企业公司，在世界性金融危机到来之时所受的牵动尤其深刻，甚至可谓刻骨铭心。

深圳龙岗为数甚多的中小企业，更多地依赖“三来一补”订单和外贸业务，因此其在风雨突袭时的慌乱情形就可想而知了。

企业的一举一动，必然牵动企业所在地的一草一木。因此可以说，作为企业栖息地的众多社区，也较早、较直接地接受了金融危机的洗礼。

这一期间，为预测加工贸易形势，了解企业的具体诉求，龙岗区贸工局的工作人员针对全区加工贸易出口超千万美元的企业，开展了问卷调查。

一篇名为《龙岗区加贸出口超千万美元企业问卷调查结果分析》的文章，透露了贸工部门的分析结果：

“调查发现，2009年企业订单普遍下降，整体形势不容乐观，但多数企业都能坦然面对危机，积极谋划。不少企业认为，新《劳动合同法》在一定程度上激化了劳资矛盾，建议调整实施细则或暂缓执行。因为企业普遍面临资金紧缺的困难，希望政府帮助解决融资问题、减免各项税费的呼声日高。”

据介绍，2009年年初，龙岗区贸工局此番以2008年龙岗区加工贸易出口超千万美元的企业为受访对象，共发送193份调查问卷，实际回收108份。这108家企业2008年的直接出口为39.6亿美元，占全区加工贸易出口的31.6%。

龙岗区贸工部门在分析报告中写道：“整体来看，2009年企业订单比去年减少28.47%，用工人数同比减少19.13%，企业平均开工率为86%，加班现象大大减少。可以看到，经济危机对我区外贸经济造成了一定影响，以往招工不易、供电不

金融危机，工厂倒闭，老板逃逸。一名没拿到工资的女工仍守在宿舍楼。

足、加班赶工等普遍现象在今年比较少见。

“从行业来看，五金、塑胶、制衣、制鞋、钟表及其零配件等行业受到的冲击最为严重。其中五金、塑胶业是我区传统支柱产业，在这轮经济衰退中不可避免地受到冲击；制衣、制鞋、钟表及其零配件属于劳动密集型产业，在市场需求萎缩的情况下，由于人工成本难以下降，感受到的压力最为沉重。

“从最新出炉的数据来看，今年一季度我区外贸出口累计51.73亿美元，同比下降8.19%，其中加工贸易出口26.51亿美元，同比下降14.03%。”

实力和抗风险能力相对强的出口大企业尚且如此，龙岗区为数更巨的中小企业尤其是“三来一补”企业，情何以堪?

显然，金融危机的第一波是对企业尤其是“三来一补”企业的冲击，随之便波及众多社区的经济和发展，并最终影响至社区日常事务。长期以来，珠三角地区依靠这些企业形成的“两租”经济（村集体的发展靠厂房出租、村民的经济收入靠房屋出租），在金融危机的冲击下，似乎正走向终结。这一经济现象，不仅仅影响到企业主们和务工者，而且还深刻地影响到社区及社区居民的信心。

事实上，自国际金融危机爆发以来，龙岗区的社区股份合作公司就一直面临

“寒冬”。以出租经济为主要特征的社区经济是不是走到了尽头，下一步该往何处去，成为2009年龙岗区重点关注的焦点问题。据了解，社区经济的发展成为龙岗全区上下最为关心的问题之一，龙岗区发改部门一度将社区经济的发展列为“1号”研究课题。

站在国际金融危机爆发后的许多个时间节点上，关注宏观经济的人们可以感到虽然“最困难的时期已经过去”，但依然知道危机远未结束，旧有的经济发展模式不再适应现状，而探求一条可持续发展的振兴之路显得尤为迫切。

但是对于社区经济振兴而言，从危机中寻找机遇，彻底告别传统发展模式和曾有的经济形态，显然并非一朝一夕之事。

这是社区的现状，也是人民调解新格局下的新状况。

14.2 短暂的劳资倒置现象

在六约社区2008年上半年的总结中，记录了这样一个企业的案例：从这一年年初开始，位于六约社区牛始埔居民小组的永×塑胶厂，因为《劳动合同法》的法律法规和相关司法解释的颁布和实施，陆续爆发工人罢工事件。

“工人在不同时间段，以不同的组合，分批次罢工，要求追讨两年的加班费工资差额，要求厂方买断工龄对工人进行补贴后才同意继续上班”。

在六约社区2008年度《调解协议书》的汇总中，12份《人民调解协议书》清晰地记载着这一劳资纠纷的情况。

“这是我社区比较典型的案例，也是涉及金额较大，延续时间最长的案例，”六约社区调委会的工作人员如此介绍。

其中编号为C596的《调解协议书》记载着9位员工的诉求：“何某某等9人系永×胶袋制品（深圳）有限公司员工，分属不同部门。2008年2月20日9人以厂方超时加班，加班工资没有足额发放，没有为员工购买社保为由申请仲裁，要求厂方支付加班工资差额。2008年4月18日，9人向仲裁委员会提出撤诉申请，要求与厂方调解，希望通过协商解决。”

六约社区调委会介入后，经调解，双方在熟悉相关劳动法律法规的前提下，自愿达成了这样的协议：

“9名员工向仲裁委员会申请撤诉，申请调解协商解决；9名员工加班费的差额，根据各人的在职时间计算，按照80元/月补偿，在职时间超过2年的加班费差额为2000元；由于双方在达成调解协议之前，仍存在劳动关系，厂方现基于员工多年的贡献，给予一定的经济补偿。补偿的标准根据各人的在职时间及标准工资计算，工作不满半年补偿半个月，工作满半年不满一年补偿一个月，每一年补偿一个月，但最高不超过12个月，并按照经济补偿总额的70％由厂方一次性支付。

“9位员工领取厂方支付的加班费差额及经济补偿后，自愿承诺放弃追诉其他一切权益，包括追讨加班费差额、经济补偿金、额外经济补偿金、赔偿金、购买社保等所有权利，并承诺不再以任何理由，向厂方提起仲裁或诉讼。员工领取补偿款项后结清工资即时离厂，双方劳动关系、社会经济关系随即解除。”

另一份员工补偿一览表，也清晰地记录了新《劳动合同法》实施后的这一劳资关系的真实生态。以下便是2008年5月14日该企业为22位员工补偿的实际情况：

表1　李运新、田卫红、陈德新、肖文成等22人
解除劳动关系经济补偿金及两年加班费差额一览表

序号	姓　名	入职日期	月收入（元）	工龄（年）	70%（元）	加班差额（元）	合计（元）
1	李水财	1997-11-01	1680	11	12936	2000	14936
2	周国庆	2002-03-10	1550	6.5	7052	2000	9052
3	付超龙	1997-02-22	2040	11.5	16422	2000	18422
4	廖小超	2003-04-18	1450	5.5	5580	2000	7580
5	黄　英	2001-02-06	1250	7.5	6562	2000	8562
6	周雪英	1993-05-07	1750	15	14700	2000	16700
7	李惠敏	2000-07-14	1070	8	5992	2000	7992
8	李银华	2003-10-22	1250	5	4375	2000	6375
9	韩月英	2004-08-24	1050	4	2940	2000	4940
10	罗志春	1999-07-17	1230	9	7749	2000	9749
11	曾林生	2002-02-25	1100	6.5	5005	2000	7005
12	李运兰	2005-03-15	1000	3.5	2450	2000	4450
13	李长英	2002-08-24	1070	6	4494	2000	6494
14	徐凤霞	2006-02-11	980	2.5	1715	2000	3715
15	马冬支	1999-03-28	1100	9.5	7315	2000	9315
16	冉华容	2001-08-22	1750	7	8575	2000	10575
17	金小兵	2000-10-16	1750	8	9800	2000	11800
18	卢才茂	2000-09-24	1230	8	6888	2000	8888
19	肖文成	1992-08-13	2080	16	17472	2000	19472
20	陈德新	1997-04-19	2400	11	18480	2000	20480
21	田卫红	1997-03-15	2500	11	19250	2000	21250

（续上表）

22	李运新	1997-10-09	2040	11	15708	2000	17708
合计							245460

六约社区调委会工作人员介绍说，诸如此类的多人诉求，持续了很多批次。最后经过协商，截至2008年5月，双方才达成一致意见，厂方拿出100多万元解决此事，给予工人加班工资补偿，同时与愿意留下的员工签订劳动合同，为工人购买社保，对于不愿继续留厂的结算工资离厂，工厂这才恢复正常状态。

这个塑胶厂的劳资关系，是《劳动合同法》颁布后出现的真实情形，曾长期维持的资方在劳资关系中占据绝对强势地位的局面，开始一步步松动，甚至在短暂时间内从强势转为弱势。综合观察这一时期，企业员工的诉求开始增多，一度让不少企业经营人员大发感慨："现在是我们求员工了。"

随着2008年1月1日《劳动合同法》的实施，法律条文中抽象的劳资关系，进入基层村社企业中，就演变成一个个鲜活的案例以及一个个亟待化解的诉求。因此在这一背景下，六约社区的人民调解员成为劳资关系平衡的不二人选。

这一切，到了2008年年底随着金融危机的爆发，使得大部分企业劳资关系更加微妙：企业运营状况出现程度不一的困难，员工工资收入开始有所下降，工作量有所减少甚至出现停工状态，这一时期劳资双方开始逐步认识到双方在金融危机面前成为了利益共同体，"相互支持、抱团取暖"是更具现实意义更符合自身利益的出路。

另一方面，为了抵御国际金融风暴的冲击，在深圳各级政府的大力倡导下，一场主题为"企业爱员工、员工爱企业"的活动拉开序幕，号召企业与员工共渡难关，实现经济平稳快速发展。

综合观察，由深圳市、龙岗区、街道各级工会、商会、民营工委等多个单位参与的名为"双爱"的活动，在实际效果上也有利于促进劳资关系的和谐稳定。

14.3　"后六约模式"的深圳调解

时间进入2009年，距离2005年9月龙岗区全区推广人民调解"六约模式"，已经四年有余。

"六约模式"在深圳市尤其是龙岗全区遍地开花，这对于一个地区的综治信访维稳作用究竟如何？在"六约模式"推行后的龙岗区，城市与社会形态又发生了什么变化？"六约模式"推行后，基层又有哪些鲜活的经验？

我们以地处深圳、东莞交界的龙岗区平湖街道为例探讨这些问题。这只是普普通通的一个样本，平湖街道的发展与变迁，映照的正是珠三角地区星罗棋布的镇街身影。

进入2008年尤其是金融危机爆发之后，平湖街道遭遇产业与社区经济后劲不足、经济发展动力的逐渐衰竭、镇街主体的逐渐“边缘化”等一系列问题，也正是众多镇街群体遭遇的共性问题，它面临的现实也多少代表了深圳此前关外镇街的艰难一面。

经济发展困局的另一面，则是社会矛盾纠纷化解的压力。

“一上班就有四五起纠纷等在那里了，”平湖街道良安田社区的人民调解室内，社区调解员刘少敏告诉媒体记者，在这一时期最忙的时候，她一天调解了11起劳资矛盾纠纷。

在2009年4月8日《南方日报》的一篇报道中，刘少敏等社区一线专职调解员们，被称为“社区平衡‘官’”。这篇《社区平衡“官”》的报道如此评述道：

“一端连着‘鸡毛蒜皮’般的社区纠纷，一端连着整个社会大机器的正常运作，社区专职调解员具备的双重价值在于，除了化解基层大量矛盾纠纷的现实意义外，还对逐渐建立更为稳定的社会生活秩序有深远意义。”

当年4月，继2008年12名本地籍大学生走上社区专职人民调解员的岗位后，经过3个月的培训，12名新的大学毕业生又踏上平湖街道的社区调解路。社区专职调解员，说到底就是社区调解——无论人命关天的大事还是鸡毛蒜皮的琐碎事。

观察当时的情形，在金融危机的波及下，街道户籍大学生就业雪上加霜，俨然成为社会亟待解决的难题；另一层面，当时的社会维稳形势不容乐观，如何化解基层矛盾纠纷，成为基层政府的重中之重。

可以说，平湖街道近年开展的这项工作创新，对破解大学生就业难和基层矛盾纠纷处理难这一双重命题，有一举两得之妙。

平湖街道社区专职调解员究竟是如何工作的？

刘少敏是通过平湖街道的统一招考培训，走上社区专职调解员岗位的。这名大专学医、本科学物流的大学生，毕业后希望自己能够补充些法律知识，恰好遇到了社区专职调解员的招聘考试。

据她介绍，自2006年10月从事这项工作以来，一直专职负责辖区内的各种类型纠纷的调解工作。2007年，刘主持或参与调解的纠纷有404宗；2008年，调解宗数更是上升至500多宗。

“所在社区的纠纷以劳资纠纷为主，占所有纠纷的95％以上”，刘少敏说，工作量大使得工作压力倍增。在基层调解员访谈的背后，实际上是劳资矛盾纠纷数量与日俱增的趋势。

平湖街道司法所工作人员介绍，2007年，该街道调解矛盾纠纷宗数约3000宗，2008年调解宗数约为3500宗，由于近年《劳动合同法》的实施以及金融危机对多数企业的影响，使得劳资纠纷成为该街道人民调解工作的重心，而社区专职调解员们在近年矛盾纠纷化解工作中发挥了不可替代的作用。

这是“六约模式”后的平湖实践。

龙岗区司法局局长何旅华认为，“调解”两字，正是缔造“人和”的重要内容之一，也是龙岗对于基层社情民意的另一种现实观照。他介绍说，根据当前经济社会发展形势，这一时期龙岗区的人民调解工作，将由被动的事后介入向主动提前介入转变，由“小调解”向“大调解”转变，由行政劝导式向科学式调解转变，由就事论事、一事一议的浅层次调解向寻求规律、把握共性的深层次调解转变。

这一时期前后，在深圳市辖区内，矛盾纠纷化解方面，还诞生出“桃源模式”、“西乡模式”等鲜活经验。

2004年南山区桃源街道形成的“一合、两进、三调、四结合”的桃源模式，旨在构建社会矛盾纠纷大调解机制。

相关资料显示，以前的“桃源模式”是将司法所与信访办合署办公，实现资源共享，创新了矛盾调解的组织形式。进入2008年、2009年后，“桃源模式”实行的是整个街道社会管理组织的整体性治理模式，形成了以党工委为组织核心，以数字化“一格三员”为布局基础，以总值班室和八个子系统共同组成的社会管理系统为指挥中枢，工作内容从单纯的信访，延伸到了人口计生、公共服务、安全生产、城市管理、危机处理、综合执法、综治维稳等全部社会管理领域。

在深圳市另一个人口管理大区宝安，西乡街道办在2007年后，面对新形势，在司法行政部门的指导下，创新调解工作新思路，积极探索出“党政主导、部门联动、调防并重、专兼结合”的调解模式，解决了维稳和谐的社会大课题。这被称为“西乡模式”。

据悉，西乡街道党工委创新调解组织机构，成立了社会矛盾调解排查中心，设立39个部门联调工作室，使调解组织覆盖辖区。他们总结了“治安调解与人民调解联动”的工作经验，建立起“部门联调”的长效机制，街道财政拨出专款，在兼职调解形成网络的基础上，率先成立专职调解员队伍，使调解工作实现专业化、专职化，社会矛盾调解工作取得了显著的效果。据统计，实行新的调解模式以来，西乡街道成功调解各类矛盾的数量占全区调解总数的一半以上。

14.4 龙岗区大考与社会管理创新

龙岗区的“大综管”——这场城市与社会管理领域的基层创新实践，从2007年下半年后开始发轫。

2007年8月，龙岗区根据中央和省、市关于整合力量、整合资源，在乡镇和街道成立社会治安综合治理中心，加强基层基础建设的工作部署，结合龙岗实际，构建了以“综合管理、综合治理、综合服务”三位一体为主要内容的“大综管”工作格局。

“大综管”新格局以设立区、街道、社区大综管工作中心为平台，以推进数字化城管为支撑，以建立网格化责任机制为基础，通过整合条块管理力量，创新行政管理资源配置，使整合后的“基本力量”和“机动力量”两部分“平时为掌、战时为拳”，形成“指挥是一个系统，防范是一张网络，打击是一个拳头，执法是一个整体，服务是一个平台，管理是一个机制，应急是一支力量”的“七个一”工作新格局。

按照设计，“大综管”，其核心内容就是把“条”变成“块”，在区、街道、社区三个层面，把以往各管一摊的部门，合成一张网。龙岗全区建立一张“大网”，13个街道成为“中网”，147个社区就是“小网”。

自龙岗区发布构建“大综管”格局以后，在长达数年的实践与自我完善中，这座城区在社会管理领域中的实践，逐步得到社会各方面的关注和积极评价。而在全区高度重视社会管理的大背景下，从源头化解大量来自基层矛盾纠纷的人民调解，也在这期间得到进一步重视，“大调解”体系也在此期间应运而生。

当然，来自更高层面的决策，也深刻影响着龙岗这个基层城区的社会治理的策略。

2009年上半年开始，一场以“强综治、创平安、促发展”为主题的探索实践在南粤大地全面铺开。当年，广东省委、省政府以贯彻中办发〔2009〕14号文精神为契机，以创新基层综治工作作为社会管理创新的突破口，构建县、镇、村三级综治信访维稳工作平台，整合全省基层政法、综治、维稳、信访和相关职能部门的资源，实现矛盾综合调处、治安综合治理、社会综合管理。

根据矛盾问题往往发生在基层、重点难点在基层、解决问题的支点也在基层，以及基层社会管理资源分散、管理手段滞后等情况，广东省综治部门提出以加强镇街综治信访维稳中心建设为抓手，全面推进“强综治、创平安、促发展”主题活动的构想。到2010年5月，广东全省1603个镇街综治信访维稳中心已全部建成并开始

按手印，拿欠薪，生活继续。

有序、有效运作。

对于分布在广东各地的镇街综治信访维稳中心，中央综治委副主任、中央政法委副秘书长、中央综治办主任陈冀平评价为：“镇街综治信访维稳中心的诞生恰逢其时，在实践中已显示出强大生命力。”

来自广东省的决策部署，与龙岗区的基层实践，在社会领域创新上，不约而同地思考到了共同点。由此而带来的是，龙岗区由于“大综管”的创新，成为全省各地参观和学习经验的对象。

2009年6月9日这天，广东省加强镇街综治信访维稳中心建设珠三角片会，在龙岗区召开。在贯彻落实中央关于进一步加强社会治安综合治理基层基础建设的《若干意见》和省委书记汪洋视察佛山市南海区镇街综治信访维稳中心的讲话精神的这次会议上，一项重点工作便是——总结推广龙岗区“大综管”综治信访维稳中心建设的经验做法。

这是龙岗区“大综管”实践被人们认可的一幕。但是，如果追本溯源的话，在“大综管”创新实践的背后，则是一个城区被逼无奈的选择。

也正是如此，龙岗区在近年来的困局，不得不显现出来。作为2011年世界大学生运动会主会场所在地。广东珠三角城市化地区的典型代表，龙岗区是深圳全市最大的行政区，实际管理人口450万，工业企业6000家，住宅类出租屋131万间（套）。以全市约1/6的警力，管理全市43％的面积和1/3的人口。龙岗区领导坦言道："面临的隐患多、维稳压力重、管理难度大。"

这一时期的龙岗，与珠三角其他地区一样，面临四大转型：一是由传统社会向公民社会转型；二是产业由低端向高端转型；三是城市结构由二元化向一体化转型；四是管理从粗放向科学、严格、精细、长效转型。

处于这一转型期，也就是处于矛盾集中的凸显期。据介绍，龙岗区还具有自身的特殊性。一是特殊的区位。与四区两市相邻，点多线长面广，难管难控。二是特殊的发展阶段。处于大建设、大发展时期。近几年，市、区政府在龙岗的投资项目达400多个，投资估算500多亿元，拆迁任务总量高达6000—7000栋、建筑面积超过600万平方米。既要确保工程进度，又要确保社会稳定，压力巨大。另外，城市化三年过渡期后，转地补偿等一大批历史遗留问题还没有妥善解决，带来很多不稳定因素。三是特殊的产业结构。龙岗产业素质总体偏低，除华为、比亚迪、核电等少数大型企业外，年产值上千万元的企业不到企业总数的1％，劳动密集型企业占工业企业总数的85％以上。四是特殊的人口结构。流动人口与户籍人口比例为11：1，70％以上人口是初中以下文化程度。在全区131万套（间）出租屋中，居住超过400万的外来人口，同省外来人员超1000人的同乡村73个，聚居16万多人。五是特殊的生产安全状况。危化品企业占全市40％，危险品库存量占全市80％，每天在龙岗跑的油罐车和气罐车占全市70％，简易电梯、危险边坡、山塘水库约占全市一半，森林覆盖率达53％，森林防火任务繁重。

"特殊的区情现状给城市和社会管理带来巨大压力。过去那种单纯靠增人增编、靠搞专项行动的传统治理模式已难以为继。探索'大综管'，既是落实上级要求的具体行动，也是形势所逼、发展所需。"龙岗区区委政法委负责人对媒体记者如此阐述。

大考龙岗后，最终形成一项大胆的实践。此后的龙岗区，在短短一两年间，历经"9·20"火灾惨剧，市、区两级官场更易等因素，又进入了一个新的时期。

第15章　深圳城市发展战略与社区艰难转型的双轨发展

15.1　社区渐变

从20世纪90年代，到如今新世纪头一个十年一晃而过，这20年对于珠三角地区的众多相同状态的村社而言，究竟意味着什么？

在广袤的珠三角，可以确定的是，20年前的种种光景，已经一去不复返，经过一阵阵剧烈或沉潜的变动，无论村社本身还是村社的人或事，变化已成事实。

这个以村集体发展而来的社区，六约在过去数十年里的风云激荡，完全迥异于中国大地上更广袤的内地村庄。单以人民调解工作为例，这些南方的基层社区所遭遇的各种新局面、新状况，均与经济活动息息相关，与外来务工人员流动大潮息息相关，与日渐一体化的全球经济息息相关。

就新近几年里的龙岗区为例，这是珠三角地区一个典型的样本。

2010年年终之际，我们来到六约社区，这个往常无比喧嚣的社区里，春节前夕人员少了一些，但并不至于“落寞”。在六约社区工作站不远处的一个小商铺，来自广东揭阳的老黄讲述了他与六约的故事：

年近40的老黄，10多年前来到了六约。当年的那个小伙子，如今早已在六约结婚生子，有了自己的家庭。

“刚刚来到六约时，我在眼镜厂做事，当时10多岁的年纪，不大懂事，一直做了5年，在工厂里认识了现在的老婆。后来觉得工厂里太辛苦，工资也不很高，就琢磨着开了个小卖部，现在算起来也有8年了。”

“生意怎么样呢？六约的人有什么变化吗？人多了还是少了？”

“还是早几年生意好一些，人又多，经济危机一来，人少了好多，我们也同那些厂里一样，困难得很，说白了，我们就是靠它们过日子啊。现在呢，人又多了些，生意又好了一些，但总体来说，比不上早四五年的时候了。”

老黄小卖部生意的冷清或红火，折射出的正是社区发展状况的起伏变化。

对于基层社区而言，近年来的经历，可以用“颇不宁静”来形容，不少社区甚至可以用“伤筋动骨”、“起死回生”等更强烈的词来形容。

就外部原因着眼，这一动荡是因为新的《劳动合同法》的颁布实施，紧接着国际性金融危机的爆发和持续影响，对于社区基层内部运行产生了重大影响。这一方

村社渐变，律师成为新的调解力量。

面前文已有叙述。

从观察一座城市着眼，这一时期社区所遭遇的状况，从内部来解释就是城市发展战略使然。

过去30年的迅猛发展，经济特区深圳为全中国提供了极具特色和可供诠释分析的发展样本，也以生动实践演绎了“深圳速度”的内涵。

但在迅猛发展之后，进入新的发展阶段，深圳这座城市也面临着“深圳，你被谁抛弃？”的民间式忧患。实际上，深圳决策者群体也开始正视这个发展后的问题，四个“难以为继”便是例证：“地少人多，污染严重难以为继；土地、空间有限难以为继；能源、水资源短缺难以为继；环境承载力严重透支难以为继。”

在这一背景下，深圳发展战略多次调整，其中重要的方面包括产业、土地等。而产业、土地这两个元素，与基层社区的发展则有着太多的关联和影响。

比如产业方面，这座城市的发展战略和产业政策，直接影响到社区的经济发展、人口结构、商贸发展、社区和居民收入……因为，社区是深圳产业体系尤其是较为初级产业的重要承载地。人口规模历来与产业选择和发展密切相关，近年来社区内的人口总量已经开始减少；社区消费人口的相对减少，影响到社区内各种零散的商贸服务业；而主要依靠企业工厂和外来务工者的社区经济和社区居民，收入也开始有所减少。

在土地方面，城市发展用地的捉襟见肘，迫使城市主政者将关注目光投向土地上的拥有者和居住者。通过各种手段盘活和整合现有的土地资源，成为近年来深圳市、龙岗区两级政府的重要工作。

在这些一系列决策的影响下，社区从发展理念的“内”，到市容市貌的“外”，逐渐发生着改变。

这个原为“六个小村庄联合在一起”的村庄，原有的生活方式、经济来源、思想意识等一系列客家传统，在城市化的进程中逐渐发生改变。

在有社会服务和管理职能的六约社区工作站，人民调解也向现代社区的职能开始转变。

15.2　经济转型

“龙岗社区原居民人均分配收入首次突破万元”，这一消息是在龙岗区2011年4月初举办的社区经济转型发展会议上透露的。2010年，全区社区股份合作公司总资产达261.63亿元，总收入达34.16亿元；股民人均集体分配收入10837元，首次突破万元大关。

事实上，伴随着社区的渐变之路，经受金融危机之后的社区经济如何复兴，是新近几年里最为重要的命题。

龙岗区在这一年7月1日，随着深圳经济特区版图扩容正式成为深圳经济特区的一分子。2010年下半年的公开资料显示，作为深圳产业的重要发展基地，截至2010年11月，龙岗区11个街道共有254家股份合作公司，总资产逾246亿元。但是，“目前大多数社区股份合作公司都面临经济形式单一、发展观念落后、与主体经济关联度低、管理机制不健全、社区管理体制不顺等问题”。

在龙岗区调研社区经济时，广东省委常委、深圳市委书记王荣认为，改革开放30余年来，社区集体经济在推进深圳城市建设、产业发展、提高居民收入、加强社会管理、促进社会建设等方面作出了重大贡献，发挥了重要作用。深圳目前正处在新一轮发展的起点上，当前和今后一个时期的一项重要工作就是全力推进特区一体化。作为深圳未来发展的重要战略支撑、城区和特区一体化建设的主力军，龙岗区既面临难得机遇，又面临巨大挑战。其中，加快社区股份合作经济转型升级十分关键。

王荣认为，社区经济转型不仅直接关系到原居民的收入和就业，而且关系到全市产业发展的全局，关系到深圳现代化国际化先进城市的建设。他说，如果股份经济还是停留在原来的发展理念和水平上，必然会被历史淘汰，甚至会成为新一轮发展的障碍。

王荣就社区股份合作经济的转型升级提出了三点要求：一是要强化机遇意识，转变发展观念，推动社区股份合作经济更好发展。要紧紧抓住特区一体化建设的重大机遇，发展目标要向国际先进城市看齐，发展模式上积极探索多元化，社区股份合作公司要向企业化、城市现代服务业的主要载体方向发展，股份公司负责人要向现代企业家转变。二是要提升管理水平，完善社区管理模式，理顺社区管理和经济发展职能，为科学发展、和谐发展提供保障。三是要加强政府各部门对社区股份合作经济发展的服务，善于总结基层新鲜经验，及时、与时俱进地出台政策，支持社区经济实现长远可持续发展。

这可以被认为是深圳决策者对于城市经济发展和社区经济发展的综合考虑的体现。

这一政策主导下，龙岗区的社区经济运行究竟如何?

2010年春节一过，南方日报记者通过长期观察和采访，写下《2010：龙岗社区经济大考》的政经观察文章。文章认为："社区转型在这一年间的机遇和考验，其意义既关乎当下，又关乎未来；既关乎经济，又关乎政治；既关乎龙岗一区，又关乎深圳全市。"

"社区经济的转型升级是龙岗区产业结构调整的关键环节和基础工作，转型的目标是从租赁型向服务、管理、投资等多元化方向发展，将从参股村镇银行、试水生产性配套服务业以及物业管理业入手摸索具体的渐进转型路径——尽管这一社区经济转型思路已清晰，但制约社区经济转型最大的软肋是人的观念和素质，建立起社区股份合作公司的人才培训引进机制，既是当务之急，也是长久之策。"南方日报记者在文章中如此认为。

其实早在2008年，社区经济的问题就引起深圳众多人士的关注，当时国际金融危机使得深圳市尤其是关外的社区股份合作公司厂房空置率猛增。

然而在转型之路上，社区股份合作公司碰到了"土地、资金、管理、人才"四个难以为继的困难：一是社区大都是单一的物业出租经济，基本没有自办经济实体，单一性的经济结构致使其抗风险能力非常弱。另外，随着城市化转地的完成，社区土地发展空间大大缩小，社区集体用地基本转为国有，仅剩下工商返还用地、世袭地、插花地、边角地及村落、厂房等建成区土地，若不转变以厂房出租为主体的单一经济结构，今后集体经济势必走下坡路。二是大部分公司资金短缺，有的甚至入不敷出，且因现有厂房物业产权证残缺（以龙岗区为例，全区有80％的股份合作公司物业没有产权证）导致融资困难。

“其实社区里企业搬迁关门的这种苗头在早几年就已经有了，只是金融危机后，这种情形更突出了。”龙岗区一名知情人士介绍，龙岗区社区股份合作公司的收入来源单一，2008年全区社区股份合作公司物业出租经济占到总收入的81％。随着特区政策优势的淡化、产业转型升级的加快，龙岗区社区股份合作公司“包租公”式生存将难以为继，特别是金融危机使得社区股份合作公司的软肋日益突出。

由此可见，当时的社区经济已经到了非转型不可的地步。但从“出租型”经济到真正的转型发展，注定一路蹒跚。

社区所掌握的存量空间资源决定其在龙岗产业结构转型中所要扮演的关键角色。但现实情况却是，不少社区股份合作公司仍在按惯性思维发展。“很多社区不知道该怎么发展，还是去建已不适合高端产业发展的‘标准厂房’，结果是不少社区一边是空置厂房，一边却要投资建新厂房，应该改变社区经济发展思路和单一的靠物业出租的经营模式。”熟悉龙岗区政情的众多部门负责人多次提到这一广泛存在于社区经济发展的问题。

长期以来的“包租公”式的生存，已使得社区股份合作公司丧失了原本可以拥有的、进入市场的先发优势。一位观察人士表达出这样的观点：“如果发展之初，社区股份合作公司就在市场上摸爬滚打，这么些年下来龙岗的社区股份合作公司就应该会具备较强的市场生存能力，可惜的是以出租厂房为主的生存模式虽然可以让本地居民生活闲适富足，但也为今天的步履维艰埋下了‘祸因’。”

进入新时期的社区，经济转型路漫漫。

15.3　新生代农民工

2009年12月16日，一个消息从大洋彼岸传至中国。

美国《时代》杂志揭晓了这一年度的年度人物，美联储主席本·伯南克当选为该杂志2009年年度人物的同时，“中国工人”登上亚军位置，成为榜单上唯一的一个群体。

《时代》杂志写道，中国今年能成功“保八”，归功于数以千万计背井离乡的中国工人。“正是这些男男女女，他们过去的奋斗、现在的思考以及对未来的看法，引领着世界经济走向复苏之路。”

刊登在《时代》杂志上的照片合影，代表“中国工人”群体的4位女工，全部来自于深圳市宝安区石岩镇的一家LED企业。国内媒体随即对她们进行了关注，媒体报道说，这是4位普通的女工，或者初中毕业或者初中没毕业，她们热情淳朴，或开朗或腼腆。这一次的“出名”对她们来说是个意外，大多数都还没有来得及告诉家人。

四位普通女工对媒体介绍说，在成为“中国工人”的代表前，她们并不知道《时代》杂志的影响力，也不太清楚《时代》“年度人物”有什么样的分量，但当她们知道周恩来、邓小平曾经登上《时代》的封面后，则“非常惊讶，有点不好意思地笑了起来”。

一个栩栩如生的打工者群体的形象，扑面而来。

近一年过后，另一份具备较大影响力的杂志——英国《经济学人》，在2010年8月杂志封面上写道：“中国工人有力量。”

文章认为：“中国工人一手建立了中国经济奇迹，尽管他们的月平均收入只有美国工人的1/12，但随着中国经济的快速恢复，工人的工资也在快速增加，比2009年提高了17%。现在中国农村大约有7000万潜在工人，随着中国内陆工厂数量激增，越来越多的工人更愿意在距离家乡很近的地方工作。”

《经济学人》的撰文者甚至认为：“2008年，中国通过新《劳动合同法》后，中国工人的力量就开始增强。”

也就是在2010年，深圳市拥有巨大用工量的企业富士康，接连发生员工跳楼事件，引发全社会的密切关注和中外媒体的聚焦报道。

一方面，中国工人以整体性的面孔为外媒所密切关注；另一方面，他们内心深处的脆弱和不可触摸，又以一幕幕惨剧的发生，勾起全社会对这一群体的关注。此间暴露出的一个重要因素便是，经过数十年的发展和变化，打工者二代开始涌向用工市场，这被媒体称为“新生代农民工”。

进入2010年，“新生代农民工”的字眼，几乎与“富士康跳楼事件”紧密相连。在2010年春天里，富士康这个备受外界关注的巨型企业内，爆发出企业员工接连跳楼的事件。而这一连串跳楼事件所涉员工均为80后、90后，这些年轻生命的工作状态、精神心理状态与青春历程，因媒体的追踪报道而备受全社会关注。

一个获得社会多方共识的问题还是凸显出来：以80后、90后为主的“新生代农民工”是一个有别于此前传统农民工的崭新群体，他们有着不同的思考方式，对工作、生活、社会和世界的认知和态度，也与此前有着鲜明的差异。

这对于多以处理劳资矛盾纠纷及相关问题为主的珠三角地区的人民调解组织而言，同样也是一个新的课题。

2010年4月，“富士康跳楼事件”发生后，深圳市总工会针对这些新生代员工群体，与深圳大学劳动法和社会保障法研究所着手进行“新生代农民工生存状况调查”。

3个月后出炉的这份调查报告，率先对深圳范围内的新生代农民工进行了样本分析，在新生代农民工的基本特征、就业状况、劳动关系状况、生活状况、身份认同与未来期望等方面进行了细致描述。因此，这一调查报告随即得到了众多权威媒体的热烈关注。

媒体公开报道，他们开展的此次调查覆盖深圳全市，渗透到各个区域和行业，以问卷调查和访谈为主要形式。问卷发放方式有直接到企业和随机两种，对15个街道办事处、167家企业进行了抽样调查。另外，还对部分农民工进行了访谈。

在这5000份样本中，平均年龄23.7岁的深圳新生代农民工，占农民工比例已达73.8％，他们除了具有与老一代农民工相同的吃苦耐劳、勤奋工作、勤俭节约、强烈的家庭责任感外，他们在基本情况、就业、生活、素质和观念等方面与老一代农民工也存在一些差异与特质。

在报告中，调查者认为，“新生代农民工仍然属于吃苦耐劳型，收入和消费均低于老一代农民工，一半以上有储蓄习惯，具有强烈的家庭责任感”；“将近一半居住在集体宿舍，社会交往乡缘业缘化，网络成为业余生活的主要部分，恋爱观念传统，恋爱方式更加自由”；“打工目的是经济型和发展型兼有，更注重未来发展，具有强烈的创业意识，渴求多方面的培训”、“大多数没有务农经历，渴望城市生活，对未来充满信心，希望获得平等的政治权利，认可工会的积极作用，对政府充满期待”。

“可以说他们是没有务农常识和经验的中国式农民，仅在户籍上保持了农民的身份。”调查报告中如此写道。显然，随着中国社会在过去数十年间的迅猛发展和急剧转型，相对于其父辈，新生代农民工已经悄然发生改变。

主持这项调查的深圳大学劳动法和社会保障法研究所所长翟玉娟说：“新生代农民工普遍面临生存困境、发展困境和身份认同危机，并在劳资关系中丧失了话语权。”显然，熟悉和了解新生代农民工群体的特点、诉求与心理行为方式，对于基层一线的人民调解员来说也有着重要的指导意义。

但也需正视的是，新生代农民工群体的凸显，让全社会不得不用更多的智慧和时间，从整体上思考这一新生群体带来的相关问题。人民调解组织和人民调解员亦然。

15.4 社区调解路漫漫

2008年开始的全球金融危机及其引发的恐慌，加快了中国全面的城市化进程。对于深圳而言，虽然城市化转地工作已在多年前从行政层面予以落实并结束，但是在复杂的国际经济贸易形势以及城市发展战略变化下，一些围绕基层生存与发展的问题依然不容忽视：比如社区传统经济发展模式面临困难急需转型、节能减排和环境保护任务十分艰巨、资源环境承载能力已接近极限、河流污染整治形势依然严峻等等。

即便是在自主创新走在全国前列的深圳市，众多社区里的传统经济发展模式亦亟待转变。

2010年1月中旬，在六约社区召开的2009年度总结大会上，相关人士透露，2009年，六约社区在国际金融危机持续影响下，集体经济逆市上扬，稳中有升，总收入约17014万元，同比增长0.57％，纯收入约5864万元，同比增长0.9％。

就客观现实而言，这是一个颇为难得的结果。

这一时期里的六约社区，究竟是一个什么样的状态?

一份2010年的资料如此显示："交通、通信、水电、道路完备，四星级酒店、购物中心、大型百货、幼儿园、图书馆、文化中心、休闲广场、公园、医院、邮局、银行一应俱全，基础设施和各种都市服务日臻完善，安居乐业和投资环境十分良好，城市化水平不断提升。

"目前六约已引进外资和'三来一补'企业100余家，发展民营企业300余家，综合实力在深圳市社区一级中处于前列。数据显示，最近10年，六约集体经济以15％左右的年增长率稳步增长，居民生活水平同步增长，2008年，六约集体资产总额达10亿元，总收入达1.6亿元，纯收入近6000万元，人均纯收入近4万元，居民生活可谓富足。"

对于社区经济的总体概述，这一时期的六约社区是这样的：作为龙岗区经济大社区的六约社区，土地面积12.5平方公里，下辖7个居民小组，户籍人口2000人左右，流动人口10万余人，"三来一补"、"三资"及各类民营企业400余家，其中500人以上的企业有40余家，三产店铺2500多间。去年集体总收入1亿7000多万元，最近三年集体纯收入平均6000万元左右。

六约社区党支部书记陈醒光在一次汇报中介绍，随着经济的发展，社区每年都加大对调委会的经费投入。据不完全统计，社区调委会自成立至今，居委会为调解工作提供近300万元的经费保障；并提供120多平方米的场地作为社区调解工作的办公场所，工作人员也由刚成立时的2人增加到现在的6人，并安排了一辆专门的业务用车；这些投入为新时期矛盾纠纷的排查调处打下了坚实的基础。

这一时期的人民调解机制，又是怎样的？据介绍，六约社区调委会主任由治保主任兼任，两位副主任分别由信访办主任和妇女主任兼任；并选聘协调能力强、熟悉法律法规、会做群众工作的专职调解员6名；他们平均年龄35岁，全部高中以上文化程度（其中大专以上的4人）。通过业务培训、岗位练兵和庭审观摩等多种形式，每一个调解员都能够掌握和运用必要的法律政策和调解技能，社区调委会主任更是被聘为龙岗区首席调解员，大大地提升了社区调解工作质量，为传统的人民调解工作注入了新的活力；7个居民小组的书记、村长兼任各自调解小组的正副组长，妇女组长和治保队队长兼任调解员；企业调解小组的组长由厂长或经理兼任，另配备2—4名兼职调解员，调解网络的触角延伸到社区的各个角落。

"近3年以来，随着经济和社会的快速发展，每年的各类纠纷均以10％的速度递增，我们介入的各类纠纷多达2100多宗，涉及人员7000多人次，涉及金额3000多万元。但我们凭借调解的优势和自身的努力，纠纷双方达成调解协议的有2000余宗，调解成功率达96％以上，未发生一例因调解不当或调解不及时而使矛盾激化转为刑事案件，也没有发生一例签订了调解处理协议后反悔或到其他部门上访投诉的案件。"陈醒光介绍说。多年以来，凭借人民调解的优势，六约社区调委会先后成功地调解了因祖屋改建、工厂停产罢工、老板欠薪逃匿引发的兄弟、邻里、劳资等大量的民间纠纷。

这是近年里人民调解在这个社区的整体状况：

"近三年来，六约调委会平均每年调处纠纷700多宗，调解成功率达到98％左右，涉及金额近2000万元，大量的民间纠纷解决在了基层调委会，化解在萌芽状态。近三年来，社区没有发生重大上访事件，也没有因民间纠纷引起的刑事案件、自杀事件和群众性械斗，基本上做到了'小事不出组、大事不出社区、矛盾不上交'。"在2009年年底龙岗区司法局的一次调研会上，六约社区居委会副主任、调委会主任李胜强如此介绍道。

"六约模式"之后的六约社区，在人民调解领域又发生了哪些变化？

在李胜强的介绍中，这一时期他们组建了素质较高的专职调解员队伍，最初成立时期只有2名专职调解员，到现在已拥有5名专职调解员，基本上能够熟悉运用相关的劳动法律法规知识，具备较为丰富的调解经验，在处置群体性事件方面也掌握了一定的技巧方法。

另一方面，此前的"四位一体"、"五位一体"的联合调解机制，随着社会的转型，到这一时期已经形成了更多部门协调联动的工作机制，由调委会积极整合“调解、治安、外经、信访、工会、妇联”6个职能部门合力。

“各部门之间通力合作，信息共享，其他部门在社区管理的过程中如发现重大纠纷隐患，及时报告给调委会；在调委会的主导下，有关职能部门共同参与调解，改以往调解部门‘单独作战’为‘联合作战’，使人民调解和社区管理有机地结合起来，也提高了社区自我消化、自我解决矛盾的能力。”李胜强介绍说。

“六约模式”的实践得以继续推进，除了上级司法行政部门的有力指导外，社区自身的财力支持，也是重要的因素之一。

李胜强将社区的经费支持一一列出：“社区每年都要拨出专款用于人民调解工作，近几年总计投入300多万元资金，并为调委会提供了120平方米的办公场所，调解员配备了必要的交通、通信设施，落实了工资补贴待遇。每人每月工资1950元，7个居民小组都配有一名兼职调解员，工资1450元；配备了1台专用办公车辆及两台摩托车，相关油费和修理费等费用，每年高达2万余元；遇到加班加点，还要报销人员餐费，平均每月1000元；股份公司还出资建立人员调解接待平台，会议室、接待厅区间分隔，配备专用电脑、打印机、电话、档案柜、台椅桌凳、笔纸等；每年的法制宣传报刊等资料的订阅，做宣传横幅标语等投入约5500元……这些经费都是由六约社区股份有限公司及其分公司负担下来的。”

作为长期以来社区人民调解工作经费主要依靠的社区股份公司，也开始面临新问题。“自2008年开始，受国际金融危机不利影响，基层调解出现了任务重、难度高、时限长、涉及人数多、影响面广等特点，社区股份合作公司经济增长难度加大，不仅制约着集体经济的发展，同时也在一定程度上影响着调解委的经费支出，”李胜强如此坦言，“另一方面，农村城市化以后，社会公共管理重心下移，股份合作公司承担了大量的社会管理职能，经济负担日益沉重，在尚未改变这种情形的前提下，股份合作公司资金紧张局面无法得到缓解，虽然社区领导班子一如既往地重视调解工作，但是仍然存在心有余而力不足的客观原因，今后调解委的经费保障为此会极为艰难。”

由此可见，进入21世纪新的10年里，村社层面的人民调解工作，依然需要面对新的课题。即便在创造出“六约模式”这样宝贵经验的六约，也需要破解一个又一个迎面而来的难题。

第16章　如何复兴

16.1　新世纪10年的中国社会

从“六约模式”诞生地——深圳龙岗区的横岗六约社区当初迈出调解实践的第一步算起，到如今已经整整20年了。

在过去几年里，媒体和评论者们更多地关注和总结了中国过去60年、30年这样极具历史价值和现实意义的时间标签。

着眼“六约模式”，如果说前10年的工作是龙岗区人民调解工作背景下“六约模式”的成长历程的话，那么，六约社区人民调解进入新世纪以来的10年，则可称之为“调解复兴”的时代注脚。

这个村社的中国式调解，成为我们对于新世纪10年间的中国社会观察、阐述的由来。

一位兼具记者和作家身份的美国人，过去数年扎实而勤奋地踏在中国土地上，沿着长城驾驶、在北京郊区一个名为三岔的小村租住、在浙江丽水采访之后，写成了一本书——《寻路中国》（*Country Driving*），成为国内外媒体竞相关注和读者好评如潮的作品。

根据作者的自叙，这位中文名为何伟的美国人，此前是《纽约客》杂志驻华记者，在2001年夏天考取了中国驾照，《寻路中国》便是在这此后的七年里的经历和故事。

“在此后的七年中，我驾车漫游于中国的乡村与城市。这七年也正是中国汽车业的高速发展期，单在北京一地，每天申领驾照的新人就有一千多，其中有好几年，乘用车销售额的年增长率超过了百分之五十。仅仅两年多的时间，中国政府在乡村所铺设的公路里程数，就超过了此前半个世纪的总量。”

何伟的这些表述，可以看作是新世纪10年间中国迅猛发展的另一种观察。何伟在中国的10多年生活中，写作出了“中国纪实三部曲”。

他自认为：“这三本书横跨了我的中国十年，从1996年至2007年。我们可以看出，处于世纪之交的这十年是中国历史上最关键的时期之一。正是在这十年中，中国经济实现了腾飞，中国对外部世界的影响力开始增大。更重要的是，这是邓小平去世后的第一个十年。在这十年中，中国历史的面貌开始变化，大规模的政治事件与强力领袖开始从中退却。相反，中国巨变的推动者变成了普通人——走向城市的

形形色色的人流在这里交织，人民调解也将面临新命题。

农民、边学边干的企业家，他们的能量与决心是过去这十年中的决定因素。"

宏大时代里的细节变化，那些人与事，那些工厂和企业，那些乡村与城镇，所发生的一些转变，正是中国在新世纪10年间的真切画面，也是全国各级人民调解工作者所面对的真实情状。

过去的10年里，一方面是"中国奇迹"：

中国加入世界贸易组织后，一个来自东方的大国逐步崛起，经济发展速度全球瞩目，中国真正进入世界舞台中心。近10年，海外对于中国报道的分量加重，这不妨举一例子：中国曾37次登上《经济学人》封面，在这份具有全球影响力的杂志上，我们可以清晰地看到崛起的中国是如何走入世界视野，而世界又是如何看待"中国奇迹"的。

另一方面则是"中国问题"：不少媒体分析人士不约而同地认为"社会的共识开始破裂"、"社会开始失去弹性"；学界和媒体开始建言和呼吁"重建社会共识"、"为社会注入强健社会所必需的弹性"，"通过社会的重建，形成政府、市场、社会相互配合的治理结构"。

"如果说过去30年我国改革的重点是经济体制，那么未来30年改革的重心将逐渐从经济领域转向社会政治领域，社会管理和社会建设的任务将变得更加突出，受到更多的重视。为什么会这样？因为目前我国社会面临的最严重挑战和最紧迫的问题，例如收入差距的拉大以及广泛存在的社会不公正、依然严重的腐败特权、生态环境的恶化等等，单靠经济的增长和经济体制的改革是无法解决的。”中共中央编译局副局长、中央编译局比较政治与经济研究中心主任俞可平认为。

作为长期从事当代中国政治和政治学理论研究的学者，俞可平多年来在创新社会管理、改善社会治理等方面进行了广泛而深入的研究。他认为：“我们在社会管理和社会建设方面遇到的挑战既广泛又严峻，这些挑战包括：社会公正、公共治安、社会稳定、社会诚信、利益协调、社会保障、公众参与、社会自治、社会救助、食品安全、应急管理、城市管理、社区治理，以及社会组织的培育与管理等等。”

以上所述的社会治理，正是作为社会基层基础的人民调解工作的背景所在。

16.2　全国司法体系的注重调解倾向

近年来全国司法系统的注重调解倾向，或许可以看作是司法行政领域的一个参照系。

“调解优先、调判结合”，这8个字，被认为是此番全国范围内的司法系统工作变革的精髓所在。

2010年6月，最高人民法院发布《关于进一步贯彻“调解优先、调判结合”工作原则的若干意见》（下称《若干意见》），这是最高法在贯彻落实中央关于深入推进社会矛盾化解、社会管理创新、公正廉洁执法三项重点工作部署的切实举措，也是针对人民法院调解工作中出现的新情况和新问题的现实对策。

《若干意见》对人民法院在深入推进三项重点工作中如何贯彻“调解优先、调判结合”的工作原则提出了指导意见。《若干意见》指出，“调解优先、调判结合”既是推动矛盾纠纷化解的重要原则，也是社会管理创新的重要内容，更是对法官司法能力的实际考验。

在《若干意见》中，最高法要求各级法院要牢固树立调解意识，进一步增强贯彻“调解优先、调判结合”的工作原则的自觉性；在完善调解工作制度问题上，要进一步强化民事案件调解工作，积极探索刑事自诉案件调解、轻微刑事案件当事人和解、刑事附带民事诉讼案件调解工作，着力做好行政案件协调工作，努力做好执行案件和解工作；在抓好调解工作重点环节问题上，要做好诉前调解、立案调解、庭前调解、委托调解和协助调解工作，扎实做好调解回访工作，注重发挥律师和法律援助机构在调解工作中的积极作用；在规范调解活动问题上，要切实贯彻当事人自愿调解、合法调解原则，科学把握当判则判的时机，要加强对调解工作的监督管理，加强对法官在调解工作中的职业行为约束，进一步规范调解协议督促条款、担保履行条款的适用；在创新调解机制问题上，要建立健全类型化调解机制、调解工作激励机制、调解能力培养长效机制和调解保障机制。

在最高法发布《若干意见》之前，江苏、河南、湖北、山东等省的具体实践已经先行一步，并为中央政法委、最高法有关领导所重视和肯定。在这些地方，深受诉讼和信访重压的法官们，试图苦口婆心地通过调解来化解社会矛盾。

从地方探索实践到最高法的文件出台，近年来司法系统之变，被一些学者专家认为是“司法改革迈向了决定大方向的十字路口”的时期。

在其背后，则依然是一个无法改变的社会现实：社会急剧转型期里，出现了数量众多的矛盾与纠纷，在短时间内以膨胀的方式摆在了全国司法机关面前，社会司法需求与现有的司法资源之间的矛盾日益突出。

显然，此番全国司法系统的“调解优先、调判结合”的工作原则，实则是向中国传统资源、历史悠久调解经验的回归。

事实上，长期以来，司法调解就是我国“三大调解”内容之一，指“以当事人之间的私权冲突为基础，以当事人一方的诉讼请求为依据，以司法审判权的介入和审查为特征，以当事人处分自己的权益为内容，实际上是公权力主导下对私权利的一种处分和让与”。

因此，有人认为中国当前的调解热，是在现实客观社会情况下被“逼出来”的另一种新的“旧视角”，也是实用主义的体现。

2010年全国司法系统的一些数据，似乎验证了这一工作的必要性。据2011年3月8日的《人民日报》报道：“2010年，人民法院强化调解优先理念，积极运用调解方式处理矛盾纠纷，着力构建覆盖立案、审判、执行全过程的调解机制。2010年，全国法院一审民商事案件调解撤诉率达65.29％，同比上升3.31个百分点。”

该报道同时显示：“2010年，全国法院审结权属、侵权纠纷及其他民事一审案件调解、撤诉率达57.66％，一审审结婚姻家庭、继承纠纷案件的调解、撤诉率为71.78％；地方各级人民法院一审审理的合同纠纷调解、撤诉率达65.82％。”

全国司法系统在调解领域的复兴，给了人民调解工作诸多的参照与思考。值得注意的是，从有利于完善中国特色纠纷解决机制出发，《若干意见》还对人民法院如何推动建立“大调解”工作体系，如何加强司法调解与人民调解，行政调解在“大调解”工作体系中的沟通协调、相互衔接以及如何发挥司法调解的推动和引导作用等问题作出了规定。

国家法官学院院长高憬宏在2011年4月的一个诉讼调解研讨会上认为："调解是化解社会矛盾的重要方法，加强调解工作，创新调解机制，是落实三项重点工作的重要举措。2010年，全国各级法院一审民商事案件调解撤诉率达65.29％，同比上升3.31个百分点。各地正在着力构建贯穿立案、审判、执行全过程，覆盖刑事、民事、行政、执行各领域的调解、协调、和解工作机制，推动多元矛盾纠纷解决机制建设，充分发挥人民调解组织、社会团体、律师、专家、仲裁机构的作用，积极推动建立人民调解、行政调解、司法调解相结合的'大调解'工作体系，共同化解社会矛盾，促进社会和谐稳定。"

16.3　《人民调解法》实施和人民调解新机遇

在时代发展、社会转型与调解复兴的大格局中，深圳龙岗区的司法行政部门也不乏思考。经过"六约模式"的多年实践，人民调解工作如何与时代的发展"合拍"，成为近年来龙岗区司法局的工作研究之一。

"人民调解如何与时代的发展'合拍'，是我们应当认真思考的问题；人民调解最大限度地把矛盾纠纷解决在基层，化解在萌芽状态，是我们的工作目标所在，"深圳市龙岗区司法局局长何旅华这样认为。

如前文所述，以人民调解组织为基础，以国家行政机关为中坚，以司法机关为后盾的集预防、排查、控制、调解、处理于一体的"大调解"组织体系，让龙岗区司法行政部门找到了着力点。

2008年3月，在龙岗区委、区政府的直接牵头下，社会矛盾纠纷"大调解"体系在龙岗全区的实施推广，成为龙岗区司法行政部门继"六约模式"之后的一项重点工作。这一体系的整合和创新，远远早于国家司法行政系统的"大调解"工作体系的统一部署。

龙岗区司法局在新世纪末开展的另一项工作，则可以看作是对国家和省市相关工作部署的呼应。

2009年龙岗区司法局在其内部的《关于各种调解衔接机制和矛盾纠纷排查化解经常性工作机制落实情况的汇报》中，详细记录了"各种调解衔接机制和矛盾纠纷排查化解经常性工作机制落实情况"。

根据这份汇报材料，龙岗区有关部门开展了各种调解衔接机制的落实工作，包括信访与人民调解衔接、司法调解与人民调解衔接、交警行政调解与人民调解衔接等具体内容。在龙岗区司法系统内，每个法庭工作室配备2名专职调解员，建立了法庭人民调解工作室专职调解员队伍。

针对全区近年来道路交通事故多发、道路交通民事损害赔偿纠纷日渐增多的问题，龙岗区司法局积极推动人民调解参与道路交通民事损害赔偿纠纷调解工作，协助交警部门组建了道路交通事故人民调解委员会及下属交警中队人民调解工作室，实施之后既为纠纷当事人提供了便利，又减轻了交警部门行政调解工作的负担，取得了较好的效果。

从更大视野中来考察这一时期的人民调解工作的话，2010年8月28日第十一届全国人民代表大会常务委员会第十六次会议通过的《人民调解法》，可以看作是最直接有力推动人民调解工作的力量。

这项从2011年1月1日正式开始实施的专门法律，是中国第一部人民调解的专门法律，对于基层的实践而言，有着特别的意义。

作为基层司法行政部门的负责人，龙岗区司法局副局长潘保军认为，《人民调解法》的实施，一方面使这项具有中国特色化解矛盾、消除纷争的非诉讼纠纷解决方式步入法制化、规范化的轨道；另一方面完善了人民调解在协议效力方面的具体内容，大大推进了基层人民调解组织更好地发挥其社会矛盾“减压阀”的作用。

调解作为一种相对个性化和人情味更浓的纠纷解决方式，可以满足每个个体不同的司法需求；但身处基层一线的人民调解员此前很清楚的一点是，《人民调解协议书》是有别于司法机关作出的司法判决的。

“就是说，以前我们人民调解委员会好不容易进行调解后，双方当事人签下来的《人民调解协议书》，也有可能不被履行。”六约社区调委会主任李胜强如此解释了此前的尴尬现象。

但《人民调解法》的出台和实施，针对这一尴尬现象进行了明确规定——调解协议具备法律效力。人民调解协议书经法院确认后具备法律效力。对经人民调解达成的调解协议，当事人认为必要的，可以共同向人民法院申请司法确认；经法院确认有效的调解协议，一方当事人拒绝履行或未全部履行的，对方当事人可以向人民法院申请强制执行。

《人民调解法》首次明确了人民调解协议所具有的法律效力，这成为近年来人民调解工作的一项重要制度创新。

仔细观察这一新法的出台，显然也显示了国家立法机关对于现实社会的关切和观照。进入21世纪后，处于社会转型期的中国呈现出各种矛盾凸显叠加的局面，在经济体制深刻变革、社会结构深刻变动、利益格局深刻调整、各种矛盾凸显叠加的时期，人民调解工作面临新的发展和挑战。

人民调解的范围也逐渐从传统的婚姻家庭、邻里关系、小额债务、轻微侵权等常见、多发的矛盾纠纷，向土地承包、拆迁安置、环境保护、医患纠纷等社会热点、难点纠纷扩展。怎样在新形势下更加发挥民间调解化解社会矛盾的作用，理所当然地进入了国家立法机关的视野之中……

《人民调解法》这一制度创新，让基层人民调解组织迎来了新的机遇。

16.4　社会建设增加社会弹性

2011年3月初，又是万众瞩目的全国“两会”时。

与往年有些不同的是，在十一届全国人大四次会议上，全国人大代表拿到的《国民经济和社会发展第十二个五年规划纲要（草案）》上，以5章14页的篇幅论述了“如何加强和创新社会管理”。

有人大代表称，这是“社会管理”第一次进入国家五年规划之中，也是独立成篇并以较大篇幅进行论述的第一次，彰显出“社会管理”一域已成为事关国家发展的重大内容。

也就在2011年2月19日，中央每年都在中央党校举办的省部级主要领导干部专题研讨班上，继2010年“转变经济发展方式”的主题之后，这一年的主题定为“社会管理及其创新”。

熟悉中国政情的人士清楚，与全国“两会”相同的是，“省部班”在某种程度上也成为这一年的政治经济社会领域的风向标；但与全国“两会”不同的是，“省部班”学员更属于中国政治的权力中枢与核心，他们都是来自各省区市的党政一把手、中央各部委首长、解放军各大单位的将领等，而国家领导胡锦涛、温家宝多次亲自为这些“省部班”官员“授课”，每年的主题则围绕事关改革开放全局的重大问题进行阐释，部署大政方针。

在2011年，中国政坛这道独特风景线的“省部班”里，可以看出中央高层对于“社会管理及其创新”的重视程度，也间接反映出中国社会的现实国情。

历史是时代前进的参照，也是开创未来的启示。

社会学家郑杭生在《南方日报》2011年4月的《正确处理新形势下的社会矛盾》中介绍：“通常的经验表明，一般而言，随着人均GDP进入1000—3000美元时期，各国社会都会进入不协调因素的活跃期和社会矛盾的多发期，进入社会结构深刻变动、社会矛盾最易激化的高风险期。这里的不协调因素和社会矛盾，主要表现

城市化后的深圳龙岗六约一景。
六约是珠三角众多村社的写照。

为利益集团之间的利益矛盾、利益冲突。自2001年起，我国人均GDP均超越1000美元，也正处在公共安全事故高发期、各类社会矛盾凸显期。这是世界各国同期历史所表明的，也是任何一个治理国家、治理社会的政党所不得不面对的。"

这正是中国目前社会的真实情状。

对于刚刚进入而立之年的深圳而言，社会管理与创新意义倍显。

2010年9月6日，在这座南海之滨的城市里，中共中央总书记、国家主席、中央军委主席胡锦涛在出席深圳经济特区建立30周年庆祝大会时的讲话中，要求深圳"要按照推动经济社会协调发展的要求，加快以改善民生为重点的社会建设"，"要全面提高社会管理水平，推进社会管理创新，形成科学有效的利益协调机制、诉求表达机制、矛盾调处机制、权益保障机制，统筹协调各方面利益关系，妥善处理人民内部矛盾，维护群众合法权益"。

作为呼应，深圳市在同年12月召开的全市社会建设工作会议上，发布了社会建设考核指标体系。下一个30年，深圳将把社会建设提高到与经济建设同等高度，在创新社会管理、推行社区自治、发展社会组织、提高公民素质等领域先行一步。这也意味着，深圳在社会建设领域上的起步。

还是回到我们的出发点，深圳龙岗区横岗街道六约社区。在诞生出人民调解“六约模式”的这个社区，也历经着整个国家和这座城市的种种变化，尽管略显迟缓，但依然感受到了那远近不一的时代风向。

学者孙立平在《走向社会重建之路》一文中认为：“在中国社会转型的历史关头，面对经济社会生活复杂化提出的挑战，面对社会失序的严峻态势，去除传统的恐惧社会的思维定势，以勇气和魄力重建社会，形成对权力的有效制约，并在此基础上增强权力的治理能力和形成多元化的社会治理模式，造就一个政治、经济与社会相互制衡的结构体系，应当成为我们的明确目标和紧迫任务。”

时势造英雄，英雄亦造时势，社会造民众，民众亦造社会。深圳龙岗区人民调解背景下的“六约模式”，正是这一论断下的调解复兴之路。

众所周知，改革开放三十年后的今天，利益分化已是事实，就不同的利益诉求而言，多元化社会正在逐步形成，如何对不同利益、不同意见进行整合与协调，则是包括人民调解组织和众多人民调解员在内的国家与社会的大命题。

在逐渐失去弹性的中国社会，人民调解面临新的形势。在人民调解“六约模式”迈出第一步的20年后的今天，“社会管理”再次成为中国社会的年度热词，官方与学界不约而同地选择了“社会建设”这一渐进改善路径（尽管二者对于“社会建设”的理解有所不同），人民调解“六约模式”也在复杂的社会现实中，伴随时代与社会而常新。

如何更好地应对这些发展中的新命题，依然难免让人想起这个村社里自发进行的，继而自下而上，最终由上而下的那场生动而有效的实践。

那是人民调解“六约模式”的生动写照。

从这个村社出发，映照大国，在进取之路上，分明又写着那仿佛亘古不变的传说：

“苟日新，日日新，又日新。”

伍 人物访谈

访谈之一

深圳市龙岗区司法局局长何旅华：
“六约模式”是社区变被动接受为主动参与的产物

人民调解工作为何会在深圳龙岗诞生“六约模式”？龙岗区人民调解工作究竟有着怎样的特殊性，又有怎样的生命力？作为司法行政部门的龙岗区司法局，在矛盾纠纷调解处理之中，有怎样的体会和心得？对于一个社会经济发展意义重大的社会稳定，人民调解工作在基层又有怎样的现实意义？

对于这一系列问题，深圳市龙岗区司法局局长何旅华，这位从事基层司法行政部门工作多年的负责人，向笔者谈起“六约模式”的前因后果以及人民调解工作在龙岗区更广阔的未来。

社会经济发展相伴随的特殊区情

问：近年来的深圳市龙岗区，是深圳经济特区内一个较为耀眼的区域，从一度的关外地区到成为如今的大运会主城区；以前所未有的城市化速度推进各项建设，龙岗获得极大发展。那么，在急速发展中的龙岗区，在社会管理、矛盾纠纷诉求方面是怎样的？

答：从1993年1月龙岗区建区，尤其是近年以来，龙岗区发生了巨大的变化，在社会经济方面取得了众多发展成就。作为司法行政部门，如何有效地服务党委政府中心工作，为党委政府排忧解难，是我们着力思考的重点，也是我们工作的出发点。

可以说，在社会管理层面，我们龙岗区存在着一些特殊性。一是特殊的地理区位，龙岗与四区两市交界，点多面广线长，社会管理任务繁重；二是特殊的人口结构，龙岗区流动人口与户籍人口比例为11：1，严重倒挂；三是处于急速的转型发展阶段，正在进行城市化、农转非、重大公共项目涉及的大量拆迁，在大举建设的同时，也存在着不稳定因素。

此前，龙岗区政府有关部门的一个数据说到，各种状况给我们龙岗区的城市和社会管理带来严重挑战，我们的管理任务非常繁重，但管理力量相对薄弱。我们大约是以全市1/6的警力，管理全市43％的面积和1/3的人口，力量明显不足。单从这一数据来看，就可以知道龙岗区面临的社会管理任务较为繁重。

问：针对这一任务繁重的社会管理状况，我们有哪些解决思路？在具体的矛盾纠纷化解上，我们又是怎样做的？

答：针对龙岗城市和社会管理力量分散、管理范围和工作网格划分不清、管理职能交叉、各部门信息不能互通共享等问题，近年来，龙岗区开展了一系列社会管理创新工作，比如实施了基层社会管理的“大综管”，各街道及社区成立了大综管（综治信访维稳）中心，综治信访维稳中心的建立和发挥实效，得到了中央、省、市的高度肯定。

在矛盾纠纷化解上，我们近年依托综治信访维稳中心，积极发挥司法所在综治信访维稳中心建设中的基础作用，建立了以人民调解为基础，人民调解、行政调解、司法调解有机衔接的社会矛盾纠纷“大调解”体系。这一体系就是为了进一步强化新形势下各类社会矛盾纠纷的调处能力，有效维护社会稳定。

我们司法行政部门所主导的人民调解工作，在近年来排查化解了大量的矛盾纠纷，这可以从数据上得以反映。2008年是23296宗，2009年是19169宗，2010年是14086宗，2011年上半年是6890宗。目前龙岗区面临的压力，除了发展经济的压力，还包括经济转型的压力，社会管理的压力，比如大运会、产业升级、城市改造更新等，这些中心工作对于未来龙岗将起到关键作用；也正是有了这些中心工作，我们人民调解工作会遇到众多关系到群众切身利益的种种问题，要解决这些问题，司法行政部门和基层人民调解员就要找准切入点，发挥司法行政部门的职能，化解社会矛盾。

“六约模式”发展历程的台前幕后

问：近年来龙岗区创造了人民调解工作的“六约模式”，能否谈谈你眼中的这一工作模式？

答：我认为，基于六约社区人民调解工作基础上创造的“六约模式”，是我们的社区变被动接受为主动参与的产物，也是龙岗区众多社区参与人民调解工作的典型之一。

首先介绍一下“六约模式”的背景由来。我们知道，从20世纪80年代实行改革开放以来，珠三角地区的村镇经济开始迅猛发展，位于深圳市龙岗区横岗镇（深圳城市化后改为“横岗街道”）的六约社区也不例外，成为当时的一个“明星村”。

伴随着六约社区经济迅猛发展，民间矛盾纠纷也大量增加，当时是以劳资争议和外来劳务工之间的纠纷为主。试想，如果只要其中一桩矛盾纠纷扩大化，那都将影响整个基层社会的稳定，进而影响到整个社区的经济发展。如何及时有效地化解这些矛盾纠纷，维护社区一方的安定，是六约社区历届班子面临的重大课题。

从1990年前后，六约社区准确地选择了人民调解作为解决村（如今称为社区）矛盾纠纷的主要和首选方式，在全国、全省的人民调解普遍由兼职人民调解员承担的当时，六约便开始设立专职人民调解员，并探索实施了一系列做法，下大力气抓好、抓实。

问：可以说，当时的六约村在1990年前后已经具备了较好的人民调解工作的基础。那么，在后面的发展中，“六约模式”又是怎么一步步发展的？这一过程中，你认为有哪些重要因素？

答：一方面，“六约模式”离不开社区领导的重视和社区自我发展的需要；另一方面，“六约模式”也离不开包括国家司法部、省司法厅、市区司法局等上级司法行政部门的悉心指导和提升。

在六约社区，选择人民调解工作解决各类矛盾纠纷的思路，与社区领导的高度重视是分不开的。设立专职人民调解员、定期召开调解工作会、人民调解室的设立和不断完善、调解工作经费的保障，这些都需要社区领导的大力支持。我们清楚，比如六约社区党支部书记陈醒光，被社区工作人员亲切地称为“六叔”，他就是非常重视人民调解工作的。

同时，社区重视人民调解工作也是社区发展的需要。你试想，一个社区要是经常矛盾纠纷不断，社区领导干部、居民群众、企业工厂负责人、工人群体都不得安宁，又如何谈得上经济和社会的发展？因此，让大家和谐相处，出现矛盾第一时间让人民调解员迅速化解，对于基层社区稳定发展有着重要的作用。

另一方面，“六约模式”的诞生和成熟，与上级有关部门的指导密切相关。我记得，自我们区司法局了解到六约社区的人民调解工作后，在“六约模式”的各个发展阶段，国家司法部、省司法厅主要领导、深圳市司法局多次下到六约社区，进行基层调研并指导，对基层工作的创新进行肯定和高度评价，并且实际指导社区调解工作细节使之不断规范。

在“六约模式”的成长阶段，我们区司法局的多位领导和相关科室，倾注了相当多的心思和智慧，对社区在规范化运作、调解协议书制作等多方面给予了实际指导；省司法厅、市司法局的领导干部多次走访调研，让“六约模式”在更宽广的视野中得到了理论提升，并在珠三角地区、深圳全市进行推广；国家司法部领导实地视察，对于基层社区是一种极大的鼓励和肯定。

《人民调解法》出台后的调解复兴

问：从20世纪60年代产生的“枫桥经验”，到如今的“六约模式”，最具中国特色的人民调解工作，走过了数十年的发展历程。目前基层人民调解工作的开展情况是怎样的？作为珠三角地区之一的龙岗区，又有怎样的现实状况？

答：人民调解这个化解基层矛盾纠纷的方法和经验，在我国既有着悠久的历史传统，又有着一套较为完备的组织体系、法律制度体系。在社会转型和经济高速发展的时期，大量的社会矛盾纠纷存在于基层，而基层的社会管理资源相对紧缺，运用人民调解手段，化解各类矛盾纠纷，是国家赋予司法行政部门的法定职能，也是我们区司法局各项职责任务中的重中之重。

在人民调解工作化解社会矛盾纠纷上，我们的工作目标便是，让人民调解组织遍及每一个角落。目前在龙岗区的转型发展中，比如大运会、社区经济转型发展，可能就涉及一些矛盾纠纷，包括个人与集体之间、个人与个人之间、居民和公司之间的矛盾诉求，如何有效地依照法律来处理这类问题，这就需要我们各级人民调解组织发挥“第一道防线”的作用。

从这个层面上来讲，各级人民调解组织在作用发挥上，一方面是防止基层矛盾激化，另一方面是宣传法律法规。2009年，全区人民调解组织调解民间纠纷20601宗，排查民间纠纷5832多宗，防止民间纠纷激化2211宗；2010年，调解民间纠纷14086宗，排查民间纠纷3704宗，防止民间纠纷激化1123宗；2011年上半年，调解民间纠纷6890宗，排查民间纠纷1788宗，防止民间纠纷激化575宗。从这些数字就可以看出，我们的基层人民调解组织在维护基层稳定方面发挥出了重大作用。

问：2011年1月1日，随着《人民调解法》的正式实施，人民调解工作又进入了一个新的阶段。龙岗区如何在新的形势下，让更多的类似“六约模式”的适合基层的人民调解工作模式出现？

答：龙岗区在人民调解组织建设、化解基层矛盾纠纷方面，近年来在横岗、平湖、龙城街道等地进行了较多的探索实践。归根结底，我们人民调解要与基层综治工作、信访工作紧密结合，争取人民调解组织建设“遍地开花”。

目前，龙岗区人民调解组织建设取得了新的发展。在创造了“六约模式”之后，我们继续将人民调解工作向横向、纵向推进，区、街道、社区、居民小组四级人民调解组织已经形成网络体系，同时积极发展企业、物业人民调解组织。目前，全区共有企业人民调解组织1520个，物业人民调解组织255个。一句话，扩大人民调解工作覆盖面，就是我们的目标。

《人民调解法》的出台并实施，让人民调解协议书有了更加严肃的法律效应，确实给我们基层的人民调解工作带来了多重意义。在2011年，贯彻实施和宣传《人民调解法》，成为我们司法局的一项重点工作。

我认为，《人民调解法》是我们人民调解工作中的一个里程碑。在这前后，我们基层司法局也相继开展了在全区131个社区组建人民调解志愿者队伍、“人民调解进法庭”、“人民调解进交警”、“人民调解进卫生系统”等系列工作，总的来说，就是要让人民调解遍及每一个角落，真正发挥人民调解便捷灵活的优势。

从今年上半年开始，社会建设和社会管理创新，成为全社会关注的重点热词；深圳大运会的举办，也给司法行政部门提出了更高的要求。在新的社会形势下，结合龙岗区的区情实际，司法行政部门应该主动思考这一课题。比如如何不断完善诉求表达机制，立足诉求表达，支持公众参与；比如怎样在立足矛盾化解的基础上，有效引导公众参与。总之，发挥调解职能是我们基层司法工作的重点，必须牢牢把握最大限度激发社会活力、最大限度增加和谐因素、最大限度减少不和谐因素的原则，化解矛盾纠纷，服务中心大局。

（访谈时间：2011年7月25日）

访谈之二

深圳市龙岗区横岗街道六约社区居委会副主任、人民调解委员会主任李胜强：

人民调解“六约模式”是六约发展的必然

作为一个基层组织，六约社区是如何看待人民调解工作的？一个社区诞生出一种鲜活的人民调解模式，究竟出于什么原因？人民调解工作与六约社区究竟有着怎样的关系？在六约社区步入深度城市化、社会进入深度转型期之后，“六约模式”又该如何往前走？

临近傍晚时分，在六约社区的办公室里，深圳市龙岗区横岗街道六约社区居委会副主任、人民调委会主任李胜强，接受了笔者近两个小时的采访。

不同时期的村庄内部关系及村社治理

问：20世纪80年代末90年代初，中国开始涌现民工潮，那个时候的六约是一种什么样的情况？当时六约村集体对于社会管理是怎样进行的？

答：80年代的六约村，还是农田遍布，到处都是庄稼地，那时刚刚开放，还是“试验田”的一种做法，我们六约村是从一个小型工业区开始的，当时的发展，还是以农业为主。到了1988年、1989年，我们建设128工业区，开始带动六约村内的各自然村（即居民小组），进行土地开发、修建厂房。

当时的农民工，以广东籍为主，以潮州、梅县等地的外出打工的农民为主，慢慢地发展起来之后，各省的农民工开始进入六约村。

有了厂房，有了投资，有了农民工，有的土地卖给了外商。农民工一到六约村，数量便不少；虽然当时每个厂的规模并不是很大，大约就是100多人，但是几个工厂的人数就让六约村的人口庞大起来了，并且马上就超过了我们本地人口1000多人的数量。

问：那到了90年代中后期，六约迅速发展起来了，村里社会治安又是怎样的情况？

答：到了90年代中后期，六约逐渐形成了一片一片的工业区，农民工从各地涌来，厂房不断扩大，“三来一补”的工业发展起来。这样一来，就让以前的农田开始被利用起来，比如有的办工厂，有的就开始发展商业。

那个时候，我们还是被称为六约村委的。村委会的管理，也是跟着外来工数量增加而开始加强管理的。比较好的一点是，我们六约村较早就成立了治安联防队，在外来工到来之前我们已经这么做了，主要就是为了维护村里的治安状况。

厂房多了，农民工来了，六约村委管理的治安联防员，数量也开始增加了。从最开始的5个人，到7个人，到10个人，到更多，逐渐增加起来，而且每位联防员的工作也多了，压力也大了，六约下面的各个村的管理也开始加大。总的来说，在六约开始进行一级一级的管理工作。

问：到了2000年之后，进入新世纪后国家政策开始强调“以人为本”，村集体的社会管理又出现了怎样的新情况？

答：2000年以后，情况确实有了很大的不同。其中一个便是，以前的农民工是求工厂招他，打他骂他都没有事，因为他怕被炒，因此很听话，当时在法律上不太健全，（对农民工）还有一系列严格管理的办法。

到了这一时期，不少工厂企业招工开始出现不同的困难，有些工厂开始招工难，农民工的处境和意识再也不同于以前。我们村委在发展经济的同时，也非常注重安全生产、社会治安、社会矛盾化解也就是指人民调解。外来工背井离乡在这边打工，也非常不容易，我们也引导他们，一旦有矛盾纠纷，我们会不断推动他们往合法、理性的方向走。

问：2008年《劳动合同法》的实施和下半年出现的金融危机，对于众多工厂、企业和社区的经济发展，都有着不同的影响。这个时候的六约是怎么样的情况？从这以后至今，农民工群体有无出现新的状况，有无新的改变？六约的社会管理工作有无新举措？

答：2008年以后，最初一些企业对实行《劳动合同法》非常抵触，我们社区采取的措施是“一步一步走进去”。首先要让老板明白，才能让员工明白，必须让老板们形成一个超前的意识。

比如说为员工购买社保，让企业老板一口气为所有员工购买社保，实际上很难做到。我们就向企业做解释工作，让他们先买30人，或者先买50人；再比如说《劳动合同法》要求工资按时发放，首先第一步便是让员工工资的表格公开透明化。

六约社区的社会管理工作，这一块也是“摸着石头过河”的。我们的社会管理注重有关法律法规制度与本地实际情况相结合，比如实行厂长责任制，让干部党员带动工作，实行日常工作的检查以确保落实等等。

“六约模式”的前世今生、步步发展

问：外界的一个疑问便是，为什么会在六约诞生人民调解的“六约模式”呢?

答：实事求是地讲，我们做人民调解工作时，从来没有想过要有“六约模式”。我们做人民调解工作的前提便是：搞好社区的人民调解工作，对经济发展大有好处。

改革开放以后，六约的发展逐步就以发展经济为主要方向，征用土地、田地、果地，当时就出现了不少矛盾，这便影响了整个村经济的发展。那个时候，企业工厂用工情况、劳资纠纷矛盾还不是很突出，矛盾也不是很多，只是工伤事故等。

这样下来，必然需要一个专门的部门来充当调解人这个角色，解决这些矛盾和问题。这样下来，我们就结合上面的制度政策，开始让人民调解这个部门发挥起作用来。

我们在解决居民、工厂企业的矛盾纠纷时，感觉人民调解的效果和作用发挥了出来，社区领导很放心，企业也安心，大家都信赖人民调解工作。

问：既然村里进行人民调解工作主要还是为了促进经济发展，那么在“六约模式”的成长和成熟阶段，上级司法行政部门有无对你们进行指导和帮助?

答：六约社区的人民调解工作，一贯以来，是实实在在将其作为一项社区的重要工作来抓，并且我们也尝到了甜头，有事有人办，有事有人理。

这样下来，我们的人民调解工作也得到了鼓励，调解员的聘用、选用，挑选的回乡大学生都是比较优秀的，能够承担压力的。当然，当时社区也有不同的意见，比如说这份靠耍嘴皮子的工作，要这么多人来做吗?

我记得，当时龙岗区司法局的局长来我们这里，感觉我们的人民调解工作的调解纠纷数量为什么这么大，主要是来了解我们上报的数据是否属实。当时龙岗区司法局基层科也过来看了。大家详细了解了我们的做法后，就觉得有必要把这个做法推广一下。

随后，深圳市司法局也有局领导和处领导过来调研了。我记得当时的李英才局长来我们这里，为了看我们的工作是否真实，是偷偷地来到我们人民调解室的，当时我们正在调解一个农民工的矛盾纠纷，并且还对此开了调解会，市局领导当时就觉得我们的做法很有意义，并且对我们的人民调解工作进行了调研。

不久后，省司法厅领导和基层处等领导，也来到了我们社区，也是为了调研我们的做法，帮我们完善人民调解工作。

问：社区集体又是怎么看待“六约模式”的?对于“六约模式”的下一步发展，你们是怎样考虑的?

答：只要对我们的社区有用，我们就会一直坚持做下去，并且结合新的情况，不断完善人民调解工作。

我们会不断地学习，借鉴其他地方的好做法，去更新我们的工作。当然，最重要的是，在学习和借鉴的同时，还是要坚持我们自己的特色，结合我们自己的特点，做到我们的工作保持不倒退、不落后。

从事人民调解工作的个人感言和心路历程

问：你对于“六约模式”的最根本的理解是什么样的?

答：是人，是工作人员的责任心。

为什么这么说呢？社区里的人民调解工作，需要肯去化解矛盾纠纷和有高度责任心的人，要有实干精神，而且可能会遭遇到一些伤害，包括身体上的暴力伤害，更严重的是来自心灵上的一些伤害，比如少数社区居民的风言风语、暗箭。

因此，人是“六约模式”最重要的部分。

问：我们知道，作为一名土生土长的六约本地居民，你从事人民调解工作许多年，获得“龙岗区首席调解员”称号，能否谈谈你从事人民调解工作以来的心得体会和感悟?

答：我个人作为人民调解员，困难还是有的，比如文化素质上还有差距，需要不断地加强文化、法律方面的学习。

做好六约社区的人民调解工作，必须要有一个心态，那就是要为六约的以后发展担当责任，无论做与不做六约社区调委会主任，既然担任着这个角色，那么就要将人民调解工作开展好，发挥出它最大的职能。

我自己也是本地居民，亲眼看到自己所在的地方从种地到盖楼，作为一名基层党员干部，我肯定也想自己这块土地发展得好，为大家为集体出一份力，特别是在社会治安、维稳、矛盾诉求处理方面。对于背井离乡的外来工而言，引导他们理性维权，将他们带向正当的轨道上反映诉求并及时解决，是我们的重要工作，也是保一方社会稳定。

问：你的家人及朋友，对于你从事这一工作的态度是什么样的?

答：家人肯定是支持的。没有爱人的支持，这份工作是没办法干的。因为这工作经常需要加班加点，尤其是心里烦躁，没有家人的忍耐，最好就不要去干人民调解工作。

另一方面，我们在工作场合上有时候必须千方百计地想办法、要有耐心，经常还遇到各种各样不好的现象、社会的阴暗面，这样必然影响到一个人的情绪。我周围的朋友也明显感觉到我烦，有时候周末好不容易凑到一起聚一下，但是突然一个电话打来就必须去处理一些矛盾，经常大家聊不到几句就要离开了。

从事人民调解工作这么多年，周围的人都认为我烦、闷、啰嗦，人变得很啰嗦起来，这可能也是做人民调解太久而形成的职业病。人的心都是肉长的，假如给我选择的话，我肯定选择做别的了。

问：对于未来，你有何打算?

答：现在回忆起来，我能够在人民调解这个领域工作，有幸见证了六约的发展，见到了很多事情。

“人在江湖，身不由己”，对于以后，我对自己说的一句话就是“要看得开”。我在调委会主任这个岗位上做一天，就要做好这一天；能够培养一个调解员，就创造条件让他成长、成熟，将一个基层调解组织做好。

（访谈时间：2011年7月15日）

附录一

“六约模式”之六约人民调解工作年表

1988年

六约村调委会成立后，在各村民小组和企业设立了调解小组，设立调解员和信息员300多人，形成了一级抓一级、层层负责的调解格局。

1990年左右

六约村人民调解委员会正式设立，共有成员8名，其中设立2名专职调解员，其工资待遇以及调委会的办公场地均由村委会出资解决。同时，在各村民小组和40人以上规模的工厂企业分别设立了成员均为兼任的调解小组，组长由村民组长和企业负责人兼任；在40人以下的企业选定一名兼职调解员。因此，六约村是广东省设立专职调解员的“第一村”。

1994年

六约在全村7个村民小组、279家企业设立了调解小组共286个，各村民小组组长、工厂厂长分别与村委、所属公司签订责任书，把防控辖区内发生工人罢工、集体上访等影响社会稳定的突发事件与负责人的奖惩紧密挂钩，做到责任明确，考核到位。同时，把调解与110接处警结合起来，建立调解、信访、治安联动的工作模式。

1995年

六约村人民调解委员会被深圳市司法局授予“1994年深圳市一级人民调解委员会”。

1997年

六约社区根据形势发展的需要进一步延伸调解网络，实现了社区调解委员会、治安联防、信访、工会、妇联“五位一体”的调解机制。

2001年

六约调委会共调处各类民间纠纷2500多宗，调解成功率达98.6％，基本实现“小事不出组，大事不出村（社区），矛盾不上交”，有效地维护了基层社会稳定。

2004年5月

广东省司法厅基层工作管理处干部到六约村实地调研。

2004年7月8日

由深圳市综治委、市中级人民法院、市司法局在龙岗区联合召开了全市人民调解工作现场会，肯定龙岗区人民调解在维稳工作中的重要作用。

2004年7月23日

广东省调解工作会议将六约调委会列为代表参观点；会议召开期间，广东省司法厅领导带领全省23个城市的司法局局长，专程来到横岗街道六约社区居民委员会调委会参观考察，一致赞扬六约人民调解工作“抓得细，做得实”。

2004年8月

村调委会变更为社区调委会，调委会由群众民主选举产生，居委副主任担任调委会主任，同时兼任治保主任，除4名专职调解员外，把居委会成员、工会、团委、外经办等群团组织成员吸收到调解员队伍中来，各居民小组组长、企业负责人担任调解小组组长，社区的治安联防队员都是调委会的信息员，调委会—调解小组—调解员—信息员的四级网络初步健全。

2005年年初

国家司法部授予六约调委会“全国标兵人民调解委员会”光荣称号。

2005年7月

龙岗区领导在横岗街道调研，提出了“六约模式横岗化”的工作设想。

2005年9月2日

龙岗区区委、区政府在横岗街道六约社区召开全区人民调解工作现场会，会议印发了《关于在全区推广人民调解工作“六约模式”的实施意见》，安排部署在全区推广六约社区的成功经验和崭新模式。

2005年9月2日、3日

《深圳特区报》连续两天头版报道人民调解“六约模式”的推广工作。

2006年2月27日

在深圳市司法局的支持下，《人民日报》、《法制日报》、《南方日报》、《羊城晚报》、《深圳特区报》等主流媒体先后推出了“六约模式”的系列报道，详细剖析、解读“六约模式”的成功之道。

2006年2月底

龙岗区司法局开始分批对全区127个社区调委会进行检查验收，高标准、严要求考核各社区推广“六约模式”的完成情况。

2006年4月12日

深圳市人民调解工作现场会在龙岗区召开，部署在全市全面推广“六约模式”的相关工作。

2006年4月15日

国家司法部副部长张苏军到六约社区调研人民调解工作，高度赞扬“六约模式”在维护基层社会稳定中发挥了显著作用，具有强大的生命力，“值得认真加以总结，并向全国推广”。

2006年4月21日

广东省人民调解“六约模式”专题座谈会在龙岗召开。广东省司法厅杨日华副厅长和珠三角8个市的司法局分管基层的负责人赴六约社区参观调研。

2006年11月30日

《南方日报》刊发《邻里有纠纷，找调委会调解去》的深度报道，认为：“深圳龙岗六约社区创新调解工作模式建立和谐社区，该社区人民调解工作形成‘政府主导、社会参与、专兼结合、形成网络’的‘六约模式’。”

附录二

中央、省、市级媒体对“六约模式”的报道实录

（一）《法制日报》报道

深圳人民调解“六约模式”系列报道之一

“逼”出来的“第一选择”

记者　李伟雄　通讯员　晓马

导读

广东深圳市龙岗区横岗街道六约社区构建政府主导、社会参与、专兼结合、形成网络的人民调解工作格局，创出一套行之有效的人民调解工作机制，做到事事有人调解，处处防患未然，及时把各种矛盾和纠纷解决在基层，消除在萌芽状态，实现了社区和谐稳定和经济快速发展，形成了为人称道的人民调解“六约模式”。

我国人民调解是植根于历史悠久的中华文化土壤，并在长期实践中不断发展和完善起来的一项重要的民主法律制度，在国际上享有“东方经验”、“东方一枝花”的美誉。与其他解决矛盾纠纷的方式相比，人民调解注重情理法的结合，具有方便、快捷、灵活、无偿、成本低廉和对抗性弱，解决纠纷彻底、没有后遗症的特点，符合社会和民众的需要，有利于建立良好的人际关系，进而维护正常的社会秩序和法治环境。因此，不断推进人民调解制度的改革和发展，是我国建设和谐社会的客观需求。

六约社区人民调解工作能够取得突出成绩，关键在于党委、政府的高度重视和支持。该社区党总支和居委会把人民调解作为新时期化解社会矛盾纠纷的首选方式，舍得投入人力和物力，从办公场所、人员、经费等各个方面全力支持，为调解工作的顺利开展提供了坚实保障。六约的成功经验证明，高素质的专职调解员队伍是做好人民调解工作的基础。六约通过选聘一批热爱调解工作，且具有一定政治、业务素质和文化水平的人员担任专职人民调解员，由这支专职队伍进行组织调解网络、组建志愿者队伍、调解重大纠纷的具体工作，从而把矛盾纠纷排查工作落到实处，变被动调解为主动调解，变事后补救为提前预防。“六约模式”充分体现了现代社会管理理念，大大节省了司法成本和社会综合成本，花小钱解决了大问题。

六约地处我国改革开放的前沿地区，六约人民调解的成功实践，无疑具有启示意义

和借鉴作用。

本报从今天开始，推出对“六约模式”经验介绍的三篇连续报道，详细介绍六约人民调解工作的做法和成功经验。

深圳市六约社区调委会的成员不多，只有10个人。就是这10个人以及他们率领的调解员队伍，近五年来每年平均调处各类民间矛盾纠纷500多宗，调解成功率年年在98%以上。经过他们的努力换来了社区十多万人的安居乐业。

记者近日来到六约社区党总支和居委会办公大楼，只见宽敞明亮的人民调解接待室里，墙上挂着民间纠纷处理程序示意图和有关人民调解工作的各项规定，四五个调解员正坐在一字排开的接待台前忙碌着，有的与当事人交谈，有的在整理文书材料。六约社区党总支书记、六约股份合作公司董事长陈醒光对记者笑言：“人民调解已经成了我们社区化解各类矛盾纠纷最主要也是最有效的手段。这个‘第一选择’，实际上是形势发展‘逼’出来的。”

六约是当年由六个小山村联合起来而得名，去年因实施城市化改造才从农村变成社区，“约”在广东客家话中是联合的意思，其中有和谐、稳定的含义。深圳建立特区之初，面积12.5平方公里、居民只有1100多人的六约矛盾纠纷不多，而且基本上发生在个人、家庭与邻里之间。家庭或邻里发生了争执，村里的长辈一出面调解，往往很快就得到平息。不同族姓的村民之间发生了民事纠纷，当时的村委会也基本上可以顺利调解处理。

20世纪八十年代末期，原来以耕种为主的六约有了近百家工厂企业，外来务工者数量一下子远远超过了本地户籍人口。外来务工者大量涌入后，六约在经济获得迅速发展的同时，社会格局也发生了很大变化，各种民间矛盾纠纷呈几何级数增长，而且向个人与企业、集体之间的矛盾转变，纠纷类型复杂化，矛盾主体多元化，涉及经济利益的劳资纠纷尤为突出。当时的村委干部几乎成了天天忙于“救火”的“消防员”，刚刚接待完这家工厂的工人上访，又急着赶到另一家企业处理停工事件。尽管忙得焦头烂额，越级上访等群体性的事件还是时有发生。

“这样被动应付下去，村干部吃不消，六约也形成不了良好的投资环境，”陈醒光回忆说，“当时村里的干部多次商量对策，后来大家从司法行政部门领导的谈话中受到启发，决定试试看能否从传统的民间调解中找到出路。”

1990年，六约村人民调解委员会正式设立，共有成员8名，其中2名专职调解员的工资待遇以及调委会的办公场地均由村委会出资解决。同时，在各村民小组和40人以上的工厂企业分别设立了成员均为兼任的调解小组，组长由村民组长和企业负责人兼任；在40人以下的企业选定一名兼职调解员。

六约覆盖全村各企业和村民居住地的调解网络，头一年就发挥了明显作用：调处各类矛盾纠纷100多宗，其中大多数在萌芽状态就得到了解决。村干部再不用忙于“救火”，有了更多时间和精力去做好招商引资、村务建设、治安管理等关系到全村发展的大事。

人民调解果真管用！尝到了甜头的六约村村委会对人民调解愈加重视并舍得投入，拨给调解委员会的经费逐年增加，十多年来光投入用于调委会硬件设施建设的款项就达近200万元。给调委会除主任配备专车外，还配了一辆业务用车。村委办公大楼落成后，专门为调委会安排了3间办公室，其中1间为人民调解庭，办公室里电话、电脑、打印机、复印机、传真机、录音照相摄影器材等样样齐备。

“六约的人民调解组织能有今天的规模和成绩，与村委会的重视和支持密不可分。”从六约调委会成立时起就连续13年担任该会调解组组长、现已退休的陈仕荣回忆说：“当年村集体经济并不富裕，但我们向村里要经费基本上是有求必应；交通工具紧缺，村书记当场表态随时用车随时支持；到工厂企业现场调解经常在外用餐，村委对我们的费用全部报销；我们出去参加各种培训，村委会在时间和经费上从来都是全力支持；工作遇到难题了，村委领导总是鼓励我们大胆尝试，依法去做。那时候尽管工作很忙很辛苦，但大家心里都有股劲，热情很高，没有一个人叫累。”

六约对人民调解工作的投入，不仅仅在硬件设施上，而且体现在软件建设上。六约调委会的专职调解员从最初的2个人增加到现在的5个人，调解网络将触角延伸到社区的各个角落，以及调解、治安联防、信访、工会、妇联“五位一体”调解机制的完善等等，都是在社区各个方面尤其是党总支和居委会的支持帮助下实现的。

经过十多年的不懈努力，如今在六约，社区调委会已经有了很高的威信，人们有了争议，都愿意找到社区调委会让调解员来“做主”。有一件事虽过去了好几年，但六约的老居民说起来仍赞不绝口：当地有两兄弟分家产，因一堵墙的权属闹起了纠纷，其中一方找到了六约调委会，居住在香港的一方却把官司打到了法院。法院判决后，兄弟俩仍然争斗不休，问题还是没有解决。调委会于是派调解员上门仔细了解情况，又分头做两家人的思想工作，逐个解开他们的心结，终于让兄弟俩达成协议解决了纠纷，已经整整7年不来往的两家人握手言和，从此化干戈为玉帛。

一些原本打算将工厂迁到外地的老板，看到调解委员会真心实意依法维护劳资双方的权益，觉得还是在六约投资放心，结果不仅不迁厂，还加大了投资。一些外来劳务工在工厂迁走后，继续留下来到当地其他企业工作，他们说在六约务工权益有保障，心里更踏实。

六约社区的暂住流动人口现已高达12万余人，是本地户籍人口的近70倍。尽管近年来民事纠纷数量大、种类多，但没有一起引发成刑事案件、自杀、上访或群体性事件。六约调解组织以他们辛勤的劳动和卓有成效的工作，筑起维护社会稳定的“第一道防线”，营造了社区安定和谐的局面，被誉为新时期人民调解工作的“六约模式”。2005

年3月，六约社区调委会被司法部授予“全国标兵人民调解委员会”光荣称号，成为深圳市唯一获此殊荣的社区。

和谐稳定的社会环境为六约经济的快速健康发展提供了有力保障，目前六约的各类企业已发展到370多家，去年社区集体经济总收入近1.5亿元，纯收入6310万元，人均纯收入3.7万元。

（《法制日报》2006年2月28日第5版）

深圳人民调解“六约模式”系列报道之二

密织网络确保矛盾纠纷不出社区

记者　李伟雄　通讯员　晓马

在深圳市六约社区人民调解委员会办公室的墙上，挂着一幅“六约人民调解工作进度表”，年内每个月发生了多少件、什么类型的纠纷，调解成功了多少件，表上都记得清清楚楚。

“网络到位是做好人民调解工作的前提，我们力争从源头上解决各种‘导火索’式的隐患。”六约社区党总支书记陈醒光介绍起调解网络来如数家珍，“我们在社区的7个居民小组和员工100人以上的企业中设立了调解小组286个，每个调解小组由2至3名调解员组成，组长由居民组长和企业负责人担任；在100人以下的企业设调解员1名。除了社区调委会的5名专职调解员外，其他的人民调解员全部是兼职，其所在的调解责任区由谁管辖，办公经费和工资报酬就由谁负责。另外，我们还在各居民小组和企业中选任了300多名信息员，全社区的保安员也同时兼任信息员，发现矛盾纠纷苗头及时向社区调委会、信访办以及公安派出所报告情况。”

有了层层延伸的网络，如何确保这支由专职和兼职调解员组成的队伍真正发挥作用？六约社区党总支、居委会和调委会对此自有招数。他们实行人民调解工作目标责任制和调解人员岗位责任制，规定“小纠纷不出厂，大纠纷不出社区，特大、疑难纠纷立即上报”，并通过签订责任书的形式，把辖区或企业内发生罢工、集体上访等影响社会稳定的事件与调解组组长的奖惩紧密挂钩，严格考核。此外，通过调委会成员例会、调委会主任和调解小组组长例会，通报信息，交流经验，分析问题，总结和部署阶段性工作。另外，实行日常排查与定期排查相结合，使调解员和信息员树立抓苗头、抓隐患的意识，有针对性地加强预防和调解工作。

在社区调委会内部，则实行首席调解员制度、汇报制度、回避制度、监督制度、回访制度、总结评比制度等，通过制度来规范运作。为了稳定专职调解员队伍，社区调委会每月除发给固定工资外，还给予误工补贴和交通通信补助。社区居委会每年也对工作突出成绩显著的调解员给予表彰奖励。

有效的组织体系和制度保证，使得调委会—调解小组—调解员—信息员形成的四级调解网络犹如密织的渔网，确保了六约社区里10多万人的件件纠纷基本得到及时发现和调解处理。

六约社区调委会每月都开展一次对民间纠纷的全面排查活动。他们组织全社区信息员，利用“离得近、谈得来、群众信任”的优势，深入工人和居民中，摸清矛盾纠纷的种类、数量、原因等，及时上报调委会，然后由调委会按照分级负责、归口办理的原则，交由相关部门牵头，根据事件的轻重缓急确定调解时间，并在安排调解人员和工作方案后进行调处，将大量矛盾纠纷解决在萌芽状态。

每季度在全社区范围内开展一次欠薪大检查，则是六约社区调委会针对劳资纠纷突出的情况而采取的措施。一旦在检查中发现有拖欠工人工资两个月以上的企业，马上对企业负责人进行劳动法律法规的宣传教育，责令其整改，按时发放工人工资。六约社区居委会副主任、调委会主任李胜强给记者看了一份《六约社区企业工资发放情况调查表》，“我们现在要求各企业每月30日前如实填报一次工资发放情况调查表，对填报虚假数据、严重拖欠工人工资引发上访事件或集体经济损失的，要追究企业负责人的责任”。

在六约社区调委会采访，其规范的工作程序给记者留下了深刻印象。他们在统一收案、统一研究案件、统一制订调处方案、统一进行人员分工的基础上，确保了收案、调处、移交和归档四个环节的规范操作。先说受案这个环节，调解委员会根据当事人的申请，把受理的纠纷在“民间纠纷受理调解登记表”上登记后，对简单的纠纷指派调解员直接进行调解，复杂的纠纷则在调解室进行调解；再看调解处理，每一个纠纷的调处都做到了有询问笔录、调解笔录、调解协议书以及相关的书证材料，调解笔录和协议书都按照中央两办、司法部和最高人民法院有关规定的要求规范制作；到了移交这个环节，对难度较大、调解不成的纠纷案件，制作“协助调处申请书”，加盖社区调委会印章后移交至街道调委会调处，或直接引导当事人循法律途径解决；最后是归档，每一纠纷调处的文书材料都及时按一案一档装订成册，分类存入档案库里保存。

除了占到九成比例的劳资纠纷外，其他如婚姻家庭纠纷、邻里纠纷、房屋纠纷、债务纠纷等，六约调委会也时常遇到。根据纠纷的性质、大小，六约调委会采取了直接调解、间接调解、公开调解、联合调解等不同的解决方法。对复杂事件及疑难、重大矛盾纠纷决不瞒报回避，而是及时报请社区领导出面与上级有关部门研究，依法依理确定调解方案后，再由社区调委会进行调处。

从1997年起，六约社区就根据形势发展的需要进一步延伸调解网络，实现了社区调解委员会、治安联防、信访、工会、妇联“五位一体”的调解机制，各部门在工作中既有明确分工，又紧密配合，实现了对辖区内各种纠纷的信息传递、积极预防和有效调解。

记者看到李胜强的名片上还印着另外一个职务：社区治保主任。“这样是为了确保调解与信访、治安衔接到位。”他告诉记者，调委会的两位副主任分别由信访办主任和妇联主任兼任，另外其他7名委员中还有社区工会、团委和外经办的负责人。各居民小组的调解工作负责人由居民小组长兼任，妇女组长或治保队队长兼任调解员。企业调解小组的负责人由厂长或经理兼任。社区治保会还通过组建专业和义务治安巡逻队，把调解与110接处警结合起来。

“五位一体”的最大好处，是事事能找到可以解决问题的负责人，能够协同各方力量一揽子处理纠纷。

去年8月1日清晨6点半钟，调解委员会接到急报：一公司的176名员工已在路边集合，准备集体上访。李胜强立即带领调解、治安、信访、工会等相关人员赶到现场，晓之以理，动之以情，将员工们劝回厂里。接着，各方人员分工负责，有的收集员工意见，有的宣讲法律法规，有的与厂方负责人协商。经过近三个小时的艰苦工作，劳资双方终于坐到了一起。厂方答应：加班每日不超过3小时，提高伙食质量，调整工资标准，规范工厂管理，在工人要求辞工时不设卡刁难。员工们的要求得到满足，一起可能酿成的重大事件就此平息，工厂也恢复了正常运转，劳资双方都对调解工作伸出了大拇指。

说起当时的经历，李胜强感触很深：“没有‘五位一体’的协同作战，这样一起大规模群体性上访事件是很难平息的。”

通过强化调解组织，规范调解制度，摆正调防关系，讲究调解技巧，注重调解效果，六约社区调委会化解和排除了大量的矛盾纠纷，做到了“小事不出组，大事不出社区，矛盾不上交”。自2001年以来，六约调委会共调解各类民间纠纷2800多宗，帮助挽回经济损失1280万元，为劳务工追讨工资近1000万元，整个社区的民事纠纷调解率基本上达到100％，成功率达到98％以上，连续5年无矛盾纠纷上交、无缠讼和群体上访事件、无民间纠纷转化为刑事案件或恶性事件。

（《法制日报》2006年3月1日第5版）

深圳人民调解“六约模式”系列报道之三

“三心精神”化解桩桩疑难纠纷

记者　李伟雄　通讯员　晓马

“有个工人要跳楼，我得马上赶过去。”去年12月27日下午2时许，正在办公室接受记者采访的六约社区调委会主任李胜强，在接了一个电话后拿起公文包就急匆匆往外走。记者紧随着李胜强用了约5分钟时间坐车赶到现场，只见一栋六层楼的楼顶天台上，一个三十来岁的男青年正坐在护栏边。民警和消防员已赶到，楼下还站了不少围观的人。

见到李胜强，刚才打电话给他的治安队队员连忙迎上来，一边陪着他往楼上走一边介绍情况。原来，这是一起由医疗费报销纠纷引发的事件。在当地一家塑胶厂务工的陈某，前几天在医院检查时被诊断出患了肺结核病。当陈某拿着医疗费单据回到厂里要求报销时，厂方以其未事先征得同意为由不给报销，陈某一气之下爬上厂房楼顶声称要跳楼自杀，而且不让民警靠近，情绪失控。

"你不要紧张，有什么事情想不通呢？"李胜强在离陈某约3米远的地方站住，表明身份后与陈某聊了起来。听了陈某叙述事情的经过，李胜强当即明确表态："根据劳动法规定，这笔先期诊疗费应由厂方承担。"接着又对陈某说："听说你有老婆和两个孩子，你要为家人考虑，珍惜自己的生命，不能丢下他们不管……"经过不断劝说，陈某被说动了，终于起身走下了护栏，跟着李胜强一起来到工厂办公室。在随后进行的调解中，厂方负责人将医疗费付给了陈某，双方还就后期的医疗事宜达成了协议。一场可能酿成重大事件的风波就此平息，李胜强长长舒了一口气。

"突发的事件经常有，对我们来说任何时间都是工作时间，手机每天24小时都得开着，准备一有事就随时出发。"在返回办公室的路上，李胜强与记者聊着刚刚经历的事，已经显得很平静。他在六约社区调委会主任的位子上已干了六年多，今年刚刚40岁出头，但看上去比实际年龄大不少。说起工作的甘苦，他深有感触："调解员一定要有耐心、细心、责任心，没有这'三心'就别想干好调解工作。只要有了这三心，困难再大也可以克服。"

六约社区调委会成员共有10人，其中5名专职人民调解员年龄最大的50岁，最小的不到25岁，从事调解工作最长的是10年。专职调解员的头儿——调解组组长陈志雄今年31岁，1997年从乡镇企业管理专业大学毕业回乡后，就一直在这里工作，每年平均调解大大小小各种类型的纠纷上百件。

"没有家属的理解和支持，调解员的工作是很难干下去的。"当年在谈恋爱时陈志雄就将困难仔细说给女朋友听，让女朋友知道他的工作性质。结婚后他常常饭碗一推就出门调处纠纷，三更半夜才回家，有时忙得连小孩病了都顾不上，但妻子毫无怨言。

去年9月1日夜晚11时许，联防队队员发现有一家工厂的40多名工人在六约大和公园聚集，准备第二天一早到区里集体上访，反映工资福利待遇低等问题。陈志雄获悉后，立即带一个调解员赶到现场了解情况，并通知了厂方。没想到厂方经理到场后，一开口就威胁工人，说要按旷工对他们进行处罚，把工人们刚刚被平息下来的情绪搅了起来。陈志雄当即严肃批评了这位经理，接着又劝说工人们回厂，表示次日一定会到这家工厂调解处理。被说服的工人们回到工厂，进大门时见厂方在门口摆了一张桌子准备逐个登记，又接受不了了，一个个拔腿就往外走。陈志雄急忙两头来回做工作，最终好不容易让厂方撤销了登记，把工人们一个个送回到厂里的宿舍，这时已是凌晨2点多了。第二天上午9点钟不到，陈志雄就和另一名调解员赶到了厂里，召集双方代表开始进行调解。经过反复的协商和调解，到了中年近1点钟，双方终于达成协议：厂方承诺缩短平时的加班时间，提高加班工资标准，在工人有正当理由时允许请假或辞工；工人们同意马上复工。几天后陈志雄他们又进行回访，证实调解协议已得到全部落实。

“调解调解，实际上就是通过我们的依法协调来化解纠纷，讲究的是平等协商，自愿达成协议。我们既要从法律角度分清是非，调明事理，还要把争议各方的感情调顺，不留下后遗症，达到真正解决矛盾的目的。”陈志雄说，“这些年经过我们调解达成协议的，没有一个人反悔，全部都履行了承诺。”

百分之百的调解协议履行率当然来之不易。为了提高调解员的整体素质和工作水平，树立人民调解组织的公信力，六约调委会以及有关方面付出了巨大努力：一是注意人员选配和优化队伍结构。要求调解员懂法律政策、善调解又有一定的政治思想水平，同时还兼顾到了调解队伍的老中青搭配。目前六约社区调委会的10名委员平均年龄35岁，其中4人具备大专以上文化程度。为了做好日渐增多的外资企业的调解工作，去年六约调委会还专门招调了一名英语专业的女大学生。二是抓好业务培训。社区调委会主任参加区司法局组织的培训，其他调委会委员和专职调解员由街道司法所培训，兼职调解员和调解信息员由社区调委会在街道司法所的指导下培训，每年还组织调解人员外出考察学习其他地方的调解工作一到两次，并邀请其他地方的调解机构来交流经验。三是主动接受有关部门的指导帮助。街道司法所定期对社区调解工作进行检查指导，帮助调处复杂疑难纠纷，并组织调解员到法庭观摩学习，提高调解技巧和制作调解文书的水平。四是完善内部管理，确保整个调解过程的公开、公平和公正，真正做到依法调解和规范调解。

“社区调委会的调解确实管用。”叶先生在六约投资开设的眼镜厂员工多达5000余人，员工之间以及员工与厂方之间难免发生摩擦和“碰撞”，因此他对人民调解的作用非常了解：“我们尽量将内部纠纷解决在厂里，实在调解不了的，就告知当事人到社区调委会。这些年我们厂里由社区调委会调解的纠纷，每一宗都得到了妥善解决。”

“社区调委会的调解让我们服气。”本文开头所述的发生跳楼风波的工厂经理连先生告诉记者，他们在事发后第二天就按照调解协议为陈某办了辞工回家治病手续，并一次性向陈某支付了补偿金和医疗费用15000元。记者事后在六约调委会看到了对这一纠纷的调解卷宗，卷宗里有调解申请书、受理调解登记表、调解调查笔录、调解笔录、调解协议书，还有陈某的离职申请、15000元的收据以及他的病历、医院检查报告和身份证、工卡的复印件。

曾经在六约兴昌玩具厂务工的小周向记者讲述了自己的亲身经历。他在上班时被机器砸断了左手中指，治疗后还是落下了残疾。去年9月月初，小周拿着工伤鉴定报告找厂方要求辞工并给予一次性伤残就业补助金和医疗补助金赔偿，厂方却一再推卸责任。多次索赔未果后，小周在去年11月月底找到了六约社区调委会，接待他的陈志雄马上与厂方联系，第二天就与另一位专职调解员黄永忠共同调解此事，不到一个小时小周就与厂方代表达成协议，拿到了工伤赔偿5000元和辞工补偿1000元。这个憨厚的小伙子感激之情溢于言表："多亏了调解员为我做主！"

与陈志雄一同为小周的纠纷进行调解的黄永忠也是本地人，原来在居委会负责接待工作。2004年1月他被社区调委会聘为专职调解员后，从此喜欢上了这项工作。"虽然工作比原来更忙更累，工资也没有原来高，但能够为别人排忧解难，让我感到很充实。我们最开心的时候，就是调解成功的时候，那是一种责任感、正义感得到充分体现后的快乐。"他说起去年的一件事，当时他主持调解一个女工因治病与厂方的纠纷，在双方僵持不下时，他两边耐心做工作，讲情讲理讲法，让双方逐渐达成共识。经过数十次调解，女工终于从厂方拿到了8000元的医疗补助，激动得流着眼泪跪在地上向他表示感谢。"那一刻，我为自己的调解成功万分高兴。"

活跃在六约社区十多平方公里土地上的人民调解员队伍，以他们的"三心精神"调明了事理，调顺了民心，促进了这一方热土上十多万人的安居乐业。他们在群众的信任里不断提升自己的人格魅力和调解水平，也提高了群众的法律意识和对党、对政府的信任感，促进了群众对美好生活的向往和不断追求。

（《法制日报》2006年3月2日第5版）

（二）《南方日报》报道

《六约模式：一个基层社区的调解之路》系列报道之一

一种自下而上生长的力量

深圳“六约模式”的可贵之处在于其“草根性”

开篇语

“小事不出组，大事不出社区，矛盾不上交”。深圳龙岗区横岗街道六约社区人民调解工作创造出“六约模式”，通过健全网络、建立机制，将各种矛盾化解在基层、消除在萌芽状态，筑起维护社会和谐稳定的“第一道防线”。2005年，国家司法部授予六约调委会“全国标兵人民调解委员会”光荣称号。

在经济迅猛发展、城市化建设快速推进，社会矛盾、群体性事件不断上升的社会转型期，在构建和谐社会的时代主流中，“六约模式”作为人民调解的一种成功模式，有效地将矛盾化解在基层，这对于深圳、广东甚至全国来说，无疑都可以提供有益的借鉴。

本报从今日起将推出系列报道，对“六约模式”进行一番扫描和解读。

“我们既要经济发展，又要平平安安”

“约”在客家话中是联合的意思，“六约”就是指六个小村庄联合在一起，暗含着和谐、稳定的意思。客家人一贯重视和睦相处，然而，随着经济发展，城市化建设的快速推进，矛盾纠纷不可避免地增多。

“你们别过来，否则我就引爆煤气罐！”搬运工小李工作时不慎摔断了腰，向厂里索要医药费遭到拒绝，一气之下就抱起了煤气罐。六约调委会的调解员接报后赶到现场，经过劝说，对方放下了煤气罐，一场一触即发的恶性事故得到了化解。

这是六约社区人民调解寻常的一幕。在这个面积12.5平方公里，户籍人口1700余人的社区里，有320多家企业，流动人口超过了10万。外来人口如此密集，按照六约社区党支部书记陈醒光的说法，“矛盾发生频繁，如果处理不好，分分钟会出大问题”。

“我们既要经济发展，又要平平安安”。只有安其居，方能乐其业。人民调解因其便捷、及时、低成本而成为六约人解决纠纷的第一选择。

“老婆说我比做生意的还要忙”

“六约的人民调解工作起步早。”回忆起早年的事情，干了13年调解工作的老村长陈仕荣颇有些感慨。“那时候我既当村长，又做调解，忙得每个星期只有周日才能休息半天，整天不着家，连老婆都说我比做生意的还忙。”

“后来因为事情实在太多，1990年村调委会调整的时候，就特别设立了2名专职调解员，这在当时的龙岗还是‘头一遭’呢。”说起这事，陈仕荣显得有些自豪。

“不过，虽然有了专人负责调解，但那时候调解工作基本上还是靠我们调委会‘单门独户’进行，碰到那些比较复杂、涉及面广的群体性矛盾，我们处理起来就比较棘手。”于是，1993年龙岗建区后，六约社区居委会再次进行调解工作改革，建立了调解、治安联防、信访“三位一体”的全新调解机制。1997年，又把工会和妇联的职能与人民调解工作结合，形成调解、治安联防、信访、工会、妇联“五位一体”的调解机制。

经过10多年的实践摸索，“六约模式”才慢慢成型：在配备专职调解员的基础上，纵向构建了“调委会—调解小组—调解员—信息员”的四级网络，横向建立调解、治安联防、信访、工会、妇联“五位一体”的调解机制，对社区内各种矛盾纠纷进行全面掌控，积极预防、有效调解，从源头上解决各种“导火索”式的隐患。

触手可及的人民调解

对于在六约居住的人们来说，人民调解、“六约模式”并不是一个空泛的概念，而是身边触手可及的事物。

在某玩具厂当机修工的小周在工作时不慎夹断了左手中指，想找厂里“补点钱”，却被厂方以“没有这个规定”为由拒绝了。见与厂方“谈不拢”，小周出了工厂就直奔调委会。通过调解员耐心细致地做工作，小周最后拿到了5000元的补偿金。

像小周这样找调委会“做主”的人并不在少数。由于调解效果好、威信高，调委会成了群众的“主心骨”，人们都说：“有了纠纷不用急，找调委会说理去。”据统计，自2001年以来，调委会每年平均调解各类纠纷500多宗，调处成功率98.6%，没有发生过一起“民转刑”案件，有效地维护了社区稳定。

“‘六约模式’的可贵之处在于其‘草根性’，”深圳市司法局局长李英才博士指出，“它不是那种自上至下、一朝一夕打造出来的模式，而是从大量基层探索和实践而来，是经得起检验的成功模式。”

（《南方日报》2006年2月27日第4版）

《六约模式：一个基层社区的调解之路》系列报道之二

人民调解以人为本的范例

深圳“六约模式”折射出六约人新型的社会关系

记者 何莎 陶然 通讯员 晓马

“做好调解工作是我们的分内事”

“没有社区党支部、居委会领导的支持和重视，人民调解工作很难做得好。”采访中，68岁的老调解员陈仕荣将这话重复了几次。这一观点，得到了六约调委会主任李胜强的认同。

“就说这传呼机吧，早些年还是个稀罕物，可因为工作需要，那时居委会就给每个调解员配了一个；见调委会没车不方便，书记当即表示，只要调解需要，不管什么时候，打个电话就给派车。”在陈仕荣看来，跟以前相比，调委会的硬件设施有了很大变化，“现在调解员都用上了手机，调委会也有了车”，但是，“社区领导对调解工作的重视，却一直没变”。

为什么如此重视？六约社区党支部书记陈醒光认为，现在社会矛盾纠纷大量增加，如果都挤到信访和诉讼上，势必使法院不堪重负，党政领导陷入矛盾纠纷的漩涡中，耗掉大量时间和精力。因此，化解人民内部矛盾，既不能推，也不能拖，更不能回避“上交”了事。“做好人民调解，把矛盾解决在基层，是我们的‘分内事’，是身为基层干部的‘职责所在’”。

“没见过像你们这么高水平的调解员”

一支高素质的专职调解员队伍是六约社区做好人民调解工作的“法宝”。他们各有所长，有的英语说得溜，善于跟外企老板沟通；有的能言善道，再难缠的当事人也能被说得心服口服；有的经验丰富，“疑难杂症”通通“手到病除”……他们活跃在社区的每个角落，不断消除各种“导火索”，主动、及时地化解各种矛盾纠纷。

谈到调解工作的体会，调委会主任李胜强说：“关键在于心态要正，只有自身坐得正，才能在调解纠纷的过程中做到公平、公正，老百姓才服你。”如何才能做到公平、公正？有着13年调解工作经验的陈仕荣认为，依法调解是人民调解的生命所在。“站在法律的角度处理纠纷，按法规办事，才能做到不偏不倚”。

这话得到了调委会组长陈志雄的赞同。“现在群众的法律意识普遍有了提高，遇到纠纷，往往要从法律的角度讨个说法、问个明白。依法调解，既避免了‘和稀泥’的现象，又能提高人民调解的社会公信力，而且，从法律角度对当事人进行教育、解释和劝导的同时，也是对群众普法宣传。”

正因为法律在调解工作中占有如此重要的地位，调解员对那些与工作相关的法律法规是烂熟于胸，按照陈仕荣的说法，“可以脱口而出工伤事故的赔偿标准”。一次处理某个鞋厂工人触电死亡的工伤事故，死者家属从老家请来的律师开口就索要46万元的赔偿。陈仕荣当即根据法律规定的赔偿标准进行反驳。对方见势不妙，表示愿意坐下来调解，谈了3天，最终确定了6万多元的赔偿金额。那位律师临走的时候，对六约调解员赞不绝口：“我走过那么多地方，还没见过像你们这么高水平的调解员。”

公众的信任高于一切

调解是个辛苦活，既琐碎又麻烦，什么时候接到任务都得出动，但对于六约的调解员来说，这些都不在话下。有时候，怎样获取当事人的信任，才是他们最为头痛的一件事情。

“前年10月，大和村一家工厂的40多名工人因不满工厂的一些做法，准备到劳动部门上访。我们接报后赶到现场调解，但工人一见到我们就四处散开，也不愿回答任何问题。”陈志雄回忆说，不管他当时做出什么保证，出示什么证件，工人们都不予理睬，后来，见他当场对工厂管理人员的不当行为进行指责，说话公道，才消除了警惕心。

“为了保证调解的公信力，我们规定调解员不得随意进厂，干扰企业的正常生产，也不能随便与工厂领导喝茶、吃饭，密切交往；进厂调解，必须有两名以上的调解员；如果调解员与当事人一方有利害关系，必须回避。”

老百姓是很实际的，在他们眼里，只有真正替他们说话，真正“管用”的调解才能让人心服口服。陈先生在六约某工厂做保安，因为得了胃溃疡，治病欠下一屁股债，向厂方索取生病期间的工资，也遭到拒绝。走投无路之下，找到了六约调委会。调解员马上跟工厂联系，不到半个小时，公司负责人就把钱送到了陈先生手上。

调解一案，说服一片。现在，社区调委会成了群众心目中最值得信任的地方。一位专替打工者说话而被誉为“工人代表”的王先生对调委会的工作竖起了大拇指，“我从来没有见过哪一个调委会做得像六约这么好。不管群众带着什么样的怨气，什么样的难题过来，他们总是‘一杯热茶，坐下来慢慢谈’，毫无半句怨言。”

信任不仅来自劳方，同样也来自资方。看到调委会是真心实意维护劳资双方的利益，很多工厂本来迁走了又迁回来，有的老板本身就不愿意离开这个社区。王先生所在公司的老板总是让下属多向调解员请教，“你们工作中有什么不明白的，多问问阿雄他们。”

的确，对于身经百战，经验老到的“阿雄他们”，即便是常人眼中棘手的纠纷，处理起来也是游刃有余。他们春风化雨般的调解，将大量矛盾纠纷化解在萌芽状态，构筑了维护社会和谐稳定的“第一道防线”。

（《南方日报》2006年2月28日）

《六约模式：一个基层社区的调解之路》系列报道之三

构筑社会稳定机制的范本

深圳“六约模式”有一个高效能的纠纷化解机制

记者　何莎　陶然　通讯员　晓马

人民调解是一项长期工作，要做好这个工作，必须有一个长效的工作机制，一套好的制度保障。在六约，人民调解之所以能做到“事事有人调解，处处防患于未然”，“小事不出组，大事不出社区，矛盾不上交”，在于其有一个高效能的纠纷化解机制。

四级网络确保监控到位

“不得了，有人要跳楼！”在采访过程中，调委会主任李胜强突然接到电话，称有工人因医疗费的事情跟厂方发生矛盾，爬到6楼准备“自杀”。人命关天，刻不容缓。李胜强立刻带人赶往现场，一个小时不到，就将对方劝了下来。

一场在常人眼中惊心动魄的“生死抢救”，调解员处理起来却是“四两拨千斤”，轻轻松松“搞掂”。“矛盾纠纷调处多了，我们早就形成了一套行之有效的应对机制。”李胜强告诉记者，六约构建了“调委会—调解小组—调解员—信息员”组成的四级调解网络，密密覆盖整个社区，什么事也漏不出去。“就跟这次跳楼事件一样，一有什么‘风吹草动’，我们都会在第一时间接到报告。”

据了解，目前六约除了社区调委会外，下辖的7个居民小组全部建立了调解小组，辖区45个100人以上企业也都设立了调解小组，不足100人的则设置了1至2名调解员，全社区的保安都是信息员。

纠纷排查防患于未然

2003年，香港人陈某和江西人朱某合伙经营的针织厂由于经营不善导致亏损，企业准备解散。陈某答应支付半数工人工资，但朱某表示无力支付另一半工人工资。数百名工人在群情激愤之下，集聚厂区并扣押了陈某，矛盾一触即发。

调解员接到信息后，召集治安队到现场维持秩序，将陈某“解救”出来，并向工人讲法律、讲政策，表示一定会秉公处理。经过多次调解疏导，陈某最后同意支付全部工人工资。第二天，调解员亲自把每位工人工资交到他们手中。

这起劳资纠纷虽然得到了顺利解决，事态没有进一步恶化，但六约社区党支部书记陈醒光心里很清楚，调解纠纷，最上乘的做法莫过于提前预测，防患于未然。“为了尽可能地减少劳资纠纷，我们设置了《企业工资发放情况调查表》，要求辖区内各企业每月如实报告员工工资的发放情况。对于拖欠工资的企业管理人员，进行法制教育，并责令其按时发放工资。”

此外，调委会还以“四级网络”为架构，积极开展民间纠纷排查调处活动，社区信息员“竖起顺风耳、张开千里眼”，深入居民小组及民户，了解社情民意，及时掌握社区各类矛盾纠纷苗头。“对排查出来的矛盾纠纷，我们将按照分级负责、归口办理的原则，属于哪个部门的问题，就由哪个部门负责牵头解决，从源头上解决各种‘导火索’式的隐患。”

“五位一体”实行部门联动

2004年6月1日，某玩具厂400多名工人因加班时间长、底薪低等问题准备集体上访。李胜强接报后立即带领调解、治安、信访等相关人员赶赴现场，将员工们劝回厂里。接着，各方人员分工负责，或是收集员工的意见、宣讲法律知识，或是与厂方负责人协商，经过一天多的艰苦工作，使劳资双方坐到了一起接受调解。

“像这样复杂的群体性纠纷，如果不是有‘五位一体’的部门联动机制，事情未必能够解决得如此顺利。”过后，李胜强不无感慨地说。

所谓“五位一体”的联动机制，是指调解、治安联防、信访、工会、妇联等五个部门紧密配合，共同协作调处纠纷。李胜强告诉记者，有了“五位一体”，就能保证事事都能找到可以解决问题的负责人，而他本人身兼了调委会主任和治保主任两职，“这样就确保了调解与治安联防的衔接”。

规范运作确保调解公信力

在六约人民调解室的墙上，挂着一张大大的“六约人民调解工作情况进度表”，上面清清楚楚地标明了六约社区居委会每个月发生纠纷的数量、类型，成功调解了多少件、调解成功率有多高，都标得明明白白。

调解室的另一边，则是占了整整一面墙的文件柜，里面按照不同的居民小组，分门别类地摆放着纠纷调解的文件资料。而《民间纠纷处理程序》等调解规范也挂在室内显眼处。

“我们有统一的标牌、印章、标志、程序、制度和文书。”李胜强表示，为了规范调解，确保工作有条不紊，调委会在“统一收案，统一研究案件，统一制订调处方案，统一进行人员分工”的基础上，收案、调处、移交、档案四个环节都要求规范操作。

在收案上，调委会将直接受理的纠纷在“民间纠纷登记簿”登记后，简单纠纷指派调解员直接调解；复杂纠纷利用调解室组织调解；难度较大、多次调解无效的纠纷移交镇调委会调解，或引导其循法律途径解决。纠纷调解完毕后，每一纠纷的文书材料都及时整理归档，一案一档。“任何一项工作，规范化程度越高，社会认同程度就越高，因此，只有制定各种科学的规章制度，规范运作，才能确保人民调解的法律效力和公信力”。

（《南方日报》2006年3月1日）

《六约模式：一个基层社区的调解之路》系列报道之四

人民调解给“和谐社会”买保险

记者　陶然　何莎　述评

在深圳六约发生的这许多和人民调解工作有关的一切，之所以正在慢慢作为一种模式被推介到更大的范围内，根本在于这是时代发展的内在需求，在和谐社会成为主导中国社会发展的关键词之后，六约的人民调解工作凸显出它承前启后的意义来。

这个“前”，是“六约模式”让人自然联想起若干年前源自浙江的“枫桥经验”，诸暨市枫桥镇的干部群众在40多年前的创造曾经影响全国；这个“后”，则体现在“六约模式”的核心经验的含金量上，执政者把人民调解作为解决民间矛盾纠纷的首选方式，广大群众包括外来劳务工都把人民调解作为解决矛盾纠纷的首选方式，人民调解成为基层社会单位和谐的首道坚固防线，一言以蔽之，“六约模式”为现在和将来经济发达、较发达的大中城市做好人民调解工作走出了一条新路子。

在现在的这个阶段，更深入地了解“六约模式”的内在机理，更科学地看待这个模式具有的复制性和被推广的意义，可以使许多社会公众对于人民调解的理解更清晰，也可以理解在这样的历史发展转变期，社会和谐的建立机理和保障机制。

从地方党政部门角度来看，“六约模式”把一切社会矛盾化解在基层的力量，可以确保上级党政机关远离社会矛盾的火山口，我们一再强调现在的社会管理要做到大社会、小政府，前提就必须不断提高行政效率，以一个市级政府来讲，如果整天必须面对如潮的上访者、讨薪者，其行政效率如何保障？六约模式就是一道防火墙，在矛盾到达街道层面之前就被消弭了。

经济是一定要发展的，“六约模式”同时告诉我们，通过调解工作尽早消除矛盾，也就是在优化经济发展环境，道理很简单，劳资纠纷多的地方，经济环境能很好吗？“六约模式”就是体现了人民调解在新形势下的社会地位：一个更宽领域的维护稳定和促进发展的互动平台。

对于中国众多的大中型城市来说，随着中国解决三农问题的逐渐深入，必然会有更多的农村劳动力进入城市，这是一个历史趋势，我们不排除，将来会有越来越多的城市，其外来人口的比例不断上升甚至像今天的深圳这样形成某种程度上的倒挂，外来者和本土者，劳务者和资方，这决定了矛盾的产生是无可避免的。人民调解的工作效率越高，社会各阶层公众对于社会的认同感就越高，劳资关系优化，本地人和外来者也能够达成新型的社会关系。这些也正是和谐的大义所在。

或许我们曾在较长的一段时间里，错误或者片面地理解着基层调解的社会角色和社会作用，带着红袖章的老大妈，闲来无事地侃侃家长里短，这已经不是这个时代的调解。我们注意到，在深圳全市范围内，“六约模式”已经开始被有效地推广，深圳市市委有关负责人提出“五项要求”：一是每一个居委会都成立机构，二是社区要配备一名以上的专职调解员，三是场地，四是经费要解决，五是建立执行和协调制度。

对深圳来说，“六约模式”也不是一劳永逸的，在“六约模式”的可贵经验上，加强人民调解工作制度化和法制化建设也已经被提到日程上来了。记者欣喜地看到，深圳司法行政系统的领导者们已经认识到了这一点，局长李英才博士对记者表示，一是积极争取出台深圳市关于进一步加强人民调解工作的决定，通过制度化的形式，促使人民调解工作在组织、指导、保障、运行等各方面规范运作，增强人民调解工作的社会公信力；二是多方努力，在总结经验和加强理论研究的基础上，加快推动人民调解工作法制化建设，争取早日出台人民调解地方法规。

此外，从更加宏观的国际范围来看，调解制度正在全世界范围内得到发展和重视。我们注意到，ADR（Alternative Dispute Resolution）即替代性纠纷解决方式近年来在欧美得到了蓬勃发展，如挪威、瑞典、美国等国家，大都制定了专门的法律法规，赋予了调解协议可强制执行的效力，香港也设有调解顾问中心，以私人执业方式运作，国内的人民调解制度曾经被西方学者誉为“东方一枝花”，在新的历史时期，做好人民调解工作对于和谐来说，其具有的意义可想而知，可以说，调解工作等于给和谐买上了一份厚重的保险单，六约的经验，最终将会在历史上显示出价值来。

（《南方日报》2006年3月2日）

今年头9个月即化解纠纷1.7万多宗

人民调解构建和谐深圳第一防线

记者　甘雪明　何莎　通讯员　晓马　高文新

“厂里扣罚我工资不公平！”记者一走进龙岗区横岗街道六约社区居委会办公楼，在一楼的社区调委会办公室里，迎面碰上了来这里“伸冤”的外来劳务工小刘，“你们的调解管用，你们可得给我做主啊。”

有事找社区调解委员会“做主”，这是六约居委会善做“和事佬”的一个生动缩影。在今年前三个季度，深圳调解民间纠纷的数量已达到1.7万多宗，而据记者了解，在2003年，这组数据才6000多宗；在短短两年时间，调解纠纷数量翻两番，而且还涌现出被国家司法部评为全国人民调解委员会标兵的龙岗六约社区调委会。深圳的人民调解究竟有什么法宝?

显赫成绩：

千多家组织覆盖全市

万余名调解员热情奉献

古语云：“不战而屈人之兵，善之善者也。”将老百姓生活中纷繁复杂的纷争化于无形，人民调解可谓善莫大焉。记者在深圳采访中发现，正是人民调解发挥了巨大作用，成为维护深圳社会治安的“第一道防线”，并在构建和谐社会中发挥了不可替代的作用。

人和人生活在一起，总不免有些磕磕碰碰。夫妻之间，婆媳之间，妯娌之间，邻里之间，个人之间……成千上万，纷繁复杂，婆婆妈妈的芝麻事，摆不上桌拣不上筷子的细小事，如果不及时解决，小事也会恶化成大事。可有了人民调解员，群众间这些大大小小的矛盾总能像春风化雨般地得到化解。

石岩街道水田社区居民林某老年丧妻，孤独难耐之下想再娶，然而儿女们却认为父亲再娶，不仅对不起尸骨未寒的母亲，而且家里财产也会落到外人手中，因此坚决反对，甚至扬言，如果林老汉再娶，就跟父亲断绝关系。双方为此大闹起来，甚至大打出手。

子女们强硬的态度让林老汉非常苦恼，思来想去，他最终向居委会和街道调委会申请进行调解。调解员二话不说，接下这桩棘手的“家务事”，马上着手调解。然而，林老汉儿女们的态度坚决，在激动的情绪下，他们不仅拒绝接受调解，甚至把上门调解的调解员赶出家门。吃了闭门羹的调解员并没有气馁，他们从林老汉这边入手，建议林老汉先拿出家庭财产分割方案，将财产合理分给儿女。

第二天，调解人员又把双方当事人叫到一起，先稳定双方情绪，再各个击破，通过动之以情，晓之以理的说服教育，首先让儿女们从法律上认识到父亲再婚是合法的，是法律赋予公民的权利，任何人不得以任何方式进行干涉，另外，从道德上、伦理上、儿女孝道上讲父子、父女都有割舍不断的血肉亲情，至于儿女们担心的财产问题，调解人员告诉他们可以依法进行分割。经过数天的调解，双方终于打消了顾虑，理解了对方，并达成共识。最后在调解人员的帮助下，将财产依法进行了分割，而林老汉也在儿女的祝福声中圆了自己的再婚梦。

只要在社区出现矛盾、纠纷，社区调解委员会就会出来“做主”，水田社区这起调解，正是深圳人民调解工作的一个生动缩影。据统计，今年到第三季度累计调解纠纷已达到近17000宗，有效地化解了基层社会矛盾。

百姓利益无小事。目前，深圳各个区都成立了人民调解指导委员会，每个街道、居委会都成立了人民调解委员会，区、街道一把手或分管领导担任主任，吸收各相关单位领导参加，建立了一批企事业单位和区域性、行业性调委会，形成由区、街道、社区居委会、调解小组构成的四级调解网络，人民调解的触角从社区延伸到企业，而调解工作也被列入社会治安综合治理目标考核体系和“文明小区”、“达标社区”的建设考核体系，一个“大调解”的网络格局初具规模。据统计，全市共有各级人民调解组织1000多家，其中区域、行业性调委会144家，企业调委会近300家，13000余名人民调解员奔走服务于街头巷尾，为社会的稳定和安宁默默工作着。

防止100多起流血事件

在一般人的眼中，人民调解无非是居委会热心肠的大姨大妈料理街坊邻居之间一些家长里短、婆婆妈妈的琐碎事，然而，随着社会的变迁，特别是随着市场经济发展所带来的利益格局调整，人民调解工作出现了许多新情况、新问题：调解的矛盾纠纷诱因复杂、类型多，矛盾纠纷主体多元化，涉及公民、企业、社会团体，调解的突发性事件增多，易发群体性纠纷。

在今年两会期间，南湖街道在对辖区矛盾纠纷进行“地毯式”排查的过程中，得知某住宅管理处对一些不交管理费和水电费的业主长期停水停电，近期将有100多名业主到管理处理论，并准备集体上访。管理处方面也准备用“暴力”压服业主。为了防止流血事件和群体性上访，南湖街道调委会立即会同司法所、综治办和派出所、社区工作站等部门组织管理处主任和业主代表，召开紧急协调会议，要求管理处克制态度，温和诚恳地耐心解释业主提出的问题，绝不能采取过激行为，更不能用“暴力”来对付业主，激化矛盾，而业主一方也要以大局为重，依靠法律手段维护自己的合法权益。经过及时协调，耐心说服教育，管理处表示将认真研究业主反映的问题，业主代表也表示要寻求合理合法的解决方法，一场一触即发的大型群体性械斗和群体性上访，得到了化解。

深圳是个移民城市，大量外来劳务工为深圳的城市建设添砖加瓦，作出很大贡献，但是，每当他们遇到工伤事故、死亡事故、“讨工钱”等等纠纷时，又是一群弱势群体。如果发现不及时，调解工作不到位，便会引发众多意想不到的矛盾。

今年5月3日，东湖街道办事处总值班室接到东湖派出所的报告，称插花地淘金山湖景花园工地有十几名工人因不满被重庆市某建筑公司辞退而前往市政府上访。事情发生后，东湖街道维稳及综治办、司法所、东湖派出所民警、金湖社区工作站治保主任立即前往市民中心，极力劝说、陈述利弊，及时控制了事态，平息工人们的情绪，将他们一一劝回。针对工人们所提出的一些不切实际的要求，司法所与区建设局、劳动局、街道维稳及综治办、劳动保障所等相关部门、单位密切配合，共同参与调处，向工人宣传《信访条例》和相关法规法律，跟他们说清道理。最后，十几名工人领取到4077元工资款。

“过去调解矛盾纠纷集中在婚姻家庭、宅基地、邻里、债务等方面，对社会危害不大，而当前的矛盾纠纷则涉及经济、征地拆迁、旧村改造、环境污染、劳资工伤、物业管理、下岗分流、工程欠款甚至上访等问题，其中不乏‘棘手’的问题。”采访中，深圳市司法局一位负责人谈起人民调解工作时告诉记者，“人民调解工作是一项常做常新的工作。在新的历史条件下，矛盾纠纷的主体、内容和表现形式都发生了变化。随着社会形势的变化，人民调解工作的内容也在跟着变化，作为人民调解员，必须跟着时代走，适应形势要求，做好调解工作，维护好社会稳定和谐。”

以龙华司法所统计为例，该所调委会排查民间纠纷数483件，各调委会在司法所的指导下，受理纠纷95宗，涉及婚姻家庭、邻里、房屋宅基地、债务、生产经营（合伙）权等，调解成功率为98％，未调解成功的纠纷也促成当事人通过正当合法途径予以解决，防激化率为100％。

“人民调解要结合深圳经济社会发展的实际，结合改革创新开放的实际，针对经济社会发展中突出的难点、热点纠纷开展调解工作，化解改革进程中的利益冲突，做到哪里有矛盾纠纷，人民调解工作就延伸到哪里，及时有效化解纠纷，保证改革和发展顺利进行。”深圳市司法局一位负责人在谈起新时期人民调解工作时称。

经验解读：

两种模式创佳绩

因为有完善的调解网络组织和适应时代需求、与时俱进的调解思路，深圳市人民调解工作能取得良好成绩，同时还创造出深圳独具特色的两种调解模式。

“六约模式”
构筑维稳“第一防线”

今年8月1日清晨6时半，龙岗区横岗街道六约社区调委会接到报告，说某公司的176名员工已在路边集合，准备集体上访。调委会主任立即带领调解、治安、信访、工会等相关人员赶赴现场，将员工们劝回厂里，并经过近3个小时的艰苦协商，使劳资双方坐在一起进行对话。经过调解，厂方答应：加班每日不超过3小时，提高伙食质量，调整工资标准，规范工厂管理，同意工人提前30天辞工。员工们的要求得到满足，一起可能酿成的重大事件就此平息，工厂也恢复了正常运转。劳资双方都对调处结果表示满意。

在六约社区调委会办公室，调解员陈志雄给记者看了一份《六约村企业工资发放情况调查表》。“我们现在要求各工厂每月30日前如实填报一次对员工的工资发放表，对填报虚假数据，造成因严重拖欠工人工资，引发上访事件或集体经济损失的，要追究厂长的责任。”陈志雄告诉记者，因为辖区内企业多，外来劳务工数量大，人口结构复杂，因此，充分利用调解和信息网络，积极开展民间纠纷排查调处活动，就成了六约社区掌握社情，维护社区治安稳定的一种有效手段。

在六约采访，记者发现这里不仅调解网络健全，而且调解工作规范细致：简单纠纷指派调解员直接调解，复杂纠纷则利用人民调解庭组织调解；每一纠纷的调处都有询问笔录、调查笔录和调解协议书。对难度较大，多次调解无效的纠纷，移交到调委会调处；纠纷的文书材料一案一档，电脑入档保存。同时，建立健全学习、例会、排查、统计、重大纠纷反馈、回访等各项工作制度，提高了人民调解的公信力和调解协议的履行率，使调解工作成为社区群众解决纠纷的第一选择。

六约社区是横岗街道乃至龙岗区的经济大社区，户籍人口1758人，流动人口约7万人，区内的9个大型工业园区中，有近300家企业。面对各种矛盾、纠纷，六约社区把人民调解作为维护社会稳定，建设“平安六约”的重要手段，加强民间矛盾纠纷排查调处工作。从2001年以来，该社区人民调解委员会共调解各类纠纷2000宗，调处成功率达98.6%，基本实现“小事不出组，大事不出村，矛盾不上交”。今年1月至9月，六约共调解各类纠纷390宗，涉及人数1153人，挽回经济损失223万元；其中，调解劳资纠纷350宗，为外来劳务工追讨工资102万元，为维护社区的社会稳定，发展社区经济作出了重大贡献。

“六约社区把人民调解工作的落脚点放在调解组织网络建设上。”所管辖的横岗街道党工委一位负责人告诉记者，六约社区在市、区司法部门的指导下，7个居民小组全部建立了调解小组，辖区45个100人以上企业也都设立了调解小组，不足100人的则设置了1至2名调解员，而全社区的保安员则都是信息员，形成一级抓一级，层层负责的调解格局。通过构建这种“调委会—调解小组—调解员—信息员”组成的四级网络，密密覆盖全区各个角落，哪里有纠纷，哪里就有人调解，从而从源头上就解决了各种“导火索”式的隐患。从而令社区、企业目前基本实现了“小事不出组，大事不出村，矛盾不上交”，有效地筑起治安防范和社会稳定的“第一道防线”。据了解，近年来该村没有发生一起因民事纠纷引发的刑事案件、自杀、上访或群体性事件。

今年年初，六约社区调委会被国家司法部授予“全国标兵人民调解委员会”的光荣称号，并形成了人民调解先进经验的“六约模式”。

调解联动

多部门形成合力化解纠纷

9月1日下午3点，因工厂有两个月没有向工人发放工资，长时间强制要求工人增加加班时间，且加班费未按劳动法给予支付，再加上工厂伙食费差，龙华街道某厂的50多名员工要以堵路的过激方式来维护他们的权益。

龙华司法所闻讯后派出4名工作人员与街道党工委、劳动站等多个部门工作人员一同前往进行调解，去到工人堵路现场时，工人情绪激动，有的工人扬言再不处理就找老板算账，司法所、劳动站等各部门的工作人员在了解情况后，马上介入调解，向工厂工人讲明利害关系，讲清法律的有关规定，并立即协调厂里领导现场解决，按劳动法核实清楚员工应该有的工资和补助，经司法所、劳动站等工作人员劝说，工厂工人陆续回工厂上班。

“如果当时不是相关主管部门配合，单靠我们司法所来调解肯定没有那么迅速，也达不到那么好的效果，因为在处理劳动纠纷这方面，作为主管部门，他们了解的情况比较多。”龙华司法所当时一位参与调解的干警称。像这样通过多部门合力做好调解工作，已成为深圳市人民调解工作的一种机制。

在今年11月2日，南山区信访部门接到一起信访案件，该区南山司法所辖区发生了一起涉及50多名工人的群体性上访事件。南山信访部门迅速将此事告知司法所，随后，司法所工作人员在耐心接待了工人代表后，首先做好工人代表的思想工作，安抚好工人的情绪。紧接着工作人员对纠纷情况进行了详细的了解：纠纷是由包工头魏某失踪所引起的。包工头魏某从中某集团拿到工程后又转包给唐某。唐某带领50多名工人负责工程的修建。工程完工后，魏某与唐某等50多名工人约定11月1日结算工程款。由于工程质量的问题，在付工钱时发生分歧。而魏某为躲避赔偿关了手机。

在详细了解了纠纷情况后，信访部门和司法所工作人员立即对此纠纷展开了积极的协调工作。中某集团按照唐某提供的工资表全额支付了工人工资。

据了解，群众到基层信访部门上访寻求帮助解决的问题中，绝大多数并不在《信访条例》规定的范围，而是民间民事纠纷。“在南山区街道这一级政府机构，司法所和信访办都是在同一个办公室，信访部门接到上访和信访案件后，司法所调解员就能第一时间介入调解，防止了矛盾进一步激化。”南山一位司法所负责人认为。

在人民调解中，司法所与公安派出所联动也同样显得很有成效。

据深圳相关部门统计，在110接警案件中，近60％—70％为非警务案件，且绝大部分为民间纠纷。这些看起来是“鸡毛蒜皮”的小纠纷，分散了派出所本就十分有限的警力，影响公安机关打击犯罪和治安管理的工作，罗湖公安分局和罗湖区司法局联手推出人民调解与治安联动的机制，将110接警案件进行分流，治安、刑事案件归民警处理，民事纠纷则交由专业的人民调解员进行调处。

“随着时代的变化，人民调解‘单靠一个部门难以奏效’，而必须依靠政府充分发挥指挥协调作用”。一位有着多年工作经验的司法所所长对此深有体会：“基层司法所和其他相关基层部门联合充当‘救火队’，既可以实现人民调解、司法调解和行政调解的优势互补，又能够做到集中会诊，集中调处，形成合力，碰到大型纠纷的时候，调处起来就更及时、迅速和有效。”

而目前在深圳，根据新时期社会矛盾纠纷发生的规律和特点，各级人民调解组织加强了与法院、公安、工商、国土、劳动社保、民政、信访等部门的合作，建立新的调解联动工作机制，确保重大、复杂的纠纷能够得到及时调处和化解，维护社会稳定。

继续创新：

构建网络化新格局

在今年11月2日深圳市召开的深圳市人民调解工作会议上，深圳市分管领导面对人民调解工作取得的好成绩进行总结发言时，并没有沉醉其中，而是清醒地认识到，随着改革的不断深化，该市社会矛盾纠纷呈现出新的特点：一是数量快速增长；二是纠纷类型多，主体多元化；三是诱因复杂，调解难度大；四是突发性事件多，易激化。人民调解工作自身也还存在着一些不容忽视的问题，比如人民调解工作公信力不够，人民群众对调解工作的了解还远远不够，遇到简单的民事纠纷，在更多情况下仍以诉讼为解决纠纷的第一选择；调解队伍建设与矛盾纠纷发展状况不平衡，基层调解队伍主体仍是由兼职人员构成，专业化问题有待解决等等。

针对这些问题，该领导提出新的要求：其中最重要的是构建专兼职结合、以专带兼、网络化的人民调解工作新格局，要进一步加强人民调解工作规范化建设。

一是要在人民调解的工作领域和范围上继续创新，人民调解工作要发挥自身优势，积极、主动介入这些新型纠纷的调处工作，进一步凸显其作用；二是在人民调解的工作机制上继续创新，目前该市开展的人民调解联动工作机制和公安、信访、劳动社保结合的这种联动机制非常成功，此外要积极探索人民调解工作与其他矛盾纠纷的解决方式，如司法调解、行政调解、劳动仲裁等的衔接结合方式，更好地整合预防化解矛盾纠纷的各种力量；三是要在人民调解的网络建设上继续创新，探索在住宅小区的物业管理部门等矛盾集中的地方建立调委会的做法，推行首席人民调解员制度，努力扩大人民调解工作的覆盖面。

（《南方日报》2005年11月30日）

（三）《深圳特区报》报道

小事不出组　大事不出村

龙岗区六约村善做“和事佬”消除“导火索”

记者　邱刚　通讯员　陆治武

“厂里扣罚我工资不公平！”昨天下午，记者一走进我市龙岗区横岗镇六约村办公楼，在一楼村调委会办公室里，迎面碰上了来这里“伸冤”的外来劳务工小刘，“村里的调解管用，你们可得给我做主啊。”

有了大事当事人找村调解委员会“做主”，这是六约村善做“和事佬”的一个生动缩影。六约村是横岗镇乃至龙岗区的经济大村，流动人口7万多，7个村民小组，300多家各类企业……在不了解情况的人看来，企业多、外来人员多，因劳资纠纷“出事”的概率肯定也就少不了，六约村自2001年以来，共调解各类纠纷1078宗，调处成功率98.6%，没有发生一起“民转刑”案件。村调委会被评为“深圳市一级调委会”和“广东省规范化调委会”。

“小事调解不好就会酿成大事，”六约村党总支书记陈醒光告诉记者，“我们力争从源头上解决各种‘导火索’式的隐患，做到‘小事不出组，大事不出村，矛盾不上交’。”

网络到位：每月监督企业工资发放

在六约村一楼的调委会办公室一落座，村调解委员会的组长陈志雄先给记者看了一份《六约村企业工资发放情况调查表》——“我们现在要求各工厂每月30日前如实填报一次对员工的工资发放表，对填报虚假数据，造成因严重拖欠工人工资，引发上访事件或集体经济损失的，要追究厂长的责任。”

六约村此举，受到了出席广东省人民调解工作会议的省司法厅、地级以上市司法局领导的赞赏，7月23日他们还专程到龙岗区横岗镇六约村参观学习。

六约村把人民调解工作的落脚点，放在了信息的及时搜集上——“网络到位是做好民事调解工作的前提”。六约村在下辖的7个村民小组和300多家企业都设立了民事纠纷和信访苗头信息员共310多人，形成了“调委会—调解小组—调解员—信息员”四级网络。

在正常情况下，调委会做到每周一次例会：通报信息，研究工作，遇到情况复杂、工作量大的问题，分头做群众工作。对有可能激化或有上访趋向的问题，及时沟通，上下联系，将矛盾解决在萌芽状态。

陈志雄告诉记者，为了最大限度降低劳资纠纷发生的可能性，村调委会每个季度都在全村范围内开展检查，一旦发现有拖欠工人工资两个月以上的工厂，马上就对厂方负责人进行劳动法律法规的宣传教育，责令其按时发放工人工资。

衔接到位：有效控制突发事件苗头

负责村调委会工作的是村委会治保主任李胜强，他说："我们这里是村调解委员会主任由村治保主任兼任，确保调解与信访、治安衔接到位。"

六约村的调解委员会是1994年成立的，近年来随着形势的需要进一步加强了建设。村里有7人算是"专职"负责调解工作的。凡是可能出现不稳定苗头的，治安员、纠纷信息员会及时向村调委会、信访办汇报情况。

今年6月1日，一家在六约村投资的玩具厂"出事了"：400名工人因对加班时间长、底薪低、管理人员态度恶劣等问题不满，准备集体上访。发现苗头不对的村治安联防队队员马上将情况汇报到村调委会，仅10分钟，李胜强就带着村调委会的工作人员第一时间赶到现场。

"我们首先对情绪激动的工人做说服工作，"李胜强事后回忆，"把道理摆在他们面前，让他们的情绪安定下来。"稳定了工人的情绪后，村调委会的工作人员和厂方负责人一起，用一天半的时间，通过座谈会、问卷调查、个别访谈等方式详细了解、核实了工人提出的问题。并以此为根据，给厂里讲解劳动法的规定，使厂方意识到自己的做法违反了哪些法规——"随后，我们主持双方进行协商，厂方承诺增加每日工资底薪，支付加班工资并改善管理方式；工人代表对厂方的态度感到满意，同意马上回厂上班。"

一起即将造成不良后果的事件，就这样得到了有效控制——"此后我们又进行了回访，发现这个厂的承诺履行了。"

落实到位：管理规范调解耐心细致

记者在六约村采访，发现全村设立了61个法制宣传栏，外来劳务工有了自己的普法阵地，而村调委会拿出的蓝色封皮的调解档案，更是分门别类、整齐划一。

六约村在调解工作中做到了"四规范"：一是受案规范。调解委员会把直接受理的纠纷在"民间纠纷登记簿"上登记后，对不太复杂的案件指派调解员直接进行调解；对复杂的纠纷则利用调解室进行调解。二是调处规范。每一纠纷的调处都做到了有询问笔录，有调查笔录，有调解协议书。三是移交规范。对难度较大，多次调解无效的纠纷案件，制作"协助调处申请书"，加盖调委会印章后，再移交镇调委会进行调处。最后是档案规范，每一纠纷的文书材料都及时整理归档，一案一档，装订成册，入档保存。

去年7月，香港人陈某和江西人朱某合伙经营的一家针织厂由于经营不善导致亏损，这时两人有了矛盾：陈某答应支付半数工人的工资，但朱某表示无力支付另一半工人的工资。

"我们接到消息赶到后，发现工人正准备闹事，"李胜强告诉记者，两人的纠纷眼看就要转嫁到外来劳务工身上，几百名外来劳务工有乘机起哄、借机哄抢的苗头。

对此，村调委会一方面当机立断召集治安队员到现场维护秩序，给工人讲法律，讲政策，让大家相信村调委会对事件会作出公正的处理；一方面态度明确地向陈某讲明：出事情你也有连带责任，有纠纷可以通过法律手段来解决，经过3个小时耐心细致的说服疏导，陈某最终同意支付全部工人工资，并通过法律手段向朱某追讨其应得经济损失。为把事情做实，第二天，在村调委会的督促下，该厂每一位工人都得到了自己应得的工资。

（《深圳特区报》2004年7月27日头版）

筑起维护社会和谐稳定的"第一道防线"

龙岗六约社区成全国标兵

社区居委创新人民调解机制形成为人称道的"六约模式"

记者　幸智敏　邱刚　陆治武

走进我市龙岗区横岗街道六约社区居委的办公楼，位于一楼的"人民调解信访室"引人注目。昨天下午，记者来这里采访时，来自重庆的外来劳务工小刘、小王正在"讨说法"：她们想辞工，但厂里却说"走人要扣300元钱"。

"厂里这样的扣罚，我们觉得不公平！"小刘的口气中有来这里"伸冤"的味道，"都说社区的调解管用，你们可得给我做主啊。"

"喂，是厂办吗？——我是社区调委会啊，"桌子对面的调解组组长陈志雄马上拨通了电话，"情况是这样的……"

20分钟后，事情有了眉目：工厂答应按厂规酌情考虑工人辞工后造成的损失，而情绪逐渐平复下来了的小刘、小王则表示回去再和厂里谈谈——"不行还来找你们呀。"

有了大事小情，当事人纷纷找社区调解委员会来让调解员"做主"，在他们心中，社区调解委员会是最值得信任的地方。

"约"，在客家话中是联合的意思，里面包含着和谐、稳定的含义，六约社区因当年六个小山村联合起来而得名，如今六约社区居委围绕人民调解工作创新机制，完善制度，形成了为人称道的"六约模式"：面对各种矛盾和冲突，六约社区做到了"小事不出组，大事不出社区，矛盾不上交"，筑起维护社会和谐稳定的"第一道防线"。前不久，国家司法部授予六约调委会"全国标兵人民调解委员会"光荣称号，六约成为全市唯一获得此项殊荣的社区。

横岗街道党工委书记李睿告诉记者，坚持了15年之久的六约调解模式做到了长保社区和谐，并不断完善、创新相关机制，"六约模式"已全面横岗化，目前正向纵深发展。

“三心精神”化解桩桩疑难纠纷

“做这项工作需要‘三心’：耐心、细心、责任心，”作为六约社区调解员的头儿，调解委员会主任李胜强谈到调解工作感慨万千，“没有这‘三心’，就别想干好调解工作。慢性咽炎、失眠的折磨都算不了什么，只要有了这‘三心’，困难再大也可以克服了。”

今年4月一天的上午10点，一家在六约社区投资的工厂“出事了”：一名工人因对加班时间长、底薪低、管理人员态度恶劣等问题不满，爬到厂房楼顶准备“自杀”。发现苗头不对的治安联防队队员马上将情况汇报到调委会。仅10分钟，调委会的组长陈志雄就带人第一时间赶到了现场。

“开头劝他，10多分钟后他就从楼顶下来了，”跟随陈志雄到现场的调解员黄永忠事后回忆，“谁知道谈了几分钟后，他趁人不备又上去了。”此后，又有3名工人在这名情绪激动的工人煽动下，也爬上楼顶准备“自杀”。此后直到晚上7点，调解员顶着烈日饿着肚子几乎和他们磨破了嘴皮，最终还是把这些劳务工劝了下来。“随后，我们召集双方进行协商，厂方承诺增加工资底薪，支付加班工资并改善管理方式；工人代表对厂方的态度感到满意，同意马上回厂上班。”一起即将造成不良后果的事件，就这样得到了有效控制，但时间已经是晚上9点了——“天天这样，我们都习惯了，我们的家属也习惯了。”

陈志雄说：“没有家属的支持，调解员工作是很难干下去的。”30岁左右的他已干了8年的调解工作，这当中他谈了恋爱、结了婚。当初他就将困难仔细地说给女朋友听，让女朋友知道他的工作性质。结婚后他常常饭碗一丢就出门，三更半夜才回家，但她毫无怨言。

黄永忠告诉记者：“我们最开心的时候，就是调解成功的时候，那是一种责任感、正义感得到充分体现后的快乐。”今年4月，他主持调解一个女工因治病与厂方的纠纷，在双方僵持不下时，他两边耐心做工作，既要依法调解，又要照顾到双方的实际情况，结果，经过数十次的反复调解，女工终于拿到了8000元的医疗补助金，当场激动得流泪跪在地上向他表示感谢。“那一刻，我为自己的调解成功高兴万分。”

数字见证了这些调解员的“三心精神”：自2001年以来，六约社区共调解各类纠纷1844宗，调解成功率98％，挽回经济损失1100万元。其中，调解劳资纠纷1535宗，为外来劳务工追讨工资960万元；调解群众经济、宅基地、房产、合同及工伤、死亡、倒闭等纠纷309宗，全社区未发生一起“民转刑”案件。

“四级网络”做到事事有人调解

在六约人民调解室的墙上，记者看到一个“六约人民调解工作情况进度表”，上面清清楚楚地标出：六约社区居委会现有户籍人口1758人，流动人口10万余人，下辖7个居民小组，各类企业多达300多家。每个月发生了多少件、什么类型的纠纷，调解成功了多少件，上面都记得清清楚楚。

“调委会—调解小组—调解员—信息员，这样的四级网络使得六约社区里10万人的件件纠纷都有人调解，社区里的事就在社区解决。”横岗街道党工委书记李睿认为“六约模式”的重要特点就是网络健全，“就像密密的渔网，什么事也漏不出去，有效防止了越级上访，防止纠纷‘民转刑’，降低了司法成本、行政成本。”

“由于企业多，外来人员多，使得矛盾纠纷向以个人与企业、集体之间的矛盾转变，纠纷类型复杂化，矛盾主体多元化，涉及经济利益的劳资纠纷尤为突出。”采访中，横岗街道办事处主任邱万里这样说，“现实使我们这些基层工作者深刻认识到，只有坚持以人为本，正确处理新时期人民内部矛盾，妥善协调各方面的利益关系，促进和实现社会的公平正义，才能形成和谐稳定的良好局面。”

横岗街道党工委副书记陈木舟说：“六约社区把人民调解工作作为建设和谐文明社区固本强基的系统工程来抓，做到调解组织网络化，这是一个创举。”目前，六约社区在市、区司法部门的指导下，7个居民小组全部建立了调解小组，辖区45个100人以上企业也都设立了调解小组，不足100人的则设置了1至2名调解员，而全社区的保安员则都是信息员。

“网络到位是做好民事调解工作的前提，我们力争从源头上解决各种‘导火索’式的隐患，”六约社区党总支书记陈醒光告诉记者，“全社区现有人民调解员186名，主要从本社区居民、外来务工人员、外商投资企业经理或厂长中选聘，调解责任区由谁管辖，办公经费和工资报酬就由谁负责。”

网络到位使六约社区人民调解工作不断规范：首先是实行人民调解工作目标责任制和调解人员岗位责任制，规定“小纠纷不出厂，大纠纷不出社区，特大、疑难纠纷立即上报”；其次是实行日常排查与定期排查相结合，抓苗头，抓隐患，有针对性地加强预防和调解工作；最后是通过调委会成员例会、调委会主任和调解小组组长例会，通报信息，交流经验，总结和部署阶段性工作。此外，还有首席调解员制度、汇报制度、回避制度、监督制度、回访制度。

在六约社区的调委会采访，记者惊讶于调解室的规范。一是受案规范。调解委员会把直接受理的纠纷在“民间纠纷登记簿”上登记后，对不太复杂的案件指派调解员直接进行调解；对复杂的纠纷则利用调解室进行调解。二是调处规范。每一纠纷的调处都做到了有询问笔录，有调查笔录，有调解协议书。三是移交规范。对难度较大，多次调解无效的纠纷案件，制作“协助调处申请书”，加盖社区调委会印章后，再移交上一级调委会进行调处。四是档案规范，每一纠纷的文书材料都及时整理归档，一案一档，装订成册，入档保存。

“前一段我们几名调解员，还参加了区司法局组织的培训。有了更多的法律知识，调解起来就更胸有成竹了。”调解委员会主任李胜强说。现在全社区调解人员的文化程度均达到了高中以上，大专以上占10％，党员比例达到了12％。

“五位一体”确保处处防患未然

在六约，有一个非常完善的调解委员会、治安联防、信访、工会、妇联“五位一体”调解机制，各部门在工作中既有明确分工，又紧密配合，实现了对辖区内各种纠纷的信息传递、积极预防和有效调解。

记者看到李胜强的名片上还印着另外一个职务：社区治保主任。“这样就确保调解与信访、治安衔接到位。”他告诉记者，调委会的两位副主任分别由信访办主任和妇女主任兼任，另配备7名调解员，其中4名专职，3名分别由社区工会、团委、外经办的骨干兼任。各居民小组的调解工作负责人由居民组长兼任，妇女组长或治保队队长兼任调解员。企业调解小组的负责人由厂长或经理兼任，另配1到2名兼职调解员。

“五位一体”的最大好处，是事事能找到可以解决问题的负责人，能够协同各方力量一揽子处理纠纷。

今年8月1日清晨6点半钟，调解委员会接到急报：一公司的176名员工已在路边集合，准备集体上访。李胜强立即带领调解、治安、信访、工会等相关人员赶赴现场，晓之以理，动之以情，将员工们劝回厂里。接着，各方人员分工负责，有的收集员工的意见，有的宣讲法律知识，有的与厂方负责人协商，经过近三个小时的艰苦工作，劳资双方终于坐到了一起。厂方答应：加班每日不超过3小时，提高伙食质量，调整工资标准，规范工厂管理，同意工人提前30天辞工。员工们的要求得到满足，一起可能酿成的重大事件就此平息，工厂也恢复了正常运转。这件事，劳资双方都对调解工作伸出了大拇指。

李胜强深有感触地说：“没有‘五位一体’的协同作战，这样一起集体上访事件是很难平息的。”

采访中，六约社区党总支副书记赖立全给记者看了一份《六约村企业工资发放情况调查表》——“我们现在要求各工厂每月30日前如实填报一次对员工的工资发放表，对填报虚假数据，造成因严重拖欠工人工资，引发上访事件或集体经济损失的，要追究厂长的责任。”

为了最大限度降低劳资纠纷发生的可能性，社区调委会每个季度都在全村范围内开展检查，一旦发现有拖欠工人工资两个月以上的工厂，马上就对厂方负责人进行劳动法律法规的宣传教育，责令其按时发放工人工资。

有意思的是，原来一些打算将工厂迁出的老板，看到调解委员会是真心实意维护劳资双方的利益，觉得还是在六约投资放心，不仅不迁厂，还加大了投资。

“我们的责任就是保持社区和谐。”调解员黄永忠说，“虽然我们的工资不过1000多元，但我们干得开心，干得踏实。”

他们坚持“调防结合，以防为主，多种手段，协同作战”，组织全社区信息员，利用“离得近、谈得来、群众信任”等优势，除日常排查外，每月进行一次对民间纠纷的全面排查活动。深入居民小组及民户，摸清矛盾纠纷的种类、数量、原因等，及时上报调委会。赖立全说：“对排查出来的矛盾纠纷按照分级负责、归口办理的原则，属于哪个部门的问题，就由哪个部门负责牵头解决，将大量矛盾纠纷解决在萌芽状态。”

除劳资纠纷外，一些婚姻家庭纠纷、宅基地纠纷、债务纠纷等，也是六约调解工作的重要内容。针对不同种类的纠纷，调委会采取直接调解、间接调解、公开调解、联合调解等不同的调解方法，同时坚持法治与德治相结合，解决思想问题与解决实际问题相结合。同时，通过健全社区群防群治组织，组建专业巡查队、义务巡逻队，把调解与110接处警结合起来。对复杂事件及疑难、重大矛盾纠纷，由社区领导出面与上级司法、信访部门共同研究，提出合法合理的调解意见。“群众利益无小事，”社区调委会主任李胜强说，“对这些既要依法调解，又要晓之以理，动之以情，动员社会力量协助调解，共同做好当事人的思想转化工作，公平合理地进行利益分配。”

（《深圳特区报》2005年9月2日）

聚焦“深圳人民调解”系列报道之一

人民调解：构筑维稳第一道防线

本报记者　吴涛　通讯员　晓马　高文新

编者按

随着我国经济发展和现代化进程的加快，人民调解制度在解决社会矛盾纠纷中发挥着越来越重要的作用。

经过十余年的孕育、成长，深圳市龙岗区横岗街道六约社区基本实现了“小事不出组，大事不出社区，矛盾不上交”，其人民调解工作经验逐步受到全市、全省乃至全国的广泛关注。

从今天起，本报将陆续推出聚焦“深圳人民调解”系列报道，详细剖析、解读“六约模式”等深圳经验。

社区和谐稳定经济才能发展

走进位于龙岗区六约社区居委会一楼的“人民调解信访室”，墙上写着的两行字——“退一步海阔天空，让三分风平浪静”格外引人注目，“调解”的意味颇浓。

在调解接待室，一名来自四川的劳务工小刘正满腹委屈地向调解组组长陈志雄诉说自己的遭遇："厂里长期让我们加班，又不给加班工资，我想辞工，但厂里却说要扣钱。这根本没有道理嘛！都说你们调委会管事儿，你们可得给我做主啊。"

"您好，是××工厂吗？我是社区调委会啊，有这样一个情况……"陈志雄马上拨通了厂方的电话。10多分钟后，事情有了眉目：工厂答应就扣罚工资的事与工人协商，而情绪逐渐平复下来了的小刘也表示愿意回去再和厂里谈谈。

这只是六约社区人民调解工作中常见的一幕，类似这样的纠纷，调委会每天都可能碰到好几起。"约"，在客家话中是联合的意思，里面包含着和谐、稳定的含义，六约社区因当年六个小山村联合起来而得名。今天的六约社区，面积12.5平方公里，下辖7个居民小组，常住人口1758人。社区内有9个大型工业区，各类企业375家，外来务工人员超过10万人。随着经济发展，城市化进程的快速推进，各种矛盾纠纷也不可避免地显现出来。

在经济发展过程中，对矛盾纠纷该如何解决？这是摆在六约人面前的一个大课题。六约社区党总支书记陈醒光对此深有体会："安居才能乐业，只有整个社区和谐稳定，经济才能发展。"这是陈醒光经常挂在嘴边的一句口头禅。他坦言，在六约，正是通过人民调解这种方便快捷的方式，把大量的纠纷成功化解在基层，力争矛盾不上交，不仅构筑起了维护社会和谐稳定的"第一道防线"，也有力促进了辖区经济的健康发展。记者欣喜地了解到，由于工作成绩突出，六约社区在去年被司法部授予"全国标兵人民调解委员会"光荣称号。

"有纠纷找调解员，我们信得过"

在整个六约社区，调解员的身影无处不在。每当有矛盾纠纷发生，他们总是冲在第一线。

外来工陈某在六约一家工厂做了6年保安员，因为得了胃溃疡，为了治病东拼西凑借了2万多元，欠下一身的债，向厂方索取生病期间的工资，也遭到拒绝。走投无路之下，找到了六约调委会。调解员马上跟工厂联系，讲明是非法理，不到一个小时，厂方代表接受了调解员的观点，派人把钱送到了陈某手上。拿到自己的血汗钱时，陈某感激地向调解员连声道谢。

一名19岁的打工妹在工厂打工时患上乙肝大三阳，因长时间加班工作，就餐时晕倒在食堂里，工厂方面却不愿对此负担责任。六约社区的调解员从这名打工妹工友处了解到有关情况，立即前往这家工厂，对负责人晓之以理，动之以情，最终帮助这名打工妹拿到了1万多元的经济补偿。

去年11月初，从广东龙川到六约一家餐馆打工的骆某在宿舍里洗澡时，因液化石油气泄漏，遇火源发生轰燃不幸身亡。事情发生后，死者家属与餐馆老板就赔偿问题展开了"拉锯战"，由于双方在赔偿数额方面差距太大，迟迟无法达成协议。无奈之下，死者家属找到社区调委会求助。经过近一个月苦口婆心地反复做工作，调委会终于促使双方化干戈为玉帛，重新坐在了一起。在调委会的竭力调解下，双方最终签订了一份都能接受的调解协议：餐馆方面一次性支付死者家属人民币13.8万元。

在六约社区，调解员这种扶危济困、雪中送炭的事例不胜枚举，调解员已经成为广大外来工的“贴心人”。“有纠纷找调解员，我们信得过！”这不仅是六约的外来工常挂在嘴边的一句话。在六约众多投资办厂的企业负责人眼中，调解员也是值得他们信赖的人。

叶先生担任六约社区一家眼镜厂的行政负责人已有七八年时间，负责管理全厂500多名员工。一提起社区的调解员，他就禁不住竖起了大拇指。“我们厂每年都会有几起劳资纠纷，遇到无法解决的难题，我们总会在第一时间找到社区调解会寻求帮助，而调解员也总是站在公正的立场，不偏不倚地及时帮助我们处理好问题。”

“做调解工作，责任心是最重要的”

调解工作是件苦差事，既琐碎又麻烦，不仅要态度和蔼，耐心细致地做工作，苦口婆心地拉近双方的距离。遇到性急的当事人，遭几句埋怨、受一点委屈，也是常有的事儿。

“要做好人民调解工作，不仅要耐心，细心，更重要的是要有一份对社会的责任心。”六约调委会主任李胜强和调解员们是这样说的，更是这样做的。

今年1月23日深夜，六约社区牛始埔居民小组内的一个手袋厂的老板突然弃厂逃逸。时值春节前夕，百余名等着工资回家过年的工人群情激愤，稍有不慎就会引发影响社会稳定的群体性事件。李胜强闻讯，立即召集调解员赶赴工厂，一边安抚工人情绪，一边紧急协调劳动站等部门进行处理，一直坚持到凌晨1时多才离开。次日上午，调委会工作人员又想方设法做通房东的思想工作，由房东拿出160多万元，垫付了工人的工资。等李胜强和调解员们为最后一名工人发放完工资，已是晚上8点多了，原定与居委会同事举行的春节聚餐只得放弃了。

“做调解工作，早出晚归是常有的事儿。没有家人的支持，调解员工作是很难干下去的。”刚过而立之年、已干了8年的调解工作的陈志雄对此是深有感触。在恋爱之初，他就将困难仔细地说给女朋友听，争取女朋友的理解。结婚后他常常饭碗一丢就出门，三更半夜才回家，但妻子毫无怨言。

正是基于这样爱岗敬业的责任心，自2001年以来，六约社区调委会共调解各类纠纷2000多宗，调解成功率达98％，为外来劳务工追讨工资达1000多万元，全社区未发生一起“民转刑”案件。

（《深圳特区报》2006年2月27日头版）

聚焦“深圳人民调解”系列报道之二

人民调解归根到底还是“人”的工作。六约模式取得如此显著的成效，很大程度上源于长期以来培养造就了一支责任感强、业务精通的专业化调解员队伍——

专业“调解人”善做“和事佬”

记者 吴涛 通讯员 晓马 高文新

保证调解书都经得起检验

走进六约人民调解工作室，给人的第一印象就是：整齐划一，规范有序。墙上清楚地记载着人民调解的相关程序以及调处纠纷的进度表，取阅架上放着各种相关资料。而最引人注目的，莫过于靠墙的一排大书柜中按各居民小组编排，分门别类制作的各类调解协议书，包括劳资纠纷、侵权性纠纷、生产经营纠纷、重大突发事件等等。在这里，“依法办事，服务群众”不只是一句口号，而是落实到调解工作的每一个细节中。

“我们这里的调解协议书是区司法局统一制定的，我们在调解案件过程中，严格按规范进行记载，保证每一份调解协议书都经得起检验。”调解员黄永忠指着统一制作的蓝色封皮人民调解协议书告诉记者。

六约的人民调解工作，有一套严格的规范制度。首先是受案规范。调解委员会把直接受理的纠纷在“民间纠纷登记簿”上登记后，对不太复杂的案件指派调解员直接进行调解；对复杂的纠纷则利用调解室进行调解。二是调处规范。每一纠纷的调处都做到了有询问笔录，有调查笔录，有调解协议书。三是移交规范。对难度较大，多次调解无效的纠纷案件，制作“协助调处申请书”，加盖社区调委会印章后，再移交上一级调委会进行调处。最后是档案规范，每一纠纷的文书材料都及时整理归档，一案一档，装订成册，入档保存。

依法调解才能令人信服

六约社区调委会成立于上世纪80年代末，回忆起早年的事，干了10多年调解工作的老村长陈仕荣仍记忆犹新。“那时候我既当村长，又做调解，忙得每个星期只有周日才能休息半天，整天不着家。”

到了1990年，由于事情实在太多，六约村委会决定设立2名专职调解员，这也是六约专业化调解队伍的雏形。

到今天，六约已有9名调解员，其中专职调解员5名。他们中的4人达到大专文化程度，平均年龄35岁左右。“前一段我们几名调解员，还参加了区司法局组织的培训。有了更多的法律知识，调解起来就更胸有成竹了。”调委会主任李胜强说。

调解组长陈志雄对此也有同感。这位毕业于华南农业大学企业管理专业的本地青年，经过7、8年的摸爬滚打，已经成长为经验丰富的“调解人”。“我们现在所处的是法治社会，作为一名调解员，要不断学习更新文化知识，熟练运用常见的法律法规，这样才能树立调解员在群众中的威信，确保依法公正调解纠纷。”

陈仕荣向记者说起这样一个故事：上世纪90年代初，他负责处理某鞋厂工人触电死亡的工伤事故时，死者家属从老家请来的律师开口就索要46万元的赔偿。陈仕荣当即根据法律规定的赔偿标准进行反驳。对方见陈仕荣也精通相关法律，只得表示愿意坐下来协商解决，最终双方确定以6.8万元的赔偿额了结了这一纠纷。那位律师临走的时候，对六约调解员的法律水平赞不绝口。

随着时代的发展，除了传统的港台企业以外，一批来自欧洲、澳大利亚的外企也纷纷进驻六约。为适应“国际化”的需要，六约从深圳大学英语专业的应届毕业生中招募新人，充实调解员队伍，应对涉外调解的需要。

取得群众信任是基础

从法律角度讲，调解是群众自愿选择的一种解决矛盾纠纷的方式，调解员的调解行为并不具有强制的约束力。因此，调解员要顺利开展工作，首先必须树立公正严谨的形象，取得群众的信任。

“为了保证调解的公信力，我们规定调解员不得随意进厂，干扰其正常生产，也不能有随便与工厂负责人喝茶、吃饭以及其他交往密切的表现；到厂里进行调解，必须有2名以上的调解员；如果调解员与当事人一方有利害关系，必须回避……”调委会主任李胜强这样说道。

“我们刚介入矛盾纠纷时，一些群众往往会心存戒心。我们必须时刻注意自己的一言一行，在一点一滴的具体工作中树立人民调解员的公正形象，消除群众心中的疑虑。”陈志雄也有同感。“不久前，一家工厂的几十名工人因不满工厂的一些做法，准备到劳动部门上访。我们接报后赶到现场调解，但工人最初不愿和我们接触，不管如何劝说，工人们都不予理睬，后来，见我们当场对工厂管理人员的不当行为进行指责，站在公正的立场为他们说话，才使他们消除了戒心。”

正是凭借这种公道正派、不偏不倚的办事作风，六约调委会赢得了越来越多群众的信任。在一家企业从事行政管理工作的王先生对调委会的工作竖起了大拇指：“六约调委会的工作真是没得说。不管群众带着什么样的怨气，什么样的难题过来，他们总是‘一杯热茶，坐下来慢慢谈’，毫无半句怨言。”

（《深圳特区报》2006年2月28日）

聚焦"深圳人民调解"系列报道之三

从源头上解决"导火索"式隐患

记者 吴涛 通讯员 晓马 高文新

在六约，人民调解作为一种解决基层矛盾纠纷的重要方式，其价值不仅在于为群众排忧解难，更体现在它能够及时排查、发现各种潜在的矛盾纠纷，将许多问题消除在萌芽状态，有效维护辖区社会稳定。

"小事不出组，大事不出社区，矛盾不上交"是"六约模式"最具特色之处。在六约，之所以能做到"事事有人调解，处处防患于未然"，还得益于一套严密而高效的运行机制。

"四级网络"确保事事有人管

"不好啦，有人要跳楼！"记者采访正在进行中，调委会主任李胜强的电话突然响了，一名外来劳务工因医疗费的事情跟厂方发生矛盾，爬到6楼准备"自杀"。人命关天，刻不容缓！李胜强立刻带人赶往现场，一个小时不到，就将对方劝了下来。

一场常人眼中惊心动魄的"生死抢救"，调解员处理起来却是得心应手，轻轻松松"搞掂"。"矛盾纠纷调处多了，我们也摸索出了一套行之有效的应对机制。"李胜强告诉记者，六约构建了"调委会—调解小组—调解员—信息员"组成的四级调解网络，"就像密密的渔网，什么事也漏不出去，就像这次跳楼事件一样，一有什么'风吹草动'，我们都会在第一时间接到报告。"

目前，六约社区在市、区司法部门的指导下，7个居民小组全部建立了调解小组，辖区45个100人以上企业也都设立了调解小组，不足100人的则设置了1至2名调解员，而全社区的保安员则都是信息员。

"健全网络是做好民事调解工作的前提，我们力争从源头上解决各种'导火索'式的隐患。"李胜强告诉记者，"全社区现有近200名人民调解员，主要从本社区居民、外来务工人员、外商投资企业经理或厂长中选聘。"

"五位一体"协同化解纠纷

在六约，有一个非常完善的调解委员会、治安联防、信访、工会、妇联"五位一体"的调解机制，各部门在工作中既有明确分工，又紧密配合，实现了对辖区内各种纠纷的信息传递、积极预防和有效调解。

调委会主任李胜强的名片上还印着另外一个职务：社区治保主任。"这样就确保调解与信访、治安衔接到位。"他告诉记者，调委会的两位副主任分别由信访办主任和妇女主任兼任，另配备7名调解员，其中4名专职，3名分别由社区工会、团委、外经办的骨干兼任。各居民小组的调解工作负责人由居民组长兼任，妇女组长或治保队长兼任调解员。企业调解小组的负责人由厂长或经理兼任，另配1到2名兼职调解员。

“五位一体”的最大好处，是事事能找到可以解决问题的负责人，能够协同各方力量一揽子处理纠纷。

去年8月的一个清晨，调委会接到急报：一公司的100多名员工已在路边集合，准备集体上访。李胜强闻讯立即带领调解、治安、信访、工会等相关人员赶赴现场，晓之以理，动之以情，将员工们劝回厂里。接着，各方人员分工负责，有的收集员工的意见，有的宣讲法律知识，有的与厂方负责人协商，经过近三个小时的艰苦工作，劳资双方终于坐到了一起，员工们的合理要求得到满足。一起可能危及社会稳定的群体性事件就此平息，工厂也恢复了正常运转。李胜强深有感触地说：“没有‘五位一体’的协同作战，这样一起集体上访事件是很难平息的。”

纠纷排查防患于未然

采访中，记者看到一份《六约村企业工资发放情况调查表》。“我们现在要求各工厂每月如实填报一次对员工的工资发放表，对填报虚假数据，造成因严重拖欠工人工资，引发上访事件或集体经济损失的，要追究厂长的责任。”李胜强对记者解释道。

为了最大限度降低劳资纠纷发生的可能性，社区调委会每个季度都在全村范围内开展检查，一旦发现有拖欠工人工资两个月以上的工厂，马上就对厂方负责人进行劳动法律法规的宣传教育，责令其按时发放工人工资。

对辖区内企业林立，外来务工人员众多，人口结构复杂的六约社区来说，此举可以有效地掌握社情，从源头上解决各种“导火索”式的矛盾隐患。

六约坚持“调防结合，以防为主，多种手段，协同作战”，组织全社区信息员，利用“离得近、谈得来、群众信任”等优势，除日常排查外，每月进行一次对民间纠纷的全面排查活动。深入居民小组及民户，摸清矛盾纠纷的种类、数量、原因等，及时上报调委会。对排查出来的矛盾纠纷按照分级负责、归口办理的原则，属于哪个部门的问题，就由哪个部门负责牵头解决，将大量矛盾纠纷消除在萌芽状态，有效地维护了社区的稳定。

（《深圳特区报》2006年3月1日A7）

聚焦“深圳人民调解”系列报道之四

“化解社区矛盾是我们的分内事”

六约调委会不“推”不“拖”把矛盾解决在基层

记者 吴涛 通讯员 晓马 高文新

在六约采访期间，记者从社区调解工作进度表上采撷到这样一组最新数据：2005年，社区调委会共调处各类矛盾纠纷557例，其中调解成功543例，成功率达97％，涉及2000多名当事人，金额超过300万元……从化解基层矛盾、促进经济发展、维护社会稳定的角度，“六约模式”无疑是成功的，其成功的背后同样有许多值得我们探索和借鉴的经验。

物质保障不遗余力

“没有社区党支部和居委会领导的支持和重视，我们的调解工作很难做得好。”这是采访中六约调委会主任李胜强反复说到的一点。

60多岁的老调解员陈仕荣告诉记者：“就说这传呼机吧，早些年还是个稀罕物，可因为工作需要，那时居委会就给每个调解员配了一个；见调委会没车不方便，领导当即表示，只要工作需要，不管什么时候，打个电话就给派车。”在陈仕荣看来，跟以前相比，调委会的硬件设施有了很大变化，“如今调解员都用上了手机，调委会也有了车”，但是，“社区领导对调解工作的重视，却一直没变。”

为什么如此重视？六约社区党总支书记陈醒光有自己的见解：“现在社会矛盾纠纷大量增加，如果都采取打官司或信访方式来解决，势必使法院不堪重负，党政部门陷入矛盾纠纷的漩涡中，耗掉大量时间和精力。因此，化解人民内部矛盾，既不能推，也不能拖，更不能回避‘上交’了事。做好人民调解，把矛盾解决在自己社区范围内，是我们的‘分内事’，是身为基层干部的职责所在。”

基于这样的认识，社区居委会班子始终坚持把做好调解工作摆到保证经济发展和社会稳定的首要位置。加强组织领导，落实机构网络和人员到位，建立了一整套规范的工作制度。在物质保障方面，社区居委会一直是不遗余力，为调委会设立了120平方米的独立办公室，调解室配备了办公桌椅、档案柜、文件柜、电脑、打印机、传真机等设备。且调解员全部实行定额工资，每月领取误工补贴和交通通信补助。

打造高素质的调解队伍

记者在采访中了解到，为了充分发挥人民调解的作用，依法及时调处各类矛盾纠纷，社区调委会在队伍建设方面可谓是下足了工夫，重点强化四项工作，着力提高调解员的整体素质。

首先是强化人员选配。社区居委会始终把合理选聘调解干部，优化调解员结构当作重中之重来抓，在实际工作中培养选拔了一批懂法律、善调解、具有较高政治思想水平的人员担任调解员。目前，整个社区共有9名调解员，平均年龄35岁，4人具有大专文化程度，其余5人全部具有高中文化程度。

其次是强化专职调解。六约调委会打造了一支专兼结合、以专带兼的调解员队伍。5名专职调解员的设立，彻底改变了过去调解员因调整频繁，不利于专业知识的培训和积累的局面。

再次是强化业务培训。调委会主任参加区司法局组织的培训，专职调解员由司法所培训，其他调解员和信息员由社区调委会培训。通过建立分级培训制度，确保每一名调解员都有参加学习的机会。

最后是强化部门指导工作。街道司法所定期到社区调委会检查指导工作，并积极开展工作，共同协商调处疑难复杂矛盾纠纷，帮助制定规范的调解文书，并组织调解员到法庭观摩学习典型案件的审理，不断提高调解员的政治素质、法律素质和业务素质。

社会稳定普法先行

影响社会稳定的问题集中在基层，维护社会稳定的工作重心也同样在基层。长期以来，六约调委会把一些工作薄弱、问题较多的基层作为重点来抓，发现苗头，及时疏导，预防纠纷发生，及时消除不稳定因素。

维护基层社会，除了对已经产生的矛盾纠纷要及时调处外，六约社区调委会还特别注重普法宣传的作用，通过在社区大力宣传法律知识，建立矛盾纠纷防控体系，将矛盾纠纷和不安定因素的预防预测作为重点：一方面把预防工作与普法宣传工作结合起来，通过加强法制宣传，提高辖区居民的法制观念、法律素质和遵纪守法的自觉性，减少各种矛盾纠纷和社会不安定因素；另一方面，预防工作与法律进社区以及创“安全文明社区”、“安全文明单位”、“安全文明校园”等依法治理活动有机结合，通过上述活动，减少了矛盾纠纷和社会不安定因素，确保辖区的和谐稳定。

（《深圳特区报》2006年3月2日A6）

聚焦“深圳人民调解”系列报道之五

龙岗推广“六约模式”成效显著

有助营造和谐稳定社会环境

记者 吴涛 通讯员 晓马 王琛

2005年9月2日，龙岗区区委、区政府在横岗街道六约社会调委会专门召开了推广人民调解“六约模式”的现场会，印发了《关于在全区推广人民调解工作“六约模式”的实施意见》，在全区范围内全面推广“六约模式”，逐步实现了社区人民调解工作有专职人员、有专门场所、经费落实、制度规范、运作科学的新格局。

因地制宜推广“六约模式”

记者在采访中了解到，早在2005年年初，龙岗区区委、区政府就在充分调研的基础上，及时总结出横岗街道六约社区“政府主导、社会参与、专兼结合、网络化”的人民调解“六约模式”。

为了使“六约模式”这一在基层工作中总结出来的新时期人民调解工作的成功经验充分发挥作用，龙岗区在“六约模式”横岗化的基础上，从2005年9月开始，在全区范围内全面推广“六约模式”。

在推广过程中，除区委、区政府在六约社区召开现场会，印发《实施意见》外，作为主管部门的区司法局也积极主动地指导全区的人民调解工作，各街道、社区根据实际情况，因地制宜地制定了推广“六约模式”的实施规划。其中，布吉街道转发了区委、区政府关于推广“六约模式”的文件，对社区推广“六约模式”工作作了进一步部署。龙岗街道大胆创新整合调解信访力量，实行调解委员会、信访办两块牌子，一套人马。平湖街道在该街道公开招聘10名调解员，由街道司法所组织为期3个月的培训后分配到社区担任专职调解员，由街道办统一管理。横岗街道组织所有社区调解员分批到六约调委会跟班学习，交流工作经验，并率先完成了“六约模式”横岗化。

调委会实现标准化管理

“随着‘六约模式’在全区的推广，目前，我们全区127个社区调解委员会正在努力争取全部达到人员专职、场所专门、制度完善、机制健全、档案规范的标准。”龙岗区有关负责人对记者这样说道。

通过全面推广“六约模式”，龙岗辖区内的社区调委会全部达到“五有”（有房子、有章子、有牌子、有标志、有台账）、“四落实”（场地、人员、报酬、工作落实）的标准。在调解程序上，建立了“四统一四规范”工作制度，在统一收案、统一研究案件、统一制订调处方案、统一进行人员分工的基础上，确保收案、调处、移交、档案四个环节规范操作，纠纷材料一案一档，实现档案管理规范化，建立了调解工作考核奖励机制、矛盾纠纷预防机制、调解信访治安联动机制。目前，区司法局已经开始制定推广“六约模式”工作的考核验收标准，着手进行检查验收，今年4月份前，全区127个社区将全部完成“六约模式”推广工作。

“政府花钱购买服务”

“向基层群众提供法律服务本身就是政府的责任和义务，政府通过财政支持和指导，支持人民调解承担起辖区纠纷解决功能的同时，还能有效地实现对基层社区的控制和指导。”龙岗区有关负责人告诉记者，龙岗在推广“六约模式”的同时，也向群众推广这种“政府花钱购买服务”的新型理念，通过推广“六约模式”，对龙岗区经济发展、社会稳定产生了积极的作用和影响。

一方面，“六约模式”在龙岗的全面推广，有助于区委、区政府创造和谐稳定的社会政治环境。通过推广“六约模式”，把人民调解工作做深、做细、做扎实，使人民调解的工作质量和社会公信力全面提升，人民调解在维护社会稳定方面的积极作用就得到充分发挥。

另一方面，通过推广“六约模式”，社区调委会承担大量的民间纠纷，说服纠纷双方当事人互谅互让，使矛盾纷争在相对平和中妥善化解，能使纷争双方免除诉讼之累。以法为据，以理服人，以德感人，为纠纷的双方打开了心锁，有利于修复和谐的人际关系；也有利于今后邻里之间、亲友之间、个体和群体之间的长期友好相处，有利于社会稳定。

此外，通过推广“政府花钱购买服务”的新型理念，政府通过财政支持和指导，支持人民调解承担起辖区纠纷解决功能的同时，有效地实现对基层社区的管理和指导。同时，通过推广“六约模式”，进一步加强人民调解的规范化和专业化建设，也可以不断提高人民调解的效力、影响力和公信力。

（《深圳特区报》2006年3月3日A12）

聚焦“深圳人民调解”系列报道之六

一年时间调解两万多宗纠纷

深圳人民调解组织加大与各部门合作将大量矛盾消除在萌芽状态

记者　吴涛　通讯员　晓马　高文新

有这样一组数据：2003年，我市各级人民调解组织调解民间纠纷总量为6000宗，2004年达12000宗，2005年更达24297宗，实现了连续翻番。1200多个调解委员会、15200余名调解员遍布全市各社区、企业，大量矛盾纠纷就地发现、就近解决。

调解网络遍布全市

2005年，是深圳人民调解工作大步前进的一年。这一年，全市共调解各类纠纷24297宗，比2004年翻了一番。根据我市新时期人民内部矛盾纠纷发展的新特点，各级人民调解组织加大了对新型矛盾纠纷调解力度，2005年调解劳资纠纷4200多宗，占到整个纠纷总量的17%，调解涉及村务管理、土地纠纷4100多宗，是2004年的30倍。人民调解的工作范围也在不断扩大，由过去的以婚姻家庭、邻里纠纷为主，扩大到了征地拆迁、旧村改造、劳资、工伤、物业管理、工程欠款等社会矛盾引起的民事纠纷。

与此同时，我市进一步加强了人民调解组织网络建设，调解组织网络不断向矛盾纠纷易发点延伸，在人民调解组织已经覆盖到所有街道、社区的基础上，进一步加强了企业、行业、住宅小区调解组织建设，仅福田区、罗湖区就新成立住宅小区调解组织640多个，在一些矛盾纠纷多发的地方，我们及时建立了各类区域性、行业性调解组织，力争做到哪里易产生矛盾纠纷，哪里就有人民调解组织，如华强北商业街、东门步行街、布吉农批市场、福田农批市场等调解委员会，一年调解纠纷1000多宗，有力地维护了当地生产经营秩序。目前全市各级各类人民调解组织建立了相对紧密的分工负责体系，在街道司法行政部门的组织协调和指导下，互通情况，互相配合，形成纵横交错的人民调解组织网络体系。

多部门参与调解纠纷

人民调解工作的特点不仅在于方便、快捷、有效地化解已经发生的矛盾纠纷，还体现在通过纠纷排查，将大量矛盾纠纷消除在萌芽状态，维护辖区社会稳定。

2005年，全市各级调委会通过开展矛盾纠纷大排查，发现和及时调解民间纠纷2820多宗，防止群体性上访639起，制止群体性械斗350余起，防止民间纠纷引起自杀、防止民事纠纷转化为刑事案件280余起。各基层调解组织还建立健全了纠纷信息收集制度、岗位责任制度、分级调解制度等等，做到纠纷早发现、早调处，将大量矛盾纠纷消除在基层第一线，消除在萌芽状态。

在深圳，一个由党政领导、司法主办、部门协作、社会参与的“大调解”格局正在逐步形成。

2005年11月，全市人民调解工作会议对我市今后一个时期的人民调解工作进行了新的部署，会后，各级党委政府积极贯彻落实会议精神，人民调解新的工作格局正在形成。各区都成立了人民调解指导委员会，每个街道、社区都成立了人民调解委员会，各级调委会主任都由一把手或者分管领导担任，吸收相关单位领导参加，在调处大型矛盾纠纷时多部门协助参与。

根据社会矛盾纠纷出现的新特点，各级调解组织不断加强与法院、工商、国土、劳动、民政等有关部门在调处重大、疑难、复杂纠纷上的合作，社会治安综合治理目标考核体系、创建“平安和谐社区”考核体系、深圳市社区建设总体规划等，都已将人民调解工作纳入其中，形成各有关部门齐抓共管的良好局面。

推进调解工作基础建设

记者从市司法局了解到，今年我市人民调解工作的基本思路是加快推进全市人民调解工作的基础建设，切实落实各项排查、调解工作措施，深化人民调解工作的改革创新，努力构建人民调解新的工作格局，构筑我市基层维稳坚实的“第一道防线”，推动全市人民调解工作在和谐深圳建设中发挥更大作用。

目前，我市有关部门正按照全市人民调解工作会议提出的“五个落实”的要求，积极推进人民调解基础建设。

一是协调各区、各街道按照市社区建设纲要有关人民调解基础设施的要求，落实社区调解组织的场地，并以“六统一”和“五有四落实”的标准，开展人民调解委员会规范化建设；二是积极推动“政府购买服务”和动员社会组织提供公共产品，推进专职调解员队伍建设，争取每个社区都配置1名以上的专职调解员，提高人民调解工作队伍专业化水平；三是依法完善人民调解工作的保障机制，根据国务院《人民调解组织条例》的规定，依法积极争取落实人民调解的工作经费、调解员补贴等；四是加强社区调解委员会的规范化管理，开展社区调委会绩效量化考核；五是依法完善人民调解工作各项规章制度，提高人民调解工作水平。

深圳人民调解工作，正昂首迈上新的台阶！

（《深圳特区报》2006年3月4日A7）

聚焦“深圳人民调解”系列报道之七

推广“六约模式”构建维稳“第一防线”

——访市司法局党委书记、局长李英才

记者　吴涛　通讯员　晓马　高文新

“六约模式”的成功表明，在新的时代背景下，人民调解已经成为维护基层社会稳定的一种行之有效的方式，在构建和谐深圳、效益深圳中发挥着越来越重要的作用。“六约模式”究竟有哪些值得总结的经验？这些有益经验应该怎样在全市大张旗鼓地加以推广？下一步工作中，深圳应该如何构建符合时代特征、贴近自身实际的人民调解工作新格局？带着上述问题，记者日前专门采访了中国社会科学院法学博士，市司法局党委书记、局长李英才。

大张旗鼓推广“六约模式”经验

记者：“六约模式”所取得的成绩是有目共睹的，近几天来中央、省、市多家媒体均作了大篇幅的报道，作为我市司法行政机关的主要领导，您认为“六约模式”的经验突出表现在哪些方面?

李英才: "六约模式"的精髓在于把人民调解作为解决矛盾纠纷的首选方式,把矛盾纠纷有效地化解在基层,实现了矛盾不上交,在社区内就地解决。

我认为,"六约模式"之所以能做到这一点,首先是基于当地党、政领导班子高度重视人民调解工作,把人民调解作为解决民间社会矛盾纠纷的首选方式,人民调解组织网络健全,各项调解制度充分落实,经费和基础设施得到有力保障;其次,通过长时间对人民调解工作潜移默化地宣传,使生活、工作在六约的广大群众对人民调解这一解决矛盾纠纷的方式有了普遍认同感,有了纠纷首先想到找调委会解决;最后,"六约模式"的成功还源于其能够与时俱进,根据新时期矛盾纠纷的新特征,不断创新机制、拓展平台,增强人民调解工作的效能与活力。例如,改变单打独斗的传统调解模式,推行"五位一体"的联动调解模式;改变被动应付的调解模式,建立定期排查社会矛盾纠纷制度,实行"调防结合,以防为主";改变单一功能的调解模式,实行人民调解工作与普法宣传和道德教育的有机结合等等。可以说,"六约模式"是"枫桥经验"在新时期的创新和发展,为深圳的人民调解工作闯出了一条新路子。

记者: 正如您刚才所讲到的,"六约模式"扮演了"先行者"的角色,为深圳的人民调解工作探索出许多有益的经验和做法,这些被实践所印证的好的经验和做法是否会被推广?

李英才: 一个成熟的经验如果不能广泛地加以推广,它的价值肯定会大打折扣。当前,人民调解工作对于维护社会稳定、构建和谐社会发挥着极为重要的作用。既然"六约模式"已经被实践证明是一种行之有效的人民调解模式,我们理所当然要在全市范围内大张旗鼓地推广其有益的经验。

目前,"六约模式"在龙岗区横岗街道已经全面铺开,在整个龙岗区范围内的推广也已基本完成,运作良好,证明"六约模式"是有极强的适应性的,完全能够也应当在全市范围内进行大力推广。目前,我们正在积极筹备,准备在龙岗区召开人民调解工作现场会,专门研究部署在全市推广"六约模式"的工作。

化解矛盾纠纷具有独特优势

记者: 维护社会稳定是当前从中央到地方各级党委政府高度重视、反复强调的问题,也是构建和谐社会的前提和基础。作为一种解决基层矛盾纠纷的重要方式,人民调解在维护社会稳定、构建和谐社会中发挥着怎样的作用?

李英才: 维护社会稳定、构建和谐社会是全党全社会的共同责任。和谐社会并不是一个没有矛盾和冲突的社会,而是一个能够有效化解矛盾冲突的社会,是一个拥有科学的化解矛盾冲突机制的社会。我国目前正处在转型时期,社会经济成分、组织形式、利益关系和分配方式日益多样化,各种社会矛盾、摩擦和冲突也必然随之产生。在这种情况下，构建和谐社会，实际上就是一个协调社会各阶层利益关系，整合社会资源，调处社会矛盾，维护社会稳定的过程。

通过人民调解，把大量的民间矛盾纠纷解决在基层，解决在萌芽状态，防止矛盾纠纷激化，这有助于建立良好的社会秩序、生活秩序和工作秩序，有利于人民群众安居乐业，最终实现好、维护好、发展好广大人民群众的根本利益。

深圳作为我国改革开放的试验田，在经济高速发展、社会转型变革时期，各种矛盾纠纷也相对比较突出，维护社会稳定、构建和谐社会的任务同样十分繁重和紧迫。为此，市委、市政府要求各级党政部门要高度重视、切实抓好社会安全稳定工作，努力构建和谐社会。司法行政机关作为政府组成部门，包括人民调解在内的每一项职能工作都与维护社会稳定、构建和谐社会密切相关，我们必须切实履行好每一项职能，积极作为、主动作为，为维护社会稳定、构建和谐社会作出新的更大贡献。

全力构建人民调解工作新格局

记者：过去的一年里，我市人民调解工作取得了令人瞩目的成绩，在维护基层社会稳定、促进经济发展、构建和谐深圳的进程中发挥了积极的作用，能否介绍一下我市人民调解工作的基本情况？

李英才：近年来，我市的人民调解工作在化解基层矛盾、维护社会稳定方面所起的作用越来越明显，调解纠纷数量连续翻番。去年，全市共调解各类纠纷2.4万余宗，比2004年翻了一番。同时，全市还涌现出一大批在人民调解工作中表现突出的先进集体和个人，如宝安区西乡司法所荣获“全国人民调解工作模范司法所”称号，创出“六约模式”的龙岗区横岗街道六约调委会被国家司法部授予“标兵人民调解委员会”称号等等，还有一批先进集体、先进个人受到省、市各种表彰。

去年以来，我市各级司法行政机关和人民调解组织结合自身实际，大胆创新，推动人民调解工作取得了显著的成绩，归纳起来主要体现在以下几个方面：

一是人民调解工作得到了各级党委、政府和相关部门的高度重视和大力支持，形成了齐抓共管的良好局面。

二是社会矛盾纠纷的“大调解”格局初步形成：在纵向上，努力完善了由街道、社区调委会和调解小组组成的三级人民调解工作网络，优化调解工作队伍，人民调解队伍专职化建设取得新的突破，并致力于企业、行业性调委会建设；在横向上，积极探索与职能部门协调联动的工作机制，各级人民调解组织加强了与法院、公安、工商、国土、劳动社保、民政、信访等部门在调解重大、疑难、复杂纠纷方面的合作，发展了新的联动工作机制，确保重大、复杂纠纷得以及时调处和化解。

三是调解工作规范化建设得到加强，社区调委会“五有”（有工作场所、有标牌、有印章、有调解文书、有统计台账）和“四落实”（组织、制度、工作、报酬）建设顺利推进。

记者：在新的历史时期，人民调解工作在维护社会稳定、构建和谐深圳的进程中发挥着难以替代的重要作用。那么，在当前和今后一段时期，要构建我市人民调解工作新格局，推动人民调解工作进一步向纵深发展，重点要从哪几个方面入手？

李英才：可以说，"构建新时期人民调解工作新格局"是当前和今后一段时期我市人民调解工作的中心和出发点，也是我市司法行政机关一项十分重要的任务。在去年11月月初召开的全市人民调解工作会议上，市领导明确指出，要充分认识人民调解工作的重要性，切实增强做好人民调解工作的责任感和紧迫感，努力开创人民调解工作的新局面，并对当前和今后一段时期如何做好人民调解工作提出了具体要求。

根据这一要求，围绕"构建新时期人民调解工作新格局"这一中心，在当前和今后一段时期，我们将致力于抓好以下几项工作：第一，构建党委、政府领导，司法行政主办，各部门协作，社会参与的人民调解领导和工作体制；第二，大力推动企业、行业、区域性和其他形式调解组织建设，构建覆盖广、反应快、效率高的人民调解工作组织网络；第三，推进专职调解员队伍建设，构建专兼结合、以专带兼、形成网络的人民调解队伍格局；第四，进一步加强人民调解工作激励和保障体系建设；第五，以预防为重点，以维护社会稳定为中心，完善人民调解工作运行机制。

法律制度建设是根本保障

记者：他山之石，可以攻玉。在推动我市人民调解工作的进程中，有没有国外的一些好的经验可供借鉴？

李英才：二战以后，以调解和仲裁为主要形式的诉讼外纠纷解决机制［ADR（Alternative Dispute Resolution）］在欧美发达国家得到了蓬勃发展，如挪威、瑞典、美国、日本、英国、澳大利亚等国家，大都制定了专门的法律法规，一些国家的法律规定调解是诉讼的必经程序，赋予了调解协议可强制执行的效力，美国95％的民事纠纷都依靠调解的方式来解决，与深圳毗邻的香港地区也设有调解顾问中心，以私人执业方式运作。可以说，调解制度正在全世界范围内得到发展和重视。我国的人民调解制度被西方学者誉为"东方一枝花"，长期以来为维护基层社会稳定发挥了重要的作用，但近年来由于种种原因，其发展未能与经济、社会发展的总体进程同步。因此，我们要积极吸收、借鉴其他国家和地区的先进经验，推动人民调解工作的改革创新，使人民调解制度在新时期获得新的发展动力和活力，充分发挥人民调解制度维护基层社会稳定"第一道防线"作用。

记者：最后，从法律制度建设的角度，您对进一步推进我市人民调解工作有什么展望？

李英才：刚才我已经谈到了，"人民调解"就其本质而言是一项法律制度。因此，从根本上讲，要推进人民调解工作，必须加强人民调解工作制度化和法制化建设。

一方面，我们积极争取在近期内出台深圳市关于进一步加强人民调解工作的决定，通过制度化的形式，促进人民调解工作在组织、指导、保障、运行等各方面规范运作，增强人民调解工作的社会公信力；另一方面，要通过多方努力，在总结经验和加强理论研究的基础上，加快推动人民调解工作法制化建设，争取早日出台我市人民调解工作的地方法规，为我市的人民调解工作奠定坚实的法律保障。

（《深圳特区报》2006年3月5日A8）

（四）《深圳商报》报道

群众利益无小事　春风化雨润无声

——“六约模式”给人们的启示

记者　王荣　李红　王叶林　毕国学　万鸿涛　实习生　姚娟

编者按

和谐深圳、效益深圳的建设离不开社区的和谐、社会的稳定。

经过十余年的孕育、成长，龙岗区横岗街道六约社区构建“政府主导、社会参与、专兼结合、形成网络”的人民调解工作格局，创出一套行之有效的人民调解工作机制，做到事事有人调解，处处防患于未然，及时把各种矛盾和纠纷解决在基层，消除在萌芽状态，基本实现了“小事不出组，大事不出社区，矛盾不上交”，在基层筑起维护社会和谐稳定的“第一道防线”，实现了社区和谐稳定和经济快速发展，形成了为人称道的人民调解“六约模式”。2005年，国家司法部授予六约调委会“全国标兵人民调解委员会”光荣称号。其人民调解工作经验逐步受到全市、全省乃至全国的广泛关注。

“六约模式”告诉人们，在新的时代背景下，被西方学者誉为“东方经验”的人民调解制度，在解决深圳社会矛盾纠纷中发挥着越来越重要的作用。人民调解已经成为维护基层社会稳定的一种行之有效的方式，在构建和谐深圳、效益深圳中发挥着越来越重要的作用。认真做好社区人民调解工作，把矛盾化解在基层，是维护社会和谐稳定的第一道防线。

发展是第一要务，稳定是第一责任。当前，深圳正处在经济发展的“黄金期”，同时也是矛盾的“凸显期”。在经济迅猛发展、城市化建设快速推进，社会矛盾、群体性事件不断上升的社会转型期，在构建和谐社会的时代洪流中，如何织就一张化解社会矛盾的网络？如何有效地将矛盾化解在基层？……

六约人民调解的成功实践，无疑具有启示意义和借鉴作用。

一上午两批外来女工走进调解办

“我们就是来找调解委员会帮忙的，听说这里可以化解矛盾，解决问题！感谢调解员叔叔给我们解决了问题，还教给我们这么多的法律知识和做人的道理。”4月5日上午，记者在六约居委会信访调解办采访时正巧看到这样动情的一幕：5名外来女工紧紧握着调委会主任李胜强和调解员陈志雄的手，不停地说着：“谢谢！谢谢！”

冯贤、袁秋、覃秋菊等5个女孩3月中旬开始在横岗某塑胶制造有限公司上班。3月

27日，5个女孩结伴向部门主管请假，说是要去医院看一个朋友，遭到拒绝后，她们就集体旷工，结果被厂方点名批评。对此，5个女孩很不服气，认为厂方剥夺了她们请假的权利，要求辞掉工作，并要厂方退还入厂时交的40元体检费和支付半个月工资。由此，她们与厂方产生了纠纷。

4月5日，5个女孩相约找到了六约信访调解办，希望调解办能帮忙解决她们与厂方之间的纠纷。当日上午10时，记者来到六约社区采访，恰巧碰到社区调委会的李主任和调解员陈志雄正在给发生纠纷的厂方代表和5个女孩做调解工作。

调解办公室很简单，房间里只摆着一张大桌子和几把椅子，但是里面的几个标语却很醒目，正对大门的墙上写着“退一步海阔天空，让三分风平浪静”的温馨话语，办公室左边写着“合情、合理、合法”几个大字。

反映问题的5个女孩和厂方代表围坐在桌子旁边，调解办公室李胜强主任和调解员陈志雄坐在正中间主持调解，认真地听着厂方和5名女孩的说法，不时插上几句话，耐心地向双方做调解工作。

一个小时过后，问题已基本解决，来参加调解的厂方代表李先生表示同意5个女孩的辞职申请，并在下午2时把半个月的工资全部结算，体检费也全部退还。

在5名女孩临走时，李主任还特意关照说：“你们看上去都还小，我这次找厂方来就是希望他们能说出他们的道理，好让你们明白，打工也要有纪律性，怎么能那么任性，说走就走呢？你们出去找工作要到正规工厂、大的企业，要签合同，不要听信别人的好话，被别人骗了就麻烦了。在外面一定要注意安全。下午2时记得去工厂拿钱，有什么问题再回来找我。”李主任说话时很严肃，但是关切之情溢于言表，几个小姑娘也被说得脸红红的，低着头连声道谢。

记者从调解办公室走出来的时候，正好又遇到6个十八九岁的外来女工走进大楼。来自江西的尹慧告诉记者，她们是一个村的，今年一起来深圳打工，现在待的那个工厂劳动条件很差，工资又很低。而老板娘凶得厉害，所以她们就想辞工，可老板又不肯结算工资，于是，就来找调解委员会帮忙。

这只是六约社区人民调解工作中常见的一幕，类似这样的纠纷，调委会每天都可能碰到好几起。如此大事小情，当事人都会找社区调解委员会调解员“做主”。因为在他们心中，社区调解委员会是值得信任的地方。

在六约社区人民调解委员会办公室的墙上，挂着一幅“六约人民调解工作进度表”，年内每个月发生了多少件、什么类型的纠纷、调解成功了多少件，表上都记得清清楚楚。记者从社区调解工作进度表上采撷到这样一组最新数据：仅2005年，六约调委会就调处各类矛盾纠纷536宗，涉及人数2592人，涉及金额323万元，调解成功率达到97.8%……

一句朴素话语催生出的理性果实

“安居才能乐业，只有整个社区和谐稳定，经济才能发展。我们既要经济发展，又要平平安安。”

这是经常挂在六约居委会“当家人”嘴边的一句极其朴素的口头禅。当记者与其谈话时，他们说得最多的也是这句话。这句朴素的话语表达了六约人对“稳定”和“发展”的期盼，其背后也透露出六约人一种强烈的“稳定观”和“发展观”，并由此催生了一颗理性的果实“六约模式”。

在六约这个面积12.5平方公里的社区里，驻扎了300多家企业，流动人口超过了10万。外来人口如此密集，按照六约社区负责人的说法：“矛盾发生频繁，如果处理不好，分分钟会出大问题。”“人民调解已经成了我们社区化解各类矛盾纠纷最主要也是最有效的手段。这个‘第一选择’，实际上是形势发展‘逼’出来的。”

“约”在广东客家话中是联合的意思，其中有和谐、稳定的含义。六约是当年由六个小山村联合起来而得名，去年因实施城市化改造才从村变成社区。深圳建立特区之初，面积12.5平方公里、居民只有1100多人的六约矛盾纠纷不多，而且基本上发生在个人、家庭与邻里之间。家庭或邻里发生了争执，村里的长辈一出面调解，往往很快就得到平息。不同族姓的村民之间发生了民事纠纷，当时的村委会也基本上可以顺利调解处理。

上世纪80年代末期，原来以耕种为主的六约有了近百家工厂企业，外来务工者数量一下子远远超过了本地户籍人口。外来务工者大量涌入后，六约在经济获得迅速发展的同时，社会格局也发生了很大变化，各种民间矛盾纠纷呈几何级数增长，而且向个人与企业、集体之间的矛盾转变，纠纷类型复杂化，矛盾主体多元化，涉及经济利益的劳资纠纷尤为突出。当时的村委干部几乎成了天天忙于“救火”的“消防员”，刚刚接待完这家工厂的工人上访，又急着赶到另一家企业处理停工事件。尽管忙得焦头烂额，越级上访等群体性的事件还是时有发生。

“这样被动应付下去，村干部吃不消，六约也形成不了良好的投资环境，更遑论经济发展。”六约的一位负责人回忆说，“当时村里的干部多次商量对策，后来大家从司法行政部门领导的谈话中受到启发，决定试试看能否从传统的民间调解中找到出路。”

1990年，六约村人民调解委员会正式设立，共有成员8名，其中2名专职调解员的工资待遇以及调委会的办公场地均由村委会出资解决。同时，在各村民小组和40人以上的工厂企业分别设立了成员均为兼任的调解小组，组长由村民组长和企业负责人兼任；在40人以下的企业选定一名兼职调解员。

六约覆盖全村各企业和村民居住地的调解网络，头一年就发挥了明显作用：调处各类矛盾纠纷100多宗，其中大多数在萌芽状态就得到了解决。村干部再不用忙于“救火”，有了更多时间和精力去做好招商引资、村务建设、治安管理等关系到全村发展的大事。

一张调解网络确保纠纷不出社区

现在的六约，户籍人口2068人，流动人口12万多，下辖7个居民小组，有各类企业370多家，尽管近年来民事纠纷数量大、种类多，但没有一起引发成刑事案件、自杀、上访或群体性事件。这一切，要归功于六约社区有一个完善的调解组织网络。

横岗街道党工委书记李睿告诉记者，“六约模式”的重要特点是调解网络健全，“就像密密的渔网，什么事也漏不出去”，有效防止了越级上访，防止了纠纷的民（事）转刑（事），降低了司法成本和行政成本。

据六约调委会主任李胜强介绍，六约社区把人民调解工作的落脚点放在调解组织网络建设上，以确保调解与信访、治安衔接到位。1990年六约村调委会成立后，一直把人民调解工作的落脚点放在调解组织网络建设上，现在7个居民小组、辖区内100人以上企业全部建立了调解小组，分别由各居民小组长、企业负责人担任调解小组长，不足100人的企业也设置了1至2名调解员，全社区的保安员都是信息员，形成了一级抓一级，层层负责的调解格局；建立人民调解工作目标责任制，居委会分别与各居民小组组长、工厂厂长签订责任书，把辖区内发生的影响社会稳定的事件与负责人的奖惩紧密挂钩，做到责任明确，考核到位。与此同时，健全社区调委会“五位一体”的建设，把人民调解和信访、治安、妇联和工会结合起来，利用治保会组建的专业巡逻队、义务巡逻队，对可能出现不稳定的纠纷苗头，治安员、信息员及时向调委会、治保会报告，治安联防队员和调解员同时到场，及时调解处理民间纠纷，确保矛盾纠纷不出社区。

为了最大限度降低劳资纠纷发生的可能性，社区调委会每个季度都在社区范围内开展检查，一旦发现有拖欠工人工资两个月以上的工厂，马上就对厂方负责人进行劳动法律法规的宣传教育，责令其按时发放工人工资。采访中，记者看到一份《六约村企业工资发放情况调查表》。“我们现在要求各工厂每月如实填报一次员工的工资发放表，对填报虚假数据，造成因严重拖欠工人工资引发上访事件或集体经济损失的，要追究厂长的责任。”李胜强对记者解释道。

一支高素质队伍化解桩桩疑难纠纷

人民调解归根到底还是“人”的工作。“六约模式”取得如此显著的成效，很大程度上源于长期以来培养造就了一支责任感强、业务精通的专业化调解员队伍。

翻开六约调委会的“民间纠纷登记簿”，一个个案例呈现在记者面前，有劳资纠纷、婚姻家庭纠纷、宅基地纠纷、债务纠纷等等，纠纷有大也有小，大到涉及上百人，小到家庭琐事。不管什么样的纠纷，当事人只要找到调委会，工作人员就会耐心细致地进行调解。如今在整个六约社区，调解员的身影无处不在。每当有矛盾纠纷发生，他们总是冲在第一线。

“群众利益无小事，”六约调委会主任李胜强对记者说，“无论是什么类型的纠纷，什么规模的纠纷，都必须认真地协调处理。”

去年春节前夕，一名江西籍工人黄某为了能回家过年，提前购买了2月26日的火车票。然而，工厂方面为了完成生产任务，拒绝答应黄某请假，并暂扣了他1000元的工资。为此，黄某与厂方产生了纠纷，黄某将问题反映到调委会。临近年关，为了能让黄某回家，调解员多次找双方谈话，经过耐心协调，最终厂方答应在26日让他回家，并交还了扣押的1000元钱。黄某终于如愿以偿，并许诺尽快赶回工厂，对调解人员更是感激不尽。

调解办工作人员黄永忠告诉记者：“我们最开心的时候，就是调解成功的时候，那是一种责任感、正义感得到充分体现后的快乐。”

记者注意到，在调解办公室的墙上，挂着六约调委会2006年的工作情况进度表：

1月份，共调解纠纷87件，成功了86件，只有一个外来人口劳资纠纷因为特殊情况，没调解成功；2月份调解纠纷35件，成功调解了34件；在3月份需调解的72件纠纷中有70件得到了调解。调解办工作人员称，这种表每个月末都会做一次，既是对前一段时间的工作总结，也是对自己的一个鞭策，将来的工作只能比这个做得更好。

高素质的人民调解员队伍是做好人民调解工作的保障。曾被村委派去华南农大深造的调委会组长陈志雄对此深有体会。他介绍说，六约社区居委非常重视合理选聘调解干部，优化调解员队伍结构，培养和选拔了一批懂法律、善调解和有较高政治思想水平的人员担任调解员。六约社区现有的9名调解员，平均年龄35岁左右，基本都是大专文化程度，去年又招聘了两名大学毕业生。随着时代的发展，除了传统的港台企业以外，一批来自欧洲、澳大利亚的外企也纷纷进驻六约。为适应“国际化”的需要，六约从深圳大学英语专业的应届毕业生中招募新人，充实调解员队伍，应对涉外调解的需要。同时，他们还组织调解员不定期参加区司法局组织的培训，不断熟悉和掌握调解民间纠纷的程序、方法和技巧。另外，街道司法所还定期对社区调委会的工作进行检查指导，并帮助开展工作，共同协商调处复杂疑难矛盾纠纷，帮助制定规范的调解文书，并组织调解员到法庭观摩学习典型案件的审理，不断提高调解员的政治素质、法律素质和业务素质。

一道维稳防线促进百业兴旺

“调解工作不光是要解决业已发生的民事纠纷，对于那些可能发生的纠纷，采取积极的预防措施，并将其纠纷消灭在萌芽状态，这也是人民调解一个重点工作。”

李胜强告诉记者，随着六约经济的飞速发展，人口的急剧膨胀，人民内部矛盾起因多元化、群体性、潜伏性、易激化等越来越明显，预防和化解人民内部矛盾的任务也越来越重。长期以来，六约社区调委会把一些工作薄弱、问题较多的基层作为重点来抓，发现苗头，及时疏导，预防纠纷发生，及时消除不稳定因素。在抓预防工作中，他们建立了矛盾纠纷防控体系，因人、因地、因时制宜，有针对性地开展重点整治活动，确保矛盾纠纷排查调处。每月举办一次矛盾纠纷和社会不安定因素排查工作。对排查出的纠纷及时研究分析，对易发生纠纷的重点户，制定相应措施实施重点预防，着重调处；重大事件一事一报，居委会班子成员分片负责，做到不漏点、不漏户，对重点人和事边排查边调处，及时化解纠纷苗头。去年年底，调委会排查了辖区内各企业员工工资的发放情况，结果发现某制衣厂拖欠了工人的工资。了解真实情况之后，调委会及时与制衣厂老板沟通，进行法制宣传和教育，督促其筹备资金，发放工资，这样就消除了罢工及纠纷“导火索”。如今在六约，社区调委会已经有了很高的威信，人们有了争议，都愿意找到社区调委会让调解员来“做主”。

一些原本打算将工厂迁到外地的老板，看到调解委员会真心实意依法维护劳资双方的权益，觉得还是在六约投资放心，结果不仅不迁厂，还加大了投资。一些外来劳务工也愿意留在六约工作，他们说：“在六约务工权益有保障，心里更踏实。”

在六约，正是通过人民调解这种方便快捷的方式，把大量的纠纷成功化解在基层，力争矛盾不上交，不仅构筑起了维护社会和谐稳定的“第一道防线”，也有力促进了辖区经济的健康发展。

事实的确如此。和谐稳定的社会环境为六约经济的快速健康发展提供了有力保障：目前六约的各类企业已发展到370多家，去年社区集体经济总收入近1.5亿元，纯收入6310万元，人均纯收入3.7万元，呈现出百业兴旺的良好发展势头。

（《深圳商报》2006年4月12日）

（五）《中国政务信息网》报道

深圳龙岗区社区调解“六约模式”受到司法部肯定

随着社会的多元化转型，人们逐渐走出单纯的“单位人”角色，向“社会人”转型。这一变化，不可避免地带来了城市社会中多元主体之间利益冲突的增加，这在社区的日常生活中表现十分明显。面对社区中的各种矛盾、纠纷，近年来，深圳龙岗区横岗街道六约社区居委会把人民调解工作摆上重要地位，积极、主动、及时地化解社区矛盾，创造出了“小事不出组，大事不出村，矛盾不上交”的人民调解“六约模式”。国家司法部和广东省司法厅考察了“六约模式”，对其经验进行了充分肯定，认为六约社区的人民调解工作，有效地筑起了治安防范和社会稳定的“第一道防线”，为维护社会稳定，发展经济作出更大的贡献，值得推广。

“六约模式”经验可概括为以下五个方面：一是要求调解员必须树立“三心精神”（即耐心、细心、责任心），化解桩桩疑难纠纷。六约社区调解员工作“三心精神”，可以从以下数据得以充分体现：自2001年以来，六约社区共调解各类纠纷1844宗，调解成功率98%，挽回经济损失1100万元。二是建立“调委会—调解小组—调解员—信息员”四级网络，做到事事有人调解。六约社区建立了一份“六约人民调解工作情况进度表”，每个月发生了多少件、什么类型的纠纷，调解成功了多少件，上面都记得清清楚楚。三是规范调解。六约社区人民调解工作建立了一系列规范制度，如实行人民调解工作目标责任制和调解人员岗位责任制，规定“小纠纷不出厂，大纠纷不出社区，特大、疑难纠纷立即上报”；实行日常排查与定期排查相结合，抓苗头，抓隐患，有针对性地加强预防和调解工作；通过调委会成员例会，调委会主任和调解小组组长例会，通报信息，交流经验，总结和部署阶段性工作。此外，还有首席调解员制度、汇报制度、回避制度、监督制度、回访制度等。四是完善调解委员会、治安联防、信访、工会、妇联“五位一体”调解机制，各部门在工作中既有明确分工，又紧密配合，实现对辖区内各种纠纷的信息传递、积极预防和有效调解，确保处处防患未然。五是在调解方法上，针对不同种类的纠纷，调委会采取直接调解、间接调解、公开调解、联合调解等不同的调解方法，同时坚持法治与德治相结合，解决思想问题与解决实际问题相结合。同时，通过健全社区群防群治组织，组建专业巡查队、义务巡逻队，把调解与110接处警结合起来。对复杂事件及疑难、重大矛盾纠纷，由社区领导出面与上级司法、信访部门共同研究，提出合法合理的调解意见。

人民调解工作，是城市政府固本强基的基础性工作，也是建设和谐社区的重要内容。从“六约模式”来看，“小事不出组，大事不出村，矛盾不上交”是其总的要求；构建社区人民调解工作有专职人员、有专门场所、有经费落实、有制度规范、有科学方法的“五有”工作格局，是其总的特点。另外，社区人民调解工作要做好，还必须加强硬件投入，在经费、场所上给予保障，进而建立健全调解机制。与“六约模式”相比较，另一个值得关注的人民调解模式是2004年上海长宁区江苏路街道办事处开始尝试的“政府购买”模式。他们的做法是街道办事处出资12万元给一个名叫“李琴工作室”的专业机构，为辖区内6万居民购买专业的民间纠纷调解服务。据悉，这种专业化运作模式的调解成功率也高达90％以上。各地可借鉴他们的经验，结合地方特点，探索适合地方人文特色的人民调解新模式。

附录三

主要参考文献

一、专著及期刊论文

[1]徐勇、徐增阳.《流动中的乡村治理：对农民流动的政治社会学分析》[M].北京：中国社会科学出版社.2003年.

[2]孙立平.《断裂——20世纪90年代以来的中国社会》[M].北京：社会科学文献出版社.2003.

[3]孙立平.《失衡——断裂社会的运作逻辑》[M].北京：社会科学文献出版社.2004.

[4]孙立平.《博弈——断裂社会的利益冲突与和谐》[M].北京：社会科学文献出版社.2006.

[5]孙立平.《守卫底线——转型社会生活的基础秩序》[M].北京：社会科学文献出版社.2007.

[6]彼得·海斯勒.《寻路中国：从乡村到工厂的自驾之旅》[M].上海：上海译文出版社.2011.

[7]魏城.《中国农民工调查》[M].北京：法律出版社.2008.

[8]熊培云.《重新发现社会》[M].北京：新星出版社.2010.

[9]刘开明.《外来农民工调查》[J].《中国改革》（综合版），2010年第7期.

[10]孙立平.《一个新的社会正在形成》[N].《南方周末》，2003年1月.

[11]郭于华.《转型社会学的新议程——孙立平“社会断裂三部曲”的社会学述评》[J].《社会学研究》，2006年第6期.

[12]郑杭生、黄家亮.《论现代社会中人民调解制度的合法性危机及其重塑——基于深圳市城市社区实地调查的社会学分析》[J].《思想战线》，2008年第6期.

[13]俞可平.《社会良序更多依靠社会自治与自律》[J].《理论学习》，2011年第6期.

[14]孙立平.《走向社会重建之路》[N].《经济观察报》，2009年10月12日.

[15]于建嵘.《稳定系于落实宪法》[J].《新世纪》，2010年第12期.

[16]于建嵘、崔玉开.《加强和创新社会管理　变被动“维稳”为主动“创稳”——访中国社会科学院教授于建嵘》[J]《行政管理改革》，2011年第1期.

二、报刊

[1]《中国新闻周刊》

[2]《瞭望东方周刊》
[3]《新周刊》
[4]《法制日报》
[5]《中国青年报》
[6]《南方日报》
[7]《南方周末》
[8]《南方都市报》
[9]《广州日报》
[10]《深圳特区报》
[11]《深圳商报》
[12]《深圳侨报》

三、地方文献

[1]《深圳年鉴》
[2]《六约村史》
[3]龙岗区档案馆、龙岗区司法局、六约社区相关资料

后记

摆在读者诸君面前的这册小书，最多只是一本习作而已。

2007年下半年开始，涉入社会与城市管理领域报道的我，所写一二报道为深圳龙岗区司法局领导重视，遂有田野考察人民调解“六约模式”之念。在进行新闻采访及写作本书的过程中，我一直受到何旅华、潘保军、吴浚弘、邓晓雄等领导的关怀，悉心协调此事的王琛科长、基层科的几位同志也给了我良多帮助。广东省司法厅陈伟雄厅长和暨南大学新闻与传播学院范以锦院长为本书作序，基层处苏劲松副处长对数年前六约故事的回忆梳理，都是对年轻的我的莫大支持，在此要向他们每一位表示深挚的感谢！

2011年的春天，南方报业举办“南方青年创新创业大赛”，同事黄伟兄弟与我有意组队参赛，虽最终未果却有幸得到我们的老社长范以锦院长的辅导，这位和蔼的前辈对后生的抬爱与关切，让我唯有以在新闻工作中兢兢业业地努力，方能算是心中的感恩。与南方日报出版社周洪威社长、编审周山丹大姐、杨续兄弟的相互交流，让我见识颇多，也让这些关于六约人民调解的文字付梓出版成为现实。

我当然更要感谢我所供职的南方报业传媒集团。在这样清凛的早晨，回顾在南方报业的五年半时光，无论是有着浓郁理想主义气场的广州大道中289号，还是上步路那栋并不起眼的小楼，抑或清林路海关大厦西13楼，每一个地方都让我这个湖南小子受益匪浅。领我报到的姚燕永主任，让我懵懂入了南方之道的王巍老站长，还有此后的诸多同事，我将在心底默记他们每一位对我的帮助。

这样的时刻，我回想起了十多年前父亲从湘地背负行囊南下的情景，他是穿越南岭的大军中的一员；还有在教室与田地间繁忙不止的母亲，教育我要目光远大的祖父。陪伴我许多年的小宇姑娘，是我在繁重工作之余的知音和精灵，她是本书的第一位挑剔的读者和认真的校对。感谢家人。

致谢之余，回望从业以来的六年多，我惴惴不安。于己而言，在写作本书的一年多时间里，由于工作繁重、任务颇多，只能在春节、双休的时候让自己沉潜下来写作。正如范以锦院长所言，这是我“六年多记者职业生涯的一次回望与总结”。读者对本书的批评与建议，可以发送到tjfx100@163.com，我将不胜感激。

唐毅　于深圳清林径

2011年12月23日